人道主义的呼唤

（第二辑·1996—2000）

邓朴方　著

华夏出版社

图书在版编目(CIP)数据

人道主义的呼唤. 第二辑,1996—2000 / 邓朴方著.
- - 北京:华夏出版社, 2006.03(2021.9 重印)
ISBN 978 - 7 - 5080 - 3958 - 9

Ⅰ. ①人… Ⅱ. ①邓… Ⅲ. ①残疾人 - 社会保障 - 中国 - 文集
Ⅳ. ①D669.69 - 53

中国版本图书馆 CIP 数据核字(2006)第 005480 号

人道主义的呼唤(第二辑 · 1996—2000)

著　　者	邓朴方
责任编辑	贾洪宝
封面设计	殷丽云
出版发行	华夏出版社有限公司
印　　装	三河市少明印务有限公司
版　　次	2006 年 3 月北京第 1 版　2021 年 9 月北京第 4 次印刷
开　　本	880 × 1230　1/32
印　　张	12.25
字　　数	310 千字
定　　价	26.00 元

华夏出版社有限公司　社址:北京市东直门外香河园北里 4 号　邮编:100028
网址: www.hxph.com.cn　电话: 010 - 64663331(转)
投稿互动: 986762145@qq.com, 010 - 64672903

出版说明

《人道主义的呼唤》第二辑收录了邓朴方同志一九九六年至二〇〇〇年《中国残疾人事业“九五”计划纲要》实施期间有关人道主义、残疾人事业和残疾人工作的部分文章、演讲、报告、谈话、讲话、函电、答记者问等，计五十八篇。其中包括一九九九年三月出版的同名图书中一九九六年之后的十六篇。

收录文章基本保持原貌，有些另设了标题，有些做了少量整理和订正，出版前均经作者本人审定。

文章出处必要时以题解形式注明；需要说明的地方或做随文说明，或加脚注；反复出现的专用词语如国际组织、文献、人物、事件、活动等，在书末附录里予以解释。

本次重印，对个别文章的篇名、文内标题、附录词条、多处文字及脚注等做了调整修订。

目　录

时代需要我们自强不息[①]

（一九九六年一月十一日）

邓朴方：这次报告演出团到沪进行第一百场报告演出，受到各方面的关注，首都的几家主要新闻单位和上海各新闻单位都给予及时报道，报道的深度、力度都很强，我非常感谢，也非常感动。新闻界对残疾人事业一贯很支持，希望大家以后继续支持。

记　者：在市场经济的新形势下，为什么几个残疾人的报告能如此激动人心，并产生广泛影响？

邓朴方：这有很多原因。首先，“热爱祖国·自强不息”把握住了时代的脉搏，大家都赞同这个口号，人同此心，心同此理。其次，报告传达的是真情实感，报告员讲的是人们生活中常常可能遇到的事，而他们对这些事的处理方式又不是常人不可及的，是每个人都可以去实践的。

记　者：为什么市场经济条件下更要提倡“热爱祖国·自强不息”？

邓朴方：实施改革开放和社会主义市场经济是为了振兴中华。振兴中华，目标很多，有物质文明的发达，也有精神文明的进步，二者不可偏废，否则，会带来不良的后果。中华民族需要的是全面的进步。所以，在市场经济形势下，更要注重文化的建设，要呼唤人间真

---

① 这是邓朴方同志在“热爱祖国·自强不息”报告演出团百场报告座谈会上答记者问，原载一九九六年第二期《中国残疾人》杂志。

情,以促进精神文明的建设。报告演出引起广泛而强烈的反响,恰恰证明大家对真情和美德的渴求,这是广大人民群众的心愿。这么大规模的残疾人报告演出活动,是新中国成立以来的第一次。目前,社会非常活跃,价值取向较多。报告演出显示,对理想道德的追求和对人生价值的追求是我们中华民族的精神,时代需要我们自强不息。

记　者:最近一段时间没见到您,您的身体好吗?家里人身体都好吗?

邓朴方:好,我的身体很好,家里人身体也很好,我家每个成员的身体都很好。谢谢大家的关心。

记　者:对"八五"期间的残疾人工作您有何评价?对"九五"期间残疾人事业的发展您有何展望?

邓朴方:这可是大题目。简而言之吧,"八五"期间,我们的事业有了初步发展,为残疾人做了一些好事,为中国残疾人事业的发展奠定了基础。"九五"期间,我们做的肯定要比"八五"更多。比如康复的面会更大,分散按比例就业会在更多的省市推开,还有大力发展残疾人职业教育等等。

记　者:上海已开展了残疾人分散按比例就业工作,您怎么看上海残疾人工作的发展与建设国际大都市的关系?

邓朴方:上海分散按比例就业工作开展较好,这件事意义很大,这是保障残疾人人权的一项重要工作。上海要立足于建设国际大都市的标准来做残疾人工作,除了分散按比例就业之外,希望各方面都做得好。上海已经为残疾人事业做了很多扎实的工作。徐匡迪市长说,残疾人应该分享社会物质文化发展的成果。这话讲得好,这就是平等参与和共享。当然,残疾人不仅要分享,也要参与创造。

记　者:请您谈谈从事残疾人工作的感想。

邓朴方:我从事这工作的时间只有十多年,不算长,残疾人工作者中有许多人长期做这项工作,比如黄乃同志,上海的戴目同志,还有基层的好多同志,做这项工作的时间都比我长。他们都做了好多工作。但是对残疾人问题的认识,过去不够充分,比如"平等参与"的观点等,过去就没有。所以,我们最初从事残疾人工作时,要大力宣传。中国残联成立以来办了不少成功的实事,同时不断争取多方支持。现在,情况有了很大改变,社会各界对残疾人问题的认识有很大提高,理解的眼神比过去多得多,扶残助残的事也比过去多得多,新闻界在这方面也做了好多工作。但是残疾人群体的困难还很多,这种状况的改变还需要长时间的努力。

记　者:中国残疾人事业发展很快,与国外相比,我国残疾人工作有何特点?

邓朴方:我们中国残疾人人数多,国家的底子又薄。虽然残疾人事业有了初步发展,但跟发达国家比,基础设施、硬件环境、教育水平等都有很大差距,我们要从这个实际出发为残疾人努力工作。对残疾人问题的认识,早期也有差别。第二次世界大战以后,国外逐渐提出"回归社会"等口号。到八十年代,又有了"平等·参与·共享"等等。我们经过十多年的努力,在对残疾人问题的认识上已不落后于发达国家,而且有了自己的特色,在理论和实践上都有所突破。比如多方面创造条件使残疾人参加一定的生产劳动,形成"劳动福利型"的残疾人事业等。分散按比例就业是我们向西方某些国家学习的,但有些发达国家还没有这么做,有的虽有这方面的法规,但执行中问题不少。我们结合本国实际,各地区又结合本地的实际制定了具体实施办法,取得了不少成绩。现在国际上关于残疾人的一些重大会议和重要文件的制订都邀请我们参加,我们已开始为世界残疾人事业的发展贡献力量。

为在二十世纪末明显改善我国残疾人状况而奋斗①

（一九九六年四月二十二日）

全国首次残疾人事业工作会议今天隆重召开。我代表全国六千万残疾人和中国残疾人联合会，向会议表示热烈的祝贺！

珮云同志刚才在《认真做好“九五”期间残疾人工作，迎接光辉的二十一世纪》的报告中，充分肯定了残疾人工作在“八五”期间取得的成绩，并对“九五”期间的工作提出了指导意见和具体要求。报告体现了党中央、国务院对残疾人的关怀，对残疾人事业的重视，必将对残疾人事业的发展产生积极推动作用。

作为一名残疾人，我同所有的残疾人一样，有一个深切的感受：这些年，伴随着国家改革开放的进程和社会的发展，残疾人的状况发生了深刻的变化，逐步摆脱封闭的、处于社会边缘的状态，走进更加广阔的社会生活。我们的生存与发展从来没有像今天这样受到关注和重视。我们有了维护自身合法权益、促进平等参与社会生活的残疾人保障法；国家连续制定了两个残疾人事业五年工作计划；各级政府成立了残疾人工作协调机构；各有关部门将残疾人工作纳入本部门职责；我们在社会生活的许多方面得到了社会各界的扶持与帮助；社会普遍开展助残扶残活动，残疾人得到了越来越多的理解、尊重、

① 这是邓朴方同志在国务院残疾人工作协调委员会召开的首次全国残疾人事业工作会议上的讲话摘要。

关心和帮助。越来越多的残疾人参与范围扩大,参与机会增多,生活明显改善。

我想强调指出,所有这些,都饱含着党和政府的深切关怀,饱含着社会各界的热情支持,也融入了广大残疾人的自强不息精神和残疾人工作者的汗水和心血。

党和国家一直关心残疾人,重视残疾人事业。江泽民总书记、李鹏总理等党和国家领导人多次指出:残疾人事业是社会主义事业的一部分,发展残疾人事业已经成为全社会面临的紧迫而艰巨的任务,各级党委、政府和社会各界都要对残疾人事业给予更多的关注和支持。我们知道,这些年,各级党委、政府和社会各界正是按照中央领导同志讲的这个精神去做的。

各级政府在残疾人事业中发挥着主导作用。各级政府都把残疾人工作作为分内之事、视为应尽之责,为残疾人的康复、教育、就业、脱贫、文化生活、社会福利、法律保障等做了大量艰苦细致的工作;残疾人工作协调机构充分发挥综合协调作用,解决残疾人工作中的重大问题;许多部委领导同志亲自参与制订计划、组织实施,并深入基层了解残疾人的疾苦,考察残疾人工作,帮助解决具体问题。五年来,国家各有关部委和残联的干部走遍全国近两千个县(市),帮助基层残疾人工作,为残疾人排忧解难。

各省、自治区、直辖市把残疾人事业纳入当地国民经济和社会发展总体规划,列入议事日程,采取有效措施,解决残疾人面临的困难。北京、上海、天津、山东、山西、辽宁等十多个省市规定每年要为残疾人办几件实事,有部署,有检查,为当地残疾人做了许多雪中送炭的事情。浙江等省委、省政府联合发文,做出加强残疾人工作的决定,具体解决残联机构改革、编制、经费、办公用房、残疾人综合服务设施等问题。许多省、自治区、直辖市党委、政府的主要领导同志亲自过问残疾人工作,经常听取汇报,在繁忙的工作中抽出时间出席有关残疾人工作的会议,参加重大活动。有的领导同志还常年联系贫困残疾人,结成了稳定的帮扶关系。尤其是各位主管残疾人工作的副省长和残疾人工作协调委员会成员单位的负责同志,更是把残疾人的疾苦时刻挂在心上,深入基层检查工作时,不论走到哪里,都要看望残疾人,询问残疾人工作的进展。北京市何鲁丽同志在副市长岗位上时经常检查残疾人工作,帮助解决具体问题,当选全国政协副主席后仍不忘关心残疾人工作。辽宁省徐文才副省长主管残疾人工作后,经常说:“我们要念念不忘老百姓,老百姓中残疾人最苦,要多关心他们。”各地方领导同志关怀残疾人、支持残疾人事业,还有很多动人的事例,在这里由于时间关系,我不一一列举了。这些年,我到过二十九个省、自治区及直辖市,许多地方领导同志都对我说,残疾人是最困难的群体,对残疾人事业无论怎样支持都不过分。这些感人至深的话,我至今记忆犹新。

社会各界热情帮助残疾人。五千多万少年儿童历时十一年开展“红领巾助残”活动;广大青年开展了“青年志愿者助残行动”;各地法律服务机构扶持弱者,积极为残疾人提供法律服务;新闻单位满怀热情、充满爱心地宣传、报道残疾人事业;各文化单位帮助残疾人丰富文化生活;群众团体、社区组织关心、照顾身边的残疾人;每年“全国助残日”,全国城乡数千万人为残疾人办实事、送温暖。

各级残疾人联合会、广大残疾人工作者和志愿工作者为残疾人付出了艰辛的努力。他们与残疾人心心相印,心里时刻装着残疾人,克服种种艰难困苦,全心全意为残疾人服务。

回顾这些年尤其是这五年的工作历程,方方面面给予残疾人的关怀和对残疾人事业的支持,实在难以尽述。无数动人的场景至今历历在目,并将永远铭记在我们心中。我谨代表全国六千万残疾人及其亲属，向各级政府、各部门、社会各界和广大残疾人工作者，向一切关心残疾人、支持残疾人事业的人们表示衷心的感谢！

但是，由于历史的原因和现阶段经济、社会发展水平的制约，我国残疾人生活状况滞后于社会平均水平的局面尚未完全改变，残疾人的处境还相当艰难：大量残疾人亟待康复，百分之四十的残疾人是文盲，百分之三十的残疾人未就业，还有一千八百万残疾人没有得到温饱。残疾人事业面临的任务仍然十分艰巨。

《中国残疾人事业"九五"计划纲要》提出的各项任务，既是实现我国第二步战略目标的要求，也是广大残疾人的迫切需要。这些目标的实现，将进一步改善残疾人的状况，也将对我国经济发展、社会稳定、社会公正和精神文明建设产生积极的、重要的影响。

我们相信，残疾人事业一定会一如既往地得到各级政府和全社会的关怀与支持。希望各级残疾人组织更加密切地联系残疾人，当好残疾人共同利益的代表，协助政府发展残疾人事业，为根本改变残疾人的状况而努力工作。

当前，全国人民正在以江泽民同志为核心的党中央领导下为我国阔步迈入富强、民主、文明的二十一世纪而努力奋斗。祖国的富强、社会的进步，是广大残疾人的根本利益之所系。全国六千万残疾人将和全国人民一道，进一步发扬乐观进取的精神，自尊、自信、自强、自立，积极投身社会主义现代化建设，为祖国的繁荣和人民的幸福贡献力量。

创造残疾人出版事业更加辉煌的明天[1]

（一九九六年五月十七日）

在华夏出版社成立十周年之际，我代表中国残联党组和理事会向华夏出版社全体同志致以亲切的慰问和热烈的祝贺！向十年来一直支持残疾人出版工作、关心华夏出版社健康成长的许多老同志，向中宣部、新闻出版署、中国版协的领导同志和各界朋友表示衷心的感谢！

十年来，华夏出版社认真贯彻党和国家的出版方针政策，执行新闻出版署有关规定，坚持“传播人道主义，弘扬华夏文化”的办社宗旨，立足于为残疾人事业服务，为社会主义精神文明建设服务。从《历史在这里沉思》到《中国残疾人事业年鉴》，从《二十世纪文库》到《自强文库》，共出版各类图书二千余种，印行约六千万册，有一百一十五种在国内外获奖，在学术界、文化界、出版界和广大读者中产生了一定影响。

残疾人读物的编辑出版，已具有相当规模和鲜明的特色。四百多种残疾人读物中，既有宣传残疾人保障法、宣传残疾人自强模范和助残先进典型事迹的图书，也有关于残疾人康复、教育、劳动就业、聋儿听力语言训练、弱智儿童家庭教育、残疾预防等方面的图书，几乎涉及残疾人事业所有领域，初步满足了各类残疾人的特殊需要，活跃和丰富了残疾人文化生活，为残疾人平等参与社会提供了精神力量和智力支持，配合了《中国残疾人事业五年工作纲要》和《中国残疾

---

① 本文原载一九九六年五月十七日《人民日报》。

人事业“八五”计划纲要》的实施，推动了我国残疾人事业的发展。一九九四年由中宣部出版局、新闻出版署图书司、中国版协等单位联合举办的全国首届奋发文明进步图书奖评选活动，是对改革开放以后十余年间全国出版社出版的残疾人读物的一次巡礼，华夏出版社获奖图书二十四种，占获奖总数的三分之一。

华夏出版社不仅坚持为残疾人出书，还积极扶持残疾人作者，向老少边穷地区残联图书馆(室)捐赠图书，开展残疾人读书活动，配合助残日进行宣传，抽调人员参加残疾人工作实践，参与远南运动会组织宣传工作，帮助基层残联加强建设，为残疾人和残疾人事业做了很多实事。

华夏出版社全心全意为残疾人事业服务，受到广大残疾人和各级残联组织的好评，也得到社会各界和宣传、出版部门的肯定。在华夏出版社成立十周年前夕，听到华夏出版社被新闻出版署评为“良好出版社”的消息，我和全社同志们一样，感到由衷的高兴。

“艰难困苦，玉汝于成”这句话，我曾经用作给一位残疾人作家的题词。用这句话来概括华夏出版社十年的奋斗历程，也是贴切的。十年来风风雨雨，坎坎坷坷，先后有许多同志为残疾人文化出版事业顽强拼搏，做出了无数奉献与牺牲。经过十年的艰苦磨砺，华夏出版社已逐渐成熟起来，在市场竞争日益激烈的条件下，为寻找一条既适应市场经济、又服务于残疾人事业的路子，进行了有益的探索。我高兴地看到，经过十年的发展，华夏出版社不仅出了一批好书，而且形成了出好书的机制；不仅有了年出书码洋超过亿元的实力，而且延揽、团结了一批高学历高资历的知识分子，培养锻炼出一支热爱残疾人文化出版事业的职工队伍。这支队伍中，既有健全人，也有残疾人；他们既是好的出版工作者，也是好的残疾人事业工作者。他们以残疾人“自尊、自信、自强、自立”的“四自”精神作为立社之本。他们不只熟悉各自的专业,也熟悉残疾人事业。他们之间互相理解、互相尊重,形成了一种团结和谐的新型的人际关系。他们恪守“人道、廉洁、奉献”的职业道德。他们脚踏实地,锐意改革,开拓进取。出版社的领导同志,一定要爱护、珍惜这支队伍,理解他们,尊重他们,帮助他们解决工作、生活中的实际困难,为他们的发展成长创造更好的环境,更好地调动和发挥他们的积极性、创造性。

《中共中央关于制定国民经济和社会发展“九五”计划和二○一○年远景目标的建议》,为我国跨入二十一世纪绘制了宏伟蓝图,对我国残疾人事业的发展也提出了更高的要求。据此制定的《中国残疾人事业“九五”计划纲要》,对华夏出版社“九五”期间的图书出版工作也有一些新的安排和部署。我希望出版社的同志们在总结十年经验教训的基础上,发扬成绩,克服不足,戒骄戒躁,再接再厉,继续实现新闻出版署提出的由数量规模向质量效益型的转变,争创“优秀出版社”,更好地发挥华夏出版社作为“全国残疾人文化活动中心”的作用,为残疾人出版更多更好的图书,为开创我国残疾人出版事业更加辉煌的明天,做出更大的贡献。

残疾人工作也要讲政治①

（一九九六年七月一日）

今年是中国共产党建立七十五周年。这是沿着马克思主义指导的方向奋斗、探索、前进、胜利的七十五年；是我们党带领各族人民艰苦奋斗，使国家走上独立、富强之路，自立于世界民族之林的七十五年。我代表会党组和理事会对受到表彰的先进基层党组织、优秀党员和党务工作者表示热烈的祝贺！

我想借此机会，结合我党七十五年的光辉历程，谈一谈学习七月一日发表的江总书记《关于讲政治》一文的体会，同时对残联系统加强党的建设谈一点意见。

领导干部一定要讲政治，这是江总书记去年提出来的。讲政治讲什么，要讲政治方向、政治立场、政治观点、政治纪律、政治鉴别力、政治敏锐性。有人问，是不是要回到政治挂帅？是否又要搞阶级斗争？我想，如果这样理解，就大错特错了。七月一日发表的江总书记的讲话，已经讲得很清楚了。我们从事残疾人工作的同志都要好好学习。

（一）讲政治首先要讲马克思主义、毛泽东思想和邓小平同志建设有中国特色的社会主义理论。

马克思主义是建立在辩证唯物主义和历史唯物主义基础上的科

① 这是邓朴方同志为纪念中国共产党建立七十五周年在中国残联机关及直属单位干部大会上所做的报告。原载一九九六年七月六日《中国社会报》。

学理论。它的目标是解放全人类。按照马克思的设想,人类要不断地打破束缚自己的枷锁,不断地由必然王国走向自由王国。这是消除剥削、压迫、歧视、偏见,走向物质极大丰富和觉悟极大提高的过程,最终要实现"各尽所能、按需分配"的共产主义社会。具体道路是通过阶级斗争,夺取政权,实行无产阶级专政,实现世界革命。第一阶段是建立社会主义社会,第二阶段是过渡到共产主义社会。列宁发展了马克思主义,成功地领导了十月革命,建立了第一个社会主义国家。二次大战以后,诸多社会主义国家建立,形成了社会主义阵营。后来遭到挫折,苏联解体了,东欧几个社会主义国家改变了性质。怎么认识这个问题?是不是马克思主义不行了?我认为,不是马克思主义不行了,而是没有用科学的态度对待马克思主义。为什么马克思主义在有些国家成功了,在有些国家失败了?我看关键在于怎样对待马克思主义。马克思主义从来就是生动活泼的、不断发展的,它不是静止的、僵化的。比如,原来马克思设想进行世界革命,在发达资本主义国家进行革命;而列宁在比较落后的俄国进行的十月革命却成功了。如果列宁抱着非科学的教条的态度,能有十月革命的成功吗?如果教条地搬用马克思的论断,就一定会失败。

中国革命也是这样。毛主席在革命战争时期,就不是照抄本本,而是从中国国情出发,走农村包围城市、夺取城市的道路。这就是一种科学的态度。前些天我去了延安,看了毛主席住过的土窑洞。土窑洞里出来的是马克思主义,而王明那一套就不是马克思主义。土地革命时期,跟蒋介石打了十年;日本入侵,党中央即刻改变策略,联蒋抗日。把红军帽徽摘下来,多少干部含着泪,不愿意。但是,主要矛盾已由阶级矛盾转化为民族矛盾,要共同抵抗日本帝国主义。这一决策使我们党和军队壮大起来了。解放战争时期,我们党已有了一套成熟的路线、方针、政策,团结了一切可以团结的力量,包括工人、农民、知识分子、小资产阶级、民族资产阶级，形成了强大的革命队伍。所以，只用了三年半就打败了蒋介石，建立了新中国。新中国成立后，在毛主席领导下对于如何建设社会主义，也做了很多有益的探索。但后来“左”的东西、脱离实际的不科学的东西多起来了，以致路越走越偏，直至发生“文化大革命”，到了非常危险的地步。

小平同志在十一届三中全会以后全面评价了毛主席，纠正了“文化大革命”的错误，创造了一套建设有中国特色的社会主义理论。这个理论包括政治、军事、经济、文化、外交等各个方面。他没有就哲学问题、历史问题写他的专著，但在他的讲话、著作中，到处闪耀着辩证唯物主义、历史唯物主义的光辉。他抓住了马克思主义的精髓——实事求是这一最根本的思想路线，提出了社会主义的本质和根本任务，提出了我国社会主义的初级阶段，提出了一个中心两个基本点，阐明了发展才是硬道理以及关于“三个有利于”、关于分三步走的经济发展战略，关于贫穷不是社会主义、发展太慢也不是社会主义，关于市场经济是经济手段与社会主义不存在根本矛盾，关于政治体制改革必须与经济体制改革相适应，关于两手都要抓、两手都要硬，关于“一国两制”，关于警惕右、主要是防“左”，关于和平与发展是当代世界的两大主题，关于中国问题的关键是要把共产党内部搞好，关于加强廉政建设、反腐败，等等，对这一系列重大问题，小平同志都运用马克思主义基本原理，集中全党的智慧，以他在党内几十年工作的经验，经过认真思考，做出了他的回答，这就构成了建设有中国特色社会主义理论的框架。特别是在什么是社会主义、如何建设社会主义这个根本问题上，小平同志明确指出，我们现在是社会主义初级阶段，社会主义也可以发展商品经济、市场经济，社会主义的本质是解放生产力、发展生产力，消灭剥削，消除两极分化，最终达到共同富裕。一切都要从有利于生产力的发展、有利于综合国力的增强、有利于人民生活的改善出发。这些都是重大的理论问题,所以,讲政治就要认真学习小平同志建设有中国特色的社会主义理论。

(二)讲政治就要讲十一届三中全会以来形成的党的基本路线。

这就是:以经济建设为中心,坚持改革开放,坚持四项基本原则。要一百年不动摇。这是有中国特色社会主义理论的核心,是全党几十年进行社会主义建设经验的结晶。这条基本路线来之不易。

回想解放初期,三年恢复时期之后,就开始不断变革生产关系。当时以为不断变革生产关系,就可以解放生产力、发展生产力。农民分到了土地之后,没多久就搞了合作化,又没多久就搞了高级社,接着又搞了人民公社,叫"一大二公"。这样一来,脱离了生产力的发展水平,结果是严重挫伤了农民的积极性,生产很快掉下来。可见,超越生产力的发展水平而不断变革生产关系,这是不现实的,是错误的,事实证明是失败的。问题是,当时并没有从中得到教训。一九五九年庐山会议,本来是批"左",后来变成批右,结果就更"左"了,以后又提出以阶级斗争为纲,搞"四清",整走资本主义道路的当权派,直至一九六六年发动"文化大革命"。这种不顾实际情况,片面强调以阶级斗争为纲的做法,给我们国家造成非常惨重的灾难,经济几乎崩溃,政治上失去了人民群众的信任。就在这个时候,小平同志在党的十一届三中全会之后,总结了这段历史经验,形成了以经济建设为中心的主导思想。坚持改革开放,坚持四项基本原则,这两个基本点也不是凭空想出来的,而是在实践中总结出来的。

"文化大革命"后,有两股社会思潮:一股是右的,否定毛泽东和毛泽东思想,否定党的领导和社会主义制度,坚持四项基本原则就是对这股思潮提出来的;另一股思潮是"左"的,对改革开放看不惯,开始搞农村联产承包责任制的时候,十分困难,群众要搞,上面要搞,中间不动,当时叫作"中层梗塞"。对这两股思潮,小平同志一不搞运动,二不强迫,而是通过说服教育,摆事实讲道理,一步一步来。这样,一些同志的思想认识慢慢才通了。就这样,一个问题一个问题出现,一个问题一个问题解决,就形成了一个中心、两个基本点的基本路线。所以,这条基本路线是在同各种错误思潮做斗争中形成的。

反对党的基本路线最突出的是一九八九年的政治风波。打着"要民主、反腐败"的旗号,实质是什么呢?依我看,"左"右两个方面都有。右的方面,一些人要搞全盘西化,搞民族虚无主义,否定社会主义,在当时形成了一种舆论导向。"左"的方面,是一些人对新的分配方式不适应,绝对平均主义的影响很深,对改革开放不理解,形成了一些人的盲从。可见形成党的基本路线是历尽艰难的,是经过斗争,来之不易的。

为什么小平同志讲基本路线要一百年不动摇呢?因为人民群众担心动摇。尽管人们拥护这条路线,但遇到问题的时候,还会有人产生疑惑。从"左"面来的、右面来的都会有。过去有,现在有,将来也会有。

目前,我国的改革正在深入,遇到了许多新问题,物价指数比较高的问题,东西部差距问题,分配差别问题,国有企业如何走出困境问题,部分群众生活困难问题,所有制比例问题,腐败问题,等等。种种问题摆在我们面前,在这种情况下,不讲科学的态度行吗?要对问题进行分析。比如,国有企业现在困难很多,要分析一下,这是改革造成的呢,还是不改革造成的呢?国有企业困难是一个历史形成的复杂现象,要解决,不是一件容易的事情,必须下大力气,不断深化改革。

现在一些私营经济得到发展,有人说,这是社会主义的一大危险,会动摇社会主义。但是大家想一想,我们现在的社会主义属于初级阶段,有没有可能搞绝对公有制?一大二公我们搞过了,行不行?回过头来看,使非公有制经济有所发展,成为公有制经济的有益补充,有什么不可以?苏联曾经全部国有化,结果它垮了嘛!我去温州看过,那里原来很穷,老百姓吃不饱饭。这些年,他们没花国家的钱,搞了许多个体的、私营的、家庭的、集体的小工业、手工业,把经济搞活了,老百姓有饭吃了,生活好了,国家还增了收。

我们党的队伍,我们的党员是好的还是不好的?我们党是伟大、光荣、正确的,还是腐败的?如果是后者,这十几年来经济、社会发展的成就是怎么来的?人民生活是怎么提高的?在各国政党中,有多少能比我们的党更好?我们的领导干部多数是好的,基层党员干部是好的,这是基本事实。不看这个基本事实,只见个别现象,这种思想方法对吗?

东西部差距,有人说这也是影响社会主义的因素。大家想一想,任何一个大国的发展都是不平衡的,这与各地人文、地理、资源、气候、交通等情况直接有关,所以发展有先有后、有快有慢。我们四川发展就比沿海慢,因为它交通不方便。是不是让发展可以快一点的东部沿海,把速度拉下来,求得平衡呢?这不但不合情,也不合理,事实上也办不到。我们要承认发展不平衡是正常的,是发展过程中的必然现象。小平同志说,东部发展起来了,将来要支援西部,最后求得共同发展。党中央、国务院正在抓东西部联手发展,逐步开发西部地区,支援贫困地区,就是为了解决东西部不平衡问题。我们必须把东部和特区的经济搞好,如果现在还是搞平均主义,把大家的手脚束缚住,将有能力、有本事的人捆住,不许他们创造更多的财富,国家怎么能有生机呢?在这种情况下,就要运用"三个有利于"来衡量,以保证贯彻执行党的基本路线不动摇。我看,人民群众、广大干部是拥护基本路线的。我经常到各地去跑，看到各级干部、广大群众是那么真心实意地拥护党的基本路线，使我深受感动。对此，我是有信心的！

（三）讲政治就是要讲振兴中华。

中华民族有着悠久的历史、文化和强烈的民族自豪感。秦始皇统一六国使原已基本形成的民族国家意识更加牢不可破，而欧洲许多民族国家的形成是在一千多年之后，非洲、美洲更晚。民族国家的观念、中华民族的意识，深深地植根于我们民族文化之中。我国曾长期是世界上最发达、最文明的国家，在民族意识中很重要的一点就是不甘落后。为此，近百年来许多革命先驱、先烈、志士仁人，一直为民族独立、国家富强而前仆后继，流血牺牲，奋斗不息，终于迎来了中华人民共和国的诞生。

如今摆在炎黄子孙、中华儿女面前的一个大任务，是发展经济，振兴中华，使国家繁荣富强。我们一定要抓住机遇，充分利用国内外的有利条件，动员各方面力量，谋求经济发展和综合国力的增强。振兴中华，此其时也。如果我们丧失了机会，就会被动挨打。所以振兴中华也是一个政治问题。这里面有两条：一条是中国的统一问题，一条是中国的繁荣富强。中国的统一问题，要实现香港、澳门的回归，继续保持繁荣、稳定。还要创造条件统一台湾，这需要时间，需要过程，需要努力。一以贯之的中心是要不断发展经济，实现三步走，在下个世纪中期达到中等发达国家水平。到那时，我们壮大了，将更利于世界的和平、进步和发展。

（四）讲政治就要讲群众观点。

有两句话，一句是始终站在最大多数人民一边，一句是全心全意为人民服务。始终站在最大多数人民一边，是我们的政治立场；全心全意为人民服务,是我们党的宗旨。我们要发展经济,提高人民生活水平,搞好精神文明建设,搞好安定团结,搞好社会治安,建设清廉高效的政府,创造一个友爱和谐的环境,使每个人都能充分发挥自己的才能和潜力,这都是群众的愿望和要求。我们要当好人民的公仆,勤勤恳恳为人民服务,真心实意为人民办事,要努力做到人民拥护、人民赞成、人民高兴、人民答应。

我们残联干部,广大残疾人工作者,是为最困难的人服务的,更要始终密切联系残疾人群众,跟残疾人建立血肉联系,站在残疾人群众一边。当然,残疾人的利益有两方面,一是长远利益,二是眼前利益,两者都要兼顾。眼前利益就是要扎扎实实为残疾人解决好面临的具体困难,长远利益就是要使残疾人与全国人民一道共同富裕。残联成立八年了,取得了很大成绩,使二百多万人得到康复,残疾儿童入学率由百分之二十提高到百分之六十,残疾人就业率由百分之五十提高到百分之七十,组织建设也有所加强,宣传工作取得了突出成绩,还有许多,由于时间关系,不细讲了。我们取得了历史性成就,有目共睹。这是我们残联干部辛勤工作的结果,也是中央和各级人民政府支持的结果,是社会各界帮助的结果,也是广大残疾人努力的结果。我们正在集中力量实施残疾人事业"九五"计划。"九五"计划实现之后,残疾人事业滞后于社会发展的状况会有所改变,残疾人的生活会比现在显著见好。这是残联、残疾人工作者对祖国、对党的贡献。我们必须千方百计,动员各方面力量,努力实施这个计划。

(五)讲政治就要加强党的建设。

我们是执政党,把党建设好,这是贯彻执行党的政治路线的保证。我们有一个马克思主义的政党,带领我们历经了七十五年的风风雨雨,如今仍是领导我们进行社会主义现代化建设的政党,也是唯一能领导中华民族振兴的核心力量。小平同志讲中国问题的关键是把共产党内部搞好,可见党的建设的重要性。现在中央非常重视抓党的建设,各级党委都应该重视。

残联系统党的建设如何呢?怎样加强呢?残联系统党的建设总的看是好的,残疾人事业、残疾人工作取得了这么大成绩,一个重要原因,就是多年来不断抓了党的建设,各级党组织发挥了战斗堡垒作用,广大党员发挥了先锋模范作用。这次表彰的一批先进党组织、优秀党员,就是其中的代表。随着形势的发展,残联系统党的建设、干部队伍建设还要进一步加强。多年来,残联对干部队伍建设是重视的,我们的队伍基本上是好的。从学习理论到完成各项任务,大家是努力的、开拓进取的。许多同志把大好年华奉献给了残疾人事业,这是非常可贵的。

许多人都说我们这支队伍是能打硬仗的,过得硬的。但也不是没有问题。正像江总书记指出的,我们的干部队伍中确有一部分同志的素质,特别是思想政治素质不适应党的要求,在思想作风、组织纪律上要求不严。还有一些新干部、新党员缺乏锻炼,缺乏实践。怎么办?首先要加强思想建设。主要是要用马克思主义、毛泽东思想、小平同志的有中国特色社会主义理论武装头脑,增强执行党的基本路线的自觉性,坚定社会主义、共产主义信念,坚持全心全意为人民服务的宗旨。其次要加强作风建设。党风是关系到党的生死存亡的大问题。近些年来,中央对党风、党纪抓得很紧,加强了党内、党外的监督。不久前中纪委专门发出了通知,要求在党员干部中开展一次党风党纪教育,有具体要求和部署,机关党委要进一步抓好这项工作。再次要加强党的组织建设,一要抓好领导班子,二要抓好队伍,三要抓好基层组织。要抓干部交流,交流交流有好处,这是大局的需要,也是残联自身建设的需要。加强党的建设,是发展残疾人事业的重要保证,这是当前我们的一个重要政治任务。各级都要认真抓好。

最后,我想说,江总书记提出讲政治,提得非常好,应该说是切中要害。大家要认真学习江总书记的讲话,注意阅读报纸上这方面的重要文章,振奋精神,努力把各项工作做得更好。

把残疾人事业纳入依法治理、依法发展的轨道[①]

（一九九六年十月十五日）

首先，请允许我代表中国残疾人联合会、代表六千万残疾人，感谢国务委员、国务院残疾人工作协调委员会主任彭珮云同志在会上发表的重要讲话，感谢司法部对残疾人事业的鼎力支持和肖扬部长所做的残疾人事业法制工作报告，感谢全国人大常委会特别是内务司法委员会对残疾人权益保障的高度重视和支持，感谢全国人大内务司法委员会主任孟连崑同志在百忙中出席会议，还要为会议做总结报告。

我想特别指出，我们这次会议是在党的十四届六中全会刚刚胜利闭幕的情况下召开的。十四届六中全会做出了《关于加强社会主义精神文明建设若干问题的决议》。决议指出，我们进行的精神文明建设，是以经济建设为中心，坚持四项基本原则和坚持改革开放的精神文明建设，是继承发扬优良传统而又充分体现时代精神、立足本国而又面向世界的精神文明建设。这对于全国推进建设有中国特色社会主义的伟大事业，对于加强民主与法制建设，具有重大意义。对于促进社会全面发展，加强法治观念，依法推进残疾人事业，维护残疾人合法权益，也具有重大意义。

适应我国法治建设的要求和残疾人事业发展的需要，这些年，在

① 这是邓朴方同志在全国残疾人事业法制工作会议上的讲话。

全国人大常委会和国务院的领导与亲切关怀下,我国残疾人事业法治建设迈出了两大步,取得重大成就。第一步是,颁布实施了具有划时代意义的残疾人保障法,将发展残疾人事业、保障残疾人合法权益以法律形式确定下来。在这些年的宣传实施中,社会各界认识到:残疾人作为公民,享有与其他公民平等的权利;作为有特殊困难的公民,国家与社会应给予特别扶助。依法发展残疾人事业、保障残疾人权益,是人权保障的重要内容,是社会文明、进步的标志。残疾人保障法的颁布实施,展现了社会融和与文明进步的美好前景,为我国依法保障残疾人合法权益、依法发展残疾人事业创造了重要前提。我国残疾人事业开始走上法治轨道。

第二步是,国务院依据残疾人保障法制定了《残疾人教育条例》,各省、自治区、直辖市制定了残疾人保障法的实施办法,大多数市县制定了相应的规定。与此同时,国务院依法制定实施了残疾人事业"八五"、"九五"计划纲要,将残疾人事业各项业务融于各级政府相关部门,依法决策,依法行政,取得长足进展,残疾人状况明显改善。

这次残疾人事业法治工作会议的议题是:健全残疾人事业法规体系,重点将县、乡(镇)、村扶助残疾人的规定规范化,纳入依法治理轨道;加强残疾人的法律服务工作;深入宣传残疾人保障法,加大执法力度。这次会议议题非常明确,大路子很对。大家都看到了,这几年残疾人事业发展很快。但是,细算一下账,我们为残疾人做的事情还是相当少的。比如康复工作,"八五"期间二百多万残疾人康复,"九五"期间将使三百万残疾人康复。数字不算小了,但这只是六千万残疾人中很少的一部分。就是说,残疾人的问题相当多,我们解决得很少。如果纳入了法治的轨道,再向前推进,情况会更好,国家有残疾人保障法,各地有实施办法,各个市县乡(镇)村有扶助残疾人的规定,那么,受益的残疾人就不是以百万人计,而是以千万人计,算上他们的家属就有上亿人受益。所以,按照法治的要求,把对残疾人的扶助规定落实到基层,是我们为残疾人做的受益面最大的一件事。另外,过去残疾人要是有冤枉,受了欺侮,吃了亏,或者自己根本不知道,还觉得自己理亏,或者知道吃了亏也不知道到哪里去申诉、告状,有些地方,申诉也不理睬你。但是,这几年,越来越多的残疾人开始运用法律手段保护自己的合法权益了,有些法律服务机构也开始重视了,尽管并不很普遍。我国法律服务的队伍正在壮大起来,法律服务的范围也扩大了,逐步有了为残疾人服务的内容。这是我们国家文明的表现,是社会的一大进步。正是在残疾人对法律服务的需求逐步增加的情况下,我们召开了这次会议,提出了加强残疾人法律服务问题。再有,就是要加强宣传和执法检查的力度。今年我到延安去,看了两个村。一个村有对残疾人的优免规定,现在应该叫扶助残疾人的规定了,比如减免义务工等等,残疾程度重点儿的多免点儿,轻点儿的少免点儿,执行得也不错,残疾人受益。另一个村,也有这方面的规定,但基本上没有为残疾人提供什么帮助。这就说明,宣传和执法检查是完全必要的。这次会议提出的议题,我认为提得对,解决问题的办法和步骤也是可行的。

认真贯彻实施这次会议确定的任务,对残疾人状况接近或者赶上当地社会发展平均水平,实现我国本世纪的战略目标,对完成"九五"计划,进一步保障残疾人合法权益,维护社会公正与公平,具有重要意义。这一步走好了,我国残疾人事业将依法从上到下得到稳定的发展,尤其是广大农村残疾人的状况,将随着依法治县的开展,得到明显改善。

在这期间,我们将全面实施残疾人事业"九五"计划纲要规定的各方面任务,到这些任务完成的时候,我国残疾人状况将得到很大改善:大部分残疾人能够接受各种教育,不断提高自身素质;大部分能够就业,参加适合的生产劳动,取得较为稳定的收入;贫困残疾人基本脱贫,特困残疾人基本生活有保障;相当多的残疾人能够在基层、在社区得到康复训练,不断改善自身功能;残疾人的合法权益受到侵害的时候,能够得到法律服务的帮助。我相信,只要我们认真去抓,脚踏实地去干,努力实现这次会议确定的任务和“九五”计划的这些目标,令人鼓舞的前景就一定会实现。

所以,这是一次非常重要的会议。刚才,彭珮云同志做了很重要的讲话,重申了残疾人事业的大政方针,肯定了这项事业法制建设的成就与任务。肖扬部长所做的报告,不但有理论深度、认识高度,而且有任务、有目标,有依法治理的标准和要求,抓住了关键问题,措施也非常具体。认真按照珮云同志讲话和肖部长的报告去做,残疾人事业的大量基层工作将凭借依法治县、依法治乡(镇)、依法治村而得到显著加强。各级残疾人联合会要高度重视这次会议,要认真抓好会议部署的法制建设任务,要主动配合政府及司法部门,主动配合省市人大法制委员会,一丝不苟,做好以下工作:

第一,向党委、政府及残疾人工作协调委员会汇报这次会议精神,主要是彭珮云同志的讲话、肖部长的工作报告及全国人大内司委孟主任将要作的会议总结,要结合本地实际,提出贯彻意见,据此修订、充实省、区、市“九五”法治工作方案,经政府审议后,按照分类指导、分步实施的原则,主动配合各方面抓好落实。

这里,我要特别强调基层依法治理和法律服务这两项工作。要像肖部长在报告中所要求的那样,切实从当地实际出发,解决残疾人的主要问题,务求扶助残疾人规定的内容具有针对性,与扶贫及社会救济工作结合,达到规范化要求,进入依法治县、治乡(镇)、治村序列。要配合人大和政府建立执行情况的检查、监督机制,要协助相关部门组织、动员省地市县、乡(镇)村的舆论工具和传媒,参与检查、监督工作，好的表扬，差的批评。力求第一批经过梳理的县、乡（镇）、村扶助残疾人的规定，发挥示范和样板的作用。要密切配合司法行政部门，以残疾人工作协调委员会和司法行政部门的名义，分期分批地指定或委托一些法律服务机构，为残疾人提供优先、优质、优惠的法律服务。务求指定或委托一个，就发挥一个的作用。要与司法行政部门一起倡导全社会的法律服务机构，发扬扶助社会弱者的人道主义精神，为残疾人提供优惠的法律服务，并配合司法部门做好表彰先进的工作。

关于残疾预防，我还要说几句。据比较保守的估计，我国每年新增各类残疾人一百万，残疾预防作为一项综合性社会工程，必须引起各级政府、社会各界的高度重视。我们要满腔热情地、十分投入地做好残疾人工作，发展残疾人事业，维护残疾人合法权益，同时要满腔热情、十分投入地做好残疾预防工作。这也是珮云同志多次强调的。各省、区、市，各基层单位，要将残疾预防纳入依法治理的内容，制定专门的预防规定，认真实施，认真做好。

第二，加强对残疾人工作者和残疾人的法治教育。各级残联、广大残疾人工作者和残疾人，要认真学好残疾人保障法和当地的实施办法及纳入依法治理的相关法律法规，真正做到知法、守法、用法。基层残联干部和残疾人要熟悉经过修订的县、乡（镇）、村扶助残疾人的规定，积极参与规定执行情况的检查。

要帮助残疾人增强法律意识和遵纪守法的观念。帮助残疾人懂得全局与局部的关系，维护国家大局的利益；懂得国家给残疾人以特别扶助的目的是鼓励自强自立，促进平等参与，不能由此产生依赖思想。残疾人作为公民，不但享有同其他公民平等的权利，而且应力所能及地尽公民的义务。我相信广大残疾人能够顾大局，爱国守法，在努力奉献中享有自己的合法权益。

第三,要按照依法治县、依法治乡(镇)的要求,根据有关规定,加强县、乡(镇)残联建设。县级残联要进一步发挥活力,乡(镇)残联要力求尽快配备专职工作人员,主动、密切配合政府,把依法治县、依法治乡(镇)、依法治村的工作做好。

我相信,在各级党委、人大、政府的领导、支持下,经过在座同志们的努力,在实施依法治理的情况下,广大残疾人的合法权益,一定能得到更好的保护。依法发展我国残疾人事业的目标一定能实现。

康复事业是人道主义的生动实践[①]

（一九九六年十二月十八日）

我国新时期残疾人事业的发展是从残疾人康复开始的。早在中国残疾人联合会成立之前，即国家有计划地、系统地发展残疾人事业之前，就有了残疾人康复工作和残疾人康复协会了。在座的有些专家、教授当时就满腔热情地投入了这项工作。那是八十年代中期的时候，改革开放实施不久，康复这个概念在我国还比较陌生，不少人还不太清楚它的准确的定义和内涵，至于如何结合我国国情加以实施，就更模糊了。中国康复协会成立十年来的一个突出功绩在于，它由小到大，由只有一个儿麻后遗症康复专业委员会发展到十三个专家委员会，由少数热心的发起者发展到近两万名会员，团结了越来越多的各方面专家、教授和志士仁人，在残疾人康复实践中，从白内障复明、儿麻矫治、聋儿听力语言训练等残疾人迫切需要的康复入手，逐步拓展领域，踏实而富有成效地探索中国残疾人康复工作的道路，不仅对推进残疾人事业发挥了不可替代的作用，也在这个进程中进一步认识了国情，增长了才干，为这项事业的进一步发展做了技术、经验和认识上的准备。这是具有深远意义的成绩。可以这么说，不能设想，离开各位专家、教授的康复实践和对康复的技术指导，能够制订比较符合实际的残疾人事业康复计划，能够比较好地完成三百

---

① 这是邓朴方同志在中国残疾人康复协会第三届代表大会开幕式上的讲话。

多万例残疾人康复任务;也不能设想,离开残疾人康复协会这个中介组织,能够团结这么多的专家、教授、学者,将热心这项事业的志士仁人吸引到残疾人康复实践和研究中来,做出历史性的贡献。残疾人康复事业是知识和技术含量比较高的事业。十年来的实践证明,经由康复协会团结各界专家、教授、学者,形成这样一支为残疾人康复服务的高素质的技术骨干队伍、技术管理队伍,通过多种方式加强残疾人康复的技术指导、业务研究,是完全必要的,不可或缺的,是残疾人工作和社会化工作方针的体现。中国残联将一如既往,贯彻社会化的工作方针,重视、支持康复协会的工作,并适当增加投入,为协会进一步开展工作创造必要的条件。

当我们的专家、教授在简陋的条件下,用自己高超的医术,解除了一个又一个残疾人的痛苦,使他们有生以来第一次站立起来,第一次开口说话,第一次复明重新看世界,因而庆幸自己开始了新的生活的时候,我们知道,这是人道主义的生动实践,这是平凡中的不平凡,这是质朴而动人的崇高与伟大。我们这些参加医疗队或者以别的方式从事残疾人康复实践活动的专家、教授,就是这样以自己掌握的一技之长,默默地、无保留地为社会做奉献。这种崇高的道德和人道主义精神,无疑应当进一步发扬光大,使它成为我们每个残疾人工作者的精神支柱。我们要联系残疾人事业的实际和这些生动事例,学习十四届六中全会《关于加强社会主义精神文明建设若干问题的决议》,这样我们就会深切体会到,发扬光大这种精神,对做好残疾人工作、对推进残疾人事业、对加强社会主义精神文明建设,具有多么重要的现实意义。

我们是在临近两个世纪之交的时候召开这届代表大会的。在康复协会第三届与第四届代表大会之间,我们将由二十世纪跨进二十一世纪。做好这一届代表大会所要求的各项工作,具有承前启后的意义,跨世纪的意义。本世纪末,我国社会将达到小康水平,随着“九五”计划的实施,残疾人温饱问题将得到解决;残疾儿童少年入学率将达到百分之八十左右;残疾人就业率也将达到百分之八十左右;残疾人康复训练将普遍开展,三百万残疾人将得到不同程度的康复;扶助残疾人的规定将纳入依法治理的轨道;保障残疾人合法权益的法律服务网络将遍及城乡。残疾人事业严重滞后于社会、经济发展水平的状况将由此改观。到二〇一〇年,随着我国达到中等发达国家水平,残疾人事业将在“九五”成就的基础上有一个更大的全面提高。我不想更多地描绘那时候社会和残疾人事业的具体情形,但随着科教兴国和经济、社会可持续发展战略的贯彻实施,可以想象,到那时候,人与社会、人与自然的关系将进一步和谐,社会将进一步稳定和繁荣,人们的健康意识、预防疾病和预防残疾的意识将进一步加强,基层社区康复设施、康复活动将规模化、多样化、规范化。不少地方将出现异彩纷呈的局面。那是继承发扬我国优良传统又充分体现时代精神、立足本国又面向世界的中国残疾人康复事业形成的年代。我们对中国残疾人事业的灿烂前景充满信心。

最近,中共中央、国务院召开了全国卫生工作会议,确定了新时期我国卫生事业改革和发展的奋斗目标、指导思想和方针、措施,这对我国残疾人康复工作的发展无疑具有重大的历史性意义。会议明确提出要依法保护重点人群包括残疾人医疗和康复。我们要结合残疾人康复事业的实践,认真学习这次会议精神,并借助会议精神把残疾人康复工作抓好。

怎样立足今天,把握明天,在经济、社会的发展中,满怀豪情地寻求契机发展有中国特色的残疾人事业,使广大残疾人的康复和权益保障水平不断提高,这是摆在每个残疾人工作者面前的光荣任务,也是摆在康复协会面前、摆在各位代表、各位专家、各位教授面前的光荣任务。我相信,在残疾人康复事业将由医疗康复为主向康复训练为主,由在专门机构康复向社区康复为主转变的过程中,在完成“九五”计划和迈向二十一世纪的过程中,康复协会一定能够团结更多的专家、教授、志士仁人,一如既往,发扬艰苦奋斗、默默奉献的精神,投身残疾人康复实践,在普及康复知识,培养年轻一代,加强康复业务指导和技术管理,针对各类残疾开展康复研究,进而建立和完善有中国特色的残疾人康复事业中,发挥更大的作用,做出更大的贡献。

一个特殊的视角①

（一九九七年三月十七日）

我们观察社会，观察人生，有许多不同的视角。有时转换一个视角，常常会给人一种新的认识、新的发现。中国的残疾人，就给我们提供了这样一个特殊的看问题的角度。从这个窗口看社会、看人生，我们的发现可能会更独特，我们的认识可能会更深刻。

毋庸讳言，残疾人是社会中一个特殊困难的群体。残疾人生存的状态、素质的变化、社会对他们的态度，无不反映出我们社会中最深刻的一面。这块地方也最敏感，经济、政治的变革，社会生活的变化，世态的炎凉，任何一点细微的变动，都会最早反映在残疾人这里。从某种意义上来说，中国文化几千年的积淀中，那些最厚重的东西，都集中反映在残疾人身上，反映在他们的现实处境和奋斗经历上。

今年五月，国家将召开“第二次全国自强模范暨扶残助残先进集体和个人表彰大会”。从残疾人自强模范同命运抗争、顽强拼搏、奋发进取的事迹中，我们可以强烈地感受到人的尊严和价值；感受到不屈不挠、自强不息、热爱生活、热爱祖国、艰苦奋斗、奉献社会的精神。从他们身上，我们再次感受到中华民族传统文化中许多优秀的东西，在他们身上体现、发扬了出来。正是他们以自己的艰苦奋斗和热血为我们的民族奉献出了一种最可宝贵的精神。同样，从众多扶残助

---

① 这是邓朴方同志同首都部分作家座谈时的发言。原载一九九七年五月《中国农民》杂志。

残先进人物和集体的事迹中,我们可以真切地看到理解、尊重、关心、帮助残疾人正在成为一种新的社会风尚;看到中华民族传统美德和人道主义思想的巨大力量;正是这种力量推动了社会的文明和进步。这是我们民族无比宝贵的财富。残疾人的进步,残疾人事业的发展是我们整体社会文明进步的缩影,它从一个侧面,反映了我国改革开放和社会主义建设的辉煌成就,反映了社会和人们精神面貌的深刻变化。

中国的残疾人平等参与社会,融于社会,为两个文明建设做出贡献,与改革开放的时代大潮交相汇融,谱写了一曲自强不息的奋斗之歌。他们的精神和业绩,也为作家的创作提供了取之不尽的生活源泉。残疾人题材,是一个特殊的领域。作家朋友们深入到这片生活的沃土中去,拿起笔写残疾人的生活,绝不只是在残疾人与社会之间架起相互理解的桥梁。作家朋友们以自己的彩笔展现残疾人自强模范的风采,就是在展现我们民族的奋进风采;讴歌残疾人自尊、自信、自强、自立的精神,就是在讴歌我们民族的精神和时代的精神;书写社会对残疾人的关怀,就是在倡导团结互助、平等友爱、共同前进的新型人际关系和崭新的社会风尚。我想,这对加强社会主义精神文明建设必将发挥重要的作用。

人道主义是人类共同的精神财富[①]

（一九九七年五月）

作为一名残疾人工作者，能够参加“杰出亚裔人士论坛”，我感到十分荣幸，也非常高兴。

在座的各位，都是杰出的科学家、艺术家、企业家和社会活动家等知名人士，卓有成就。我也曾有过当一名物理学家、造福人类和平事业的美好愿望。但是，正当我在北京大学专心攻读原子物理时，“文化大革命”那场大动乱一夜之间改变了我的命运，将我推入残疾人的行列。当然，在那不堪回首的年代，不只是我个人遭到不幸，亿万中国人民都生活在水深火热之中。

动乱结束后，我有机会到加拿大就医。在那里，我感受到现代康复医学对改善残疾人功能的巨大作用，体验到现代化带来的物质文明。当友人们劝我留下来接受长期治疗时，我想到我的祖国还没有康复医学，千千万万跟我一样的残疾兄弟姐妹在迫切地等待康复，就毅然告别加拿大，回到自己的祖国，着手建立我国第一座康复机构，并由此走上了为残疾人工作的岗位。

中国有六千多万残疾人，绝大多数生活在社会的最底层。由于自身残疾和外界障碍，他们是一个脆弱而易受侵害的群体。特别是刚刚经历了“文革”的动乱，人的尊严和价值丧失殆尽，扩大化的阶级斗争使人与人的关系变得冷漠无情，残疾人备受歧视和冷遇。

---

① 这是邓朴方同志在法国巴黎举行的“杰出亚裔人士论坛”上的演讲。

面对如此艰难困境,首要的任务是唤起人们内心的良知,找回“文革”中失落了的社会亲和力,再造一个友爱和谐的社会。在中国残疾人福利基金会成立后的第一次全体职工大会上,我做了一个题为《我们的事业是人道主义的事业》的报告。我认为人道主义是人类社会进步的产物,是人类共同的精神财富,处于二十世纪八十年代初的中国,不应当再摈弃这一人类文明的成果,应使它成为人际关系的准则,成为维系社会的基础思想之一。做残疾人工作,帮助最困难的群体,就是最现实的人道主义。人道主义是残疾人事业的一面旗帜,必须高高举起。

一石激起千层浪。在那思想尚未解放的年代,有人视人道主义为异端邪说,大张挞伐;有人则誉之为理论禁区的突破,拍手欢迎。我不是理论家,不去与他们争论。我只是在实践中身体力行,打一枪换一个地方,一件事一件事地去做。久而久之,坚冰终于融化,人道主义思想恢复了它的光彩。从政府官员到广大百姓,都逐渐接受了这一思想,并为它所感召、吸引,开始认识到残疾人同样是人,有其尊严和价值,应当享有做人的权利。如今,人道主义已经作为社会的基础思想之一写进了政府的文献;“不人道”成为对一个人最严厉的谴责。

一项事业的发展,如同一个国家一样,只靠道义的维护是远远不够的,必须建立在法治的基础上。伴随着中国逐步走向法治化的历史进程,从一九八四年开始,我和我的同事们着手起草、制订保障残疾人合法权益的法律草案。前后历时七年,聚集了上百名法律工作者、残疾人代表和残疾人工作者,查阅了上百万字的资料,进行了大量的调查研究,同时也借鉴了十多个国家的经验,几易其稿,终于在一九九〇年将《中华人民共和国残疾人保障法》草案提交给最高立法机构——全国人大常委会审议。

这是一项史无前例的工作。为使法律顺利通过,我和同事们逐个拜访各位委员,讲残疾人的苦难,呈送联合国制定的《残疾人世界行动纲领》,介绍国际社会的文明进步潮流,反映广大残疾人平等参与社会生活的强烈愿望。艰苦的工作换来意外的欣喜:一九九〇年十二月二十八日,在七届人大第十七次常委会上,这部法律一次性全票通过!许多残疾人和他们的亲友都哭了,我也哭了。我和众多残疾人深切地感到:我们的人民真好!我们的人民代表大会委员们真好!

我由此悟出一个道理:绝大多数人的心都是善良的。不是不人道,而是不知道。只要工作做到,总会感动上帝的。历史的积垢,世俗的偏见,利己的私欲,往往给一颗颗善良的心包上一层坚硬的外壳。只要打破这层外壳,让心与心赤诚相见,人类终究是能够沟通的!于是,在我们主办的残疾人刊物《三月风》上,最早喊出了“理解万岁”!很快,它为全社会所接受。如今,已完善成“理解、尊重、关心、帮助”残疾人的公民行为准则。

为了把维护残疾人的合法权益这一法则贯彻到实际社会生活中去,几年来,我和我的同事们跑遍了全国的两千多个县。有些偏远地区,新中国成立以后从没有中央政府的人去过,第一次见到北京来的人,当地干部、群众激动不已。所到之处,我们宣讲残疾人保障法,拜托政府官员关心残疾人的疾苦,登门入户访贫问苦,力所能及地帮助残疾人解决一些实际困难:

内地一名残疾考生,连续三年参加高等院校招生考试,成绩超过录取分数线,就是不被录取。我得知后,四处游说,直至拜访了当时主管教育工作的一位副总理,终于帮助这位考生进入了北京大学数学系。进而,我们又与教育主管部门共同修订了残疾人入学标准,制定了《残疾人教育条例》,使残疾儿童少年在义务教育阶段的入学率由十年前的不足百分之六提高到现在的百分之六十;数千名残疾考生进入了高等院校。

西藏地处高原,紫外线强烈,白内障发病率高,许多失明者只有三十多岁。了解到这一情况,我们先后组派了几批医疗队,入藏做白内障复明手术。一位喇嘛患白内障失明多年,一直认为是神明对自己的惩罚。手术复明后重见天日,他欢喜得载歌载舞给医疗队献上哈达,称赞医生才是真正的神明。这些年来,我们共为一百七十五万白内障患者做了复明手术,为五十多万小儿麻痹后遗症患者做了矫治手术,对七万多名聋童进行了语言训练。当在黑暗中生活多年的盲人重见光明,流下热泪时;当在地上爬行十多年的小儿麻痹后遗症患者站了起来,第一次知道自己的身高时;当聋孩子们能够开口说话,父母亲第一次听到他们叫“爸爸、妈妈”时,我真比自己能够站起来恢复行走都高兴!因为通过这些活生生的事实,人们重新感受到了生活的美好、社会的温馨和人与人之间的友爱!

残疾人保障法中规定,每年五月的第三个星期日为“全国助残日”。我们把这作为宣传、动员社会的极好机会。每逢这一天,全国各级政府领导人、社会各界人士,总计数百万人,纷纷走上街头,走进残疾人家庭,嘘寒问暖,促膝交谈,倾听残疾人的呼声,帮助残疾人解决实际困难。这是残疾人的盛大节日,也是一次政府官员与平民百姓、健全人与残疾人、社会方方面面的情感大交融,增进了人与人之间的理解,唤起人们扶弱助残的社会责任感,净化了每个人的心灵,促成一种和谐友爱的社会风尚。其影响超出了帮助残疾人,是广泛而深远的。

由点到面,残疾人工作的范围不断扩展。我们已经制定、执行了两个五年工作计划,目前正在执行第三个五年工作计划。从残疾人康复、教育、就业到福利保障、文化生活,全方位地开展工作。残疾人的状况有了明显改善,平等参与社会生活已不再是梦想。当然,我清楚地认识到,我们已经完成的工作,比起需要做的工作来,还只是很小的一部分。

在做所有这些事情的时候,我始终坚持一点:积极吸取国外好的经验,立足中国具体国情。中国的残疾人事业起点低、起步晚。其他许多国家,特别是发达国家,残疾人事业已有几十年的历史,积累了许多好的、成功的经验。对这些经验,一是要学,二不照搬。例如许多发达国家,实行高福利政策,残疾人从出生到死亡,全部由国家包起来。中国不具备这样的条件。有条件这样做也未必好。因为人的需求是多方面的,劳动是人的基本权利,最能体现一个人的价值。在座的各位都会有这样的体验:一个人只有当他能够造福社会、给别人带来幸福时,他才活得充实,活得有意义。所以,我们中国推行"劳动福利型"的政策:一方面国家和社会要为残疾人提供一定的扶助和救济,以保障其基本生存需求;另一方面要创造条件让他们能够参加力所能及的生产劳动。我坚信:只要具备一定的条件,残疾人同样能够成为社会物质财富和精神财富的创造者!这些年来,我们兴办了大量的福利工厂,集中安排残疾人劳动就业。同时又以法律的形式规定:每个机关、团体、企事业单位,都要按照职工总数的一定比例,吸收残疾人就业。目前,全国有劳动能力的残疾人就业率已达百分之七十。就业不仅改善了残疾人的经济状况,而且提高了他们的社会和家庭地位。一位弱智青年,以往在家里看电视,总要服从其他家庭成员的意愿——别人要看什么,他只能随着看,没有选择节目的权利。我们通过兴办工疗站,安排智力残疾人边学习生活自理、边参加一些简单的生产劳动。这位残疾青年有了工资收入,用自己的钱买了一台电视,看什么节目,就由他说了算了。

我由此想到:任何成功、有益的经验,只有结合具体的环境、条件加以实施,才能得到预想的结果。植物界里可以搞"嫁接",也可以搞"移植"。而在社会生活领域中,"嫁接"的效果多半要比"移植"好。

拒绝接受外来的新鲜事物,必然导致故步自封、退化萎缩;脱离实际生搬硬套,也难以成活。只有发挥“母本”优势,“嫁接”外来良种,才能提高品质,富有生命力。

从事残疾人工作多年来,我深刻地体会到:残疾人是一个最困难的群体,他们特别渴求社会的和谐与文明进步。“春江水暖鸭先知”,社会的每一点进步,人们的每一点善意关怀,他们都能体察入微地感受到;相反,哪怕是微小的社会动荡、道德沦丧,都会给他们带来切肤之痛。从这种意义上来说,残疾人的感受,反映着一个社会文明进步的程度。做残疾人工作,也就是在从事一项文明进步事业。这项事业不仅为残疾人带来实实在在的利益,也在促进着社会的和谐,推动着文明进步,把一个民族的精神境界提升到新的高度。

值得欣慰的是:我虽然没能成为物理学家,但在为残疾人工作的岗位上,我同样实践着自己的理想与追求。

关于“自强与助残”活动①

（一九九七年五月十三日）

一九九一年五月，中国残联召开了第一次全国表彰大会，表彰一百九十五名残疾人自强模范和二百八十个助残先进集体和个人。党和国家领导人接见了会议代表，江泽民、李瑞环同志还与部分代表进行了座谈。江总书记发表了重要讲话，称赞代表们的感人事迹，高尚品德，认为这些代表谱写了一曲自强不息的奋斗之歌、团结互助的文明之歌，自强奋斗的精神值得全国人民学习。

在党和政府的关怀及江总书记讲话的鼓舞下，近六年来，自强活动广泛深入，扶残助残蔚然成风。广大残疾人奋发进取，为国奉献；“全国助残日”、“青年志愿者助残”、“文化、教育、科技助残”、“手拉手红领巾助残”、“一助一送温暖”、“建残疾人之家”、“做残疾人之友”等活动在全国城乡普遍开展。各行各业涌现出一大批先进典型。这次表彰，就是对六年来“自强与助残”活动的集中检阅。这次表彰对象的特点是：残疾人自强模范来自各条战线，新人辈出，具有鲜明的时代特征；助残先进分子遍布各地，长年坚持，闪耀着精神文明的光芒。

被表彰的一百二十名自强模范，有工人、农民、学生、解放军、商业职工、机关干部、企业管理人员和科技、文教、医务、法律工作者等，

---

① 这是邓朴方同志在第二次全国自强模范暨扶残助残先进集体、个人表彰大会上的报告摘要。

包括汉、蒙、回、藏、彝、朝鲜、满等民族,其中七十二人曾获得“全国劳动模范”、“国家有突出贡献专家”、“全国新长征突击手”、“全国三八红旗手”、“全国十大杰出工人”、“全国十大杰出青年农民”、“全国十大杰出青年”、“全国十佳少年”等荣誉称号。他们中有:提出“陆氏猜想”的著名数学家、中国科学院院士陆启铿;双目失明后仍奋斗不息,在晶体分子结构方面取得重大突破的化学家侯永庚;为国家重点计算机工程做出贡献、被誉为“银河之星”的青年、由工人成长起来的工程师陈宁;受表彰八十多次、被称为“当代武训”的教育战线标兵、山乡小学高级教师欧阳恩成;攻克骨髓炎顽症、获“国家有突出贡献专家”称号的农村医生杨文水;因骨癌截去左腿、切除一片肺叶,推广农业新技术取得显著成绩的“农技铁人”姜德明;爱厂如家、被誉为“孟泰式好工人”的聋人李少言;二十年如一日拄双拐植树十多万株绿化荒山的农民付本发;带领乡亲致富的“全国十大杰出青年”刘笑;见义勇为致残的解放军军官刘志艳;以惊人的毅力攻读硕士学位的全国第一个聋人研究生唐英……群星灿烂,不胜枚举。

这些残疾人自强模范,以热爱祖国的情怀、百折不挠的毅力、顽强拼搏的精神,超越种种人生的不幸,克服了常人难以想象的困难,不仅实现了自己的人生价值,而且为社会做出了突出贡献,创造了可歌可泣的业绩。

被表彰的八十五个助残先进集体,包括党政部门、企事业单位、城乡基层组织和志愿者组织。其中有:得到江总书记热情赞许的唐山青年志愿者协会;在推进残疾人事业中发挥主导作用、成绩显著的哈尔滨道里区政府;积极开展社区服务、热心为残疾人解困的杭州市朝晖街街道办事处;带领残疾人奔小康的内蒙古赤峰市太平地村村委会;二十五年如一日,坚持“红领巾助残”的西安市实验小学;因“情注千里铁道线,热心扶助残疾人”而受到盛赞的杭州铁路分局;由四十一个团体会员、七百余名个人会员组成的助残大家庭——上海黄浦区助残者协会;义务为残疾人提供法律援助的武汉大学社会弱者权利保护中心;被誉为“军营助残模范单位”的南京空军机务训练团;创办手语综合新闻的中央电视台《时事纵横》节目组,等等。

被表彰的八十一个助残先进个人,遍布祖国四面八方,最大的七十四岁,最小的十四岁。他们中有:被誉为“奉献楷模”、十四年如一日照料四名智力残疾人的七十四岁老人顾引珍;收养二十八名残疾人的苗族农民韩松;坚持三十三年为残疾人解困的居委会主任刘娟英;为三千多名盲人带来光明的医生田克武;带领残疾人生产互助、安排一百四十多名残疾人就业的村党支部书记李春元;连续九年背残疾小伙伴上学、获“全国百名好少年”称号的初二学生孙立军;九年如一日照顾偏瘫夫妇的公安干警赵玉萍。

被表彰的七十九个“残疾人之家”,既有基层残疾人组织,又有福利企业、特教学校、康复机构等为残疾人服务的单位。被表彰的三十二名残联系统先进工作者,有地方组织的理事长,也有普通残疾人工作者。他们长年累月地替残疾人解难,为国家分忧。

这些助残先进集体和个人,具有高尚的道德情操,发扬团结互助、平等友爱、关心他人的精神,为残疾人献上人间温暖,谱写了一曲平凡而伟大的精神文明之歌。

特别需要向大家报告的是,表彰大会前夕,江泽民总书记看了《自强之歌》的书稿后,欣然撰写了《发扬民族精神和良好风尚,积极推进残疾人事业》的序言,精辟地阐述了民族精神、社会风尚与残疾人的问题。

序言指出:

> 人总是要有点精神的。自强不息的精神,是求生存、图发展的一种志气,一种自信力,是我们民族的灵魂。
>
> 助残先进集体和个人的事迹平凡而伟大,最感人的是心中有他人、心中有集体、心中有国家的高尚道德情操。

序言还以历史唯物主义的观点指出:

> 自有人类,就有残疾人。我们国家有六千多万残疾人。这一现实,无法回避。
>
> 残疾人,有人的尊严和权利,有参与社会生活的愿望和能力,同样是社会财富的创造者。这一问题,不容忽视。

进而,序言从人道、人权,乃至人类解放的角度论述了解决残疾人问题的根本途径,要求全社会:

> 尊重残疾人的公民权利和人格尊严,保护其不受侵害,同时,对这个特殊而困难的群体给予特别扶助,通过发展残疾人事业,使他们以平等的地位充分参与社会生活,共享社会物质文化成果。

江泽民总书记以马克思主义的观点历史地、全面地、深刻地阐述了残疾人事业,为发展有中国特色残疾人事业奠定了理论基础,是残疾人事业史上的里程碑。广大残疾人工作者要认真学习、深刻领会、努力实践这一纲领性文献。

我作为一个残疾人,殷切期望广大残疾人朋友,积极投身改革开放和民族振兴的伟大实践,为祖国的繁荣富强而奋斗!只有在这个过程中,才能实现人生价值和自身的解放。

我作为一个残疾人工作者,衷心感谢社会各界已经给予、并将继续给予残疾人的真诚帮助。

勤俭办残疾人事业①

（一九九七年七月十日）

今年初，江泽民主席就节约问题做了报告，五月，党中央、国务院制定了《关于党政机关厉行节约，制止奢侈浪费行为的若干规定》。奢侈浪费，看来是具体问题，其实是重大原则问题。

人们常说奢侈浪费是资产阶级腐朽生活方式。其实，在国际交往中，凡是大吃大喝、奢侈浪费的，大多是不发达国家，资产阶级发达国家反而是很节俭的。江主席在讲话中也讲到，白宫的宴请都是非常简单。中国有奢侈浪费的传统，这是不好的传统。这当然主要是在统治阶级贵族一面。但现在，有扩大之势了。在反对大吃大喝上，境外似乎比境内做得好。以香港为例，当地公务员实行英国的公务员体制，不拿公款请客送礼。江主席讲到勤俭节约、廉洁奉公是时代的要求。我体会，这就是说，发展与建设的时代，需要廉洁，不然，在竞争中你就站不住脚。当然，将来我们发展起来了，也要讲节俭。这个问题既涉及思想道德方面，也涉及经济活动和社会生活方面。

江主席讲话中提到唐人李商隐的两句诗："历览前贤国与家，成由勤俭败由奢。"成功者都是勤政廉政节俭的，亡国的都是奢侈浪费的。执政者坚持节俭的人过去也有，像汉文帝就是较为节俭的一个。当政二十多年，衣服、宫室设备从没换过，破了打补丁，每年还带着宫里人去种地，宫室供给的一部分来自他自己的收入。临死，还要求节

---

① 这是邓朴方同志在中国残联党组民主生活会上的发言摘要。

俭薄葬。所以汉朝有“文景之治”。到汉武帝的时候就比较奢侈浪费,史书上评价他:以武帝之雄才大略,如果“不改文景之勤俭以济斯民”,那就比古书上称道的皇帝还要好了。实际上是批评他奢侈浪费。最让我们警惕的是唐明皇,开元年间,他是一个贤明的君主,治理国家井井有条,使唐朝达到鼎盛时期,十分富裕。但后期,天宝年间,他沉湎酒色,不理朝政,开始奢侈浪费,整个唐朝衰败下来。从历史上看,厉行节约,反对奢侈浪费对国家建设与发展非常重要。

新中国成立不到五十年,执政党内腐败作风慢慢滋长,是很值得警惕的。一九四四年,郭沫若在重庆发表《甲申三百年祭》,他写到李自成进北京后迅速腐败的情景:

> 在过短的时期之内获得了过大的成功,这却使自成以下如牛金星、刘宗敏之流,似乎都沉沦进了过分的陶醉里去了。进了北京之后,自成便进了皇宫。丞相牛金星所忙的是筹备登极大典,招揽门生,开科选举。将军刘宗敏所忙的是拶笑降官,搜刮赃款,严刑杀人。纷纷然,昏昏然,大家都像以为天下就已经太平了的一样。近在肘腋的关外大敌,他们似乎全不在意。山海关仅仅派了几千兵去镇守,而几十万的士兵却囤积在京城里面享乐。尽管平时的军令是怎样严,在大家都陶醉了的时候,竟弄得刘将军“杀人无虚日,大抵兵丁掠抢民财者也”(《甲申传信录》)了。

李自成艰苦奋斗十几年,何等英雄!但突然成功、迅速腐败、迅速覆亡也是历史上的一个典型。毛泽东同志曾推荐郭沫若的《甲申三百年祭》,告诫人们不要重蹈李自成的覆辙。在一九四九年党的七届二中全会上毛泽东同志又明确提出:务必使同志们继续地保持艰苦奋斗的作风。薄一波同志在《若干重大决策与事件的回顾》一书中曾提到黄炎培先生①的一篇文章。黄炎培先生一九四五年访问延安回重庆后，写了一篇名为《延安归来》的文章，其中一段写道：

有一回毛泽东问我，感想怎样，我答：我生六十多年，耳闻的不说，所亲眼看到的，真所谓“其兴也浡焉”，“其亡也忽焉”。一人，一家，一团体，一地方，乃至一国，不少不少单位都没有能跳出这周期率的支配力。大凡初时聚精会神，没有一事不用心，没有一人不卖力，也许那时艰难困苦，只有从万死中觅取一生。既而环境渐渐好转了，精神也就渐渐放下了。有的因为历史长久，自然地惰性发作，由少数演变为多数，到风气养成，虽有大力，无法扭转，并且无法补救。也有为了区域一步步扩大了，它的扩大，有的出于自然发展，有的为功业欲所驱使，强求发展，到干部人才渐见竭蹶、艰于应付的时候，环境倒越加复杂起来了，控制力不免趋于薄弱了。一部历史，“政怠宦成”的也有，“人亡政息”的也有，“求荣取辱”的也有。总之没有能跳出这周期率。中共诸君从过去到现在，我略略了解的了。就是希望找出一条新路，来跳出这周期率的支配。

黄炎培老先生的话讲得实在很好，我觉得他向毛主席提出这个问题，是他对共产党很诚恳、真心。薄一波同志在一九五三年“三反”

---

① 黄炎培(1878—1965)，字任之，江苏川沙（今属上海）人。一九〇二年应江南御试中举，一九〇五年在日本加入同盟会，曾参加辛亥革命和反袁斗争。历任江苏省教育司司长、国民参政员。一九四〇年底发起筹建中国民主建国会。一九四五年七月访问延安，会见毛泽东主席和中共中央领导人，回重庆后写作出版《延安归来》，如实介绍陕甘宁边区情况。新中国成立后历任中央人民政府委员、政务院副总理兼轻工业部部长、全国人大常委会副委员长，全国政协副主席、中国民主建国会主任委员等职。

时论及这个问题;他在自己的《回忆录》里还谈到,一九四九年接管北平时傅作义说过,国民党取得政权后二十年就腐化了,结果被人民打倒了;共产党执政后,三十年、四十年后是不是也会腐化?我看傅作义先生这么讲,既是对国民党的痛心,也是对共产党的提醒。

解放初期那时我们做得很好。如今全国解放几十年了,中间加个“文化大革命”,即使不加“文化大革命”,一个党执政了将近五十年,懈怠的也有,控制力下降的情况也有,腐败现象逐渐滋生的也有,逐渐形成风气,难以转变的也有。所以我们现在除了抓廉政以外,同时抓厉行节约。我认为这提得非常好,希望大家都厉行节约,贯彻艰苦奋斗、勤俭建国的方针。作为我自己来说,更应艰苦奋斗,勤俭持家,勤俭持“会”。

加强廉政建设,勤俭办残疾人事业,这是杜绝贪污腐败很重要的一方面。这个意义非常重大。勤俭办一切事业,是反腐倡廉的有机组成部分,当然也是独立的一种思想、一种作风、一种建国方针。江主席在讲话中还特别提到世界观、人生观的问题,我觉得非常好,中央发的文件也非常好,很具体。中国残疾人联合会在这方面的情况我还是基本满意的,无论是节俭方面,还是保持活力不衰方面,都是比较让人放心的。但是,我们要从严要求,认真对照检查,克服一切挥霍浪费的不良苗头。

各级残联和直属单位都要认真贯彻中央关于厉行节约制止奢侈浪费的规定。在制止奢侈浪费问题上,我们不可掉以轻心,要记住我们残联是个建立不久、比较穷、为残疾人服务的单位。请大家特别注意后一句话。我们的服务对象是残疾人,残疾人在什么时候都处于比较贫困,比较不富裕的位置。残疾人里面自然有富人,但就总体而言是比较贫困的,当今就更是这样了。我国贫困人口有好几千万,其中残疾人和他们的家属就占了一半,所以我们更没有理由奢侈浪费,今天要节俭,明天更要节俭。我们必须永远保持勤俭节约、艰苦奋斗的精神和作风。实际上,这也是保证残疾人事业可持续发展的重要问题。因为,什么时候你不顾一切,奢侈浪费了,你就脱离残疾人了。残联脱离残疾人,还谈什么发展?

努力解决残疾人温饱问题，为实现国家扶贫目标而奋斗[①]

（一九九七年十月十一日）

到本世纪末，基本解决贫困人口的温饱问题，是党中央、国务院的重大战略决策和世纪性宣言。

在我国贫困人口中，残疾人占近三分之一。残疾人的温饱问题能否得到解决，关系到国家既定目标能否如期实现。

这次会议，是中国残联成立以来首次召开的全国残疾人扶贫解困工作会议，目的是：认清形势，提高认识，增强使命感；理清思路，掌握政策，明确做法；纳入全局统一实施，针对特点予以辅助；协助政府，动员社会，切实解决残疾人温饱，实现国家在本世纪内消除绝对贫困的宏伟目标。

一、形势与任务

（一）宏伟的目标

改革开放以来，为解决群众温饱问题，党中央、国务院采取了一系列措施。一九九四年，制定实施《国家八七扶贫攻坚计划》，明确提出到本世纪末基本解决贫困人口的温饱问题；一九九六年，党中央、国务院召开了新中国成立以来规格最高、规模最大的中央扶贫工作

① 这是邓朴方同志在全国残疾人扶贫解困工作会议上的讲话。

会议,做出《关于尽快解决农村贫困人口温饱问题的决定》;同年,国务院又批准实施《中国残疾人事业"九五"计划纲要》,要求基本解决残疾人温饱;一九九七年九月,国务院发出《关于在全国建立城市居民最低生活保障制度的通知》,保障城市所有居民的基本生活;党的十五次代表大会上,江泽民同志在报告中四次谈到扶贫工作,要求:实行保障城镇困难居民基本生活的政策,加大扶贫攻坚力度,到本世纪末基本解决贫困人口的温饱问题。

党中央、国务院的这一重大战略决策,是人民群众的强烈愿望,是党的全心全意为人民服务根本宗旨的具体体现,是社会主义共同富裕的本质要求,也是维护改革、发展、稳定大局的客观需要,有着极其重要的政治、经济和社会意义。这一目标的实现,将从此结束世世代代困扰中国人民的温饱问题,这是中华民族发展史上的壮举,也是世界瞩目的一件大事。因此,党中央、国务院要求:"必须坚定不移,毫不动摇,确保如期完成。"

(二)严峻的形势

面对这一既令人鼓舞、又十分艰巨的宏伟目标,残疾人扶贫工作的状况如何呢?直面现实,既取得一定成绩,又面临严峻形势:

近十年来,伴随着国家大规模进行的扶贫工作,相当数量的残疾人解决了温饱。国家又针对残疾人的特殊情况,于一九九二年设立康复扶贫贷款开展专项扶贫,一九九六年开始对部分特困残疾人给予专项补助,已使三百万残疾人摆脱贫困。但是,目前全国五千八百万贫困人口中,有残疾人一千七百万,其中一千四百多万具有劳动能力但未能劳动就业;另二百七十多万由于重度残疾而处于特困状态。

由于残疾影响和外界障碍,解决残疾人的温饱问题,是国家扶贫攻坚的难点;贫困残疾人又在贫困人口中占这么大的比重,举足轻重,事关全局。再不采取切实措施做好残疾人扶贫解困工作,不仅影响国家宏伟目标的实现,也有愧于残疾人。

(三)有利的条件

任务艰巨,难度很大,但我们应当有信心完成。这是因为:

一是,有党和政府的高度重视和正确领导,特别是去年党中央、国务院召开中央扶贫工作会议以来,全国扶贫工作出现新形势,各级领导空前重视,千头万绪,温饱第一,真抓实干,坚定不移。

二是,随着国民经济的发展、综合国力的增强和扶贫工作的深入,扶贫投入增加,做法更加切合实际,保障制度陆续出台,措施逐渐配套,管理日趋完善,为残疾人扶贫解困工作提供了有利的环境、政策和条件。

三是,残联介入扶贫工作已经五年,基本掌握了贫困残疾人的状况,与国家各级扶贫机构建立了工作联系,初步熟悉了扶贫工作的路数和做法,同时也探索了对残疾人的辅助办法,积累了一些经验。

关键在决心。提高认识,认清使命,下定决心,路数正确,全力以赴,狠抓落实,任务就能完成。

(四)历史的使命

温饱,是人生存的起码条件,是最基本的人权。

在《国家八七扶贫攻坚计划》《中国残疾人事业“九五”计划纲要》及有关文件中,都明确将解决残疾人温饱问题列入其中;又特别设立康复扶贫专项贷款,采取专项补助,并委托残联组织实施。这是党和政府对残疾人的关怀、重视,也是对各级残联的信任与重托。

残联,作为残疾人共同利益的代表,义不容辞地应为残疾人的生存奋力拼搏;残联,作为受政府委托发展和管理残疾人事业的机构,有责任协助政府解决残疾人的温饱。

残联工作千头万绪,保障残疾人生存温饱首当其要。这项工作做不好,既影响国家大局,有负政府的重托,又愧对残疾人,有失残疾人的信赖。我们务必高度重视,不辱使命,以强烈的责任感,肩负起历史的重托。

二、政策与途径

残疾人扶贫解困工作的方针和路数是:切实将解决残疾人温饱问题,纳入政府扶贫、救济工作全局,统一计划,统筹安排、同步实施,落实到人;同时,针对残疾人特点,辅以特别扶助措施。为此,首先要全面、准确、深刻地学习和掌握国家有关方针、政策和做法。

(一)国家实现温饱的基本政策

途径:在城市实行居民最低生活保障制度;在农村实施扶贫攻坚计划。

对象与标准:对城市贫困人口,通过发放最低生活保障金,使所有非农业户口的城市居民的家庭人均收入达到当地最低生活保障标准;对农村贫困人口,通过扶贫、救济、互助等方式,使贫困户年人均纯收入按一九九〇年不变价格计算达到五百元以上或达到当地政府确定的温饱线标准。

实行城市最低生活保障制度的步骤、方法:按照国务院的要求,地级以上城市一九九八年底以前,县级市和县政府所在地的镇一九九九年底以前,建立并实行最低生活保障制度,其他地区要根据实际情况逐步使非农业户口的居民得到最低生活保障;保障标准由各地政府确定;保障资金列入地方各级政府财政预算定期拨付,目前由财政和单位分担的城市要逐步过渡到主要由财政负担;保障金发放,对完全没有保障对象按其家庭人均收入与最低生活保障标准的差额发放;做到保障对象、保障资金、保障标准三公开,实行动态管理;倡导社会互助,鼓励保障对象劳动致富。

实施扶贫攻坚的方针和要求:国家扶贫资金全部用于五百九十二个国定贫困县,地方按百分之三十至百分之五十匹配扶贫资金;省定贫困县及其他地区的贫困乡、村、户,由地方政府安排资金扶持;当务之急是解决贫困户的温饱问题;扶贫资金落实到村到户,主要用于种植业、养殖业,少用于企业;积极试点和推广小额信贷,放宽贷款抵押和担保条件;对贫困户实行优惠政策,免除粮食定购任务,减免农业税和农业特产税;广泛动员社会力量,"帮、包、带、扶"贫困户。

给予残疾人特别扶助:鉴于残疾人的特殊状况和特别困难,除采取上述通用措施外,国家特别设立康复扶贫贷款,专项扶持残疾人;采取专项补助办法,保障特困残疾人基本生活。

我们应当根据上述国家的统一政策规定,明确各级残联协助政府开展残疾人扶贫解困工作的途径和做法。

(二)残疾人扶贫解困工作的途径和做法

在城市

落实最低生活保障制度:最低生活保障制度是解决城市贫困人口基本生活困难的重大举措。凡已建立最低生活保障制度的地方,要将符合条件的贫困残疾人全部纳入。地方和基层残联要配合地方各级政府、街道、居委会,逐户核查,准确掌握情况,防止遗漏。对没有任何生活来源的残疾人及其家庭成员,要按最低生活保障标准全额发放保障金;对其他家庭人均收入低于当地最低生活保障标准的残疾人及其家庭成员,按差额补到最低保障标准。对虽已建立最低生活保障制度，但由于保障对象所在单位没有或无财力兑现的，应由当地财政负责兑现。

做好定期补助、临时救济工作。在尚未实行最低生活保障制度的城镇，对符合民政部门给予定期补助、临时救济、集中供养条件的非农业户口残疾人，要按规定予以定期补助、临时救济、集中供养。

实行残疾人专项补助。在尚未实行最低生活保障制度的城镇，对未列入民政补助、救济范围的特困残疾人，按《中国残疾人事业“九五”计划纲要》的规定给予专项补助；并发动社会集资给予帮助。

扶持就业。可征得同级财政部门同意，从残疾人就业保障金中提取一定比例，用于就业年龄段内无业残疾人的培训及待业期间的生活补助。

开展社会互助。动员机关、企事业单位、集体经济组织和志愿者组织及干部、职工、学生、街坊邻里等社会力量，采取“一帮一”、“众帮一”、“单位包户”等形式，建立帮包制度，帮助贫困残疾人。

在农村

全国贫困人口，百分之七十生活在五百九十二个国定贫困县，百分之三十生活在其他地区，所以中央扶贫资金全部投入国定贫困县，其他地区的贫困人口由地方各级政府安排资金扶持；而全国贫困残疾人中，百分之三十生活在国定贫困县，百分之七十生活在其他地区。这种现实，决定残疾人扶贫解困工作在国定贫困县和其他地区的做法有所不同。

国定贫困县扶贫工作。五百九十二个国定贫困县的残联，要把残疾人扶贫解困工作作为首要任务，一把手亲自抓，并指定专人负责，切实将其纳入当地政府扶贫计划同步实施。要认真做好贫困残疾人的调查摸底，登记造册；主动、及时向政府和扶贫机构反映汇报情况；参与当地扶贫工作计划的制订；协助落实对残疾人贫困户的扶持措施和资金;指导残疾人选择适宜项目,提供生产服务;参与扶贫检查,确保解决农村贫困残疾人的温饱问题。

其他地区扶贫工作。中央要求,省定贫困县及其他所有地区的贫困人口温饱问题,由地方政府负责安排资金解决。由于这些地区贫困残疾人占贫困人口的比例较大,地方各级残联要协助同级政府把解决残疾人温饱,作为本地区扶贫攻坚的重点,纳入当地扶贫攻坚计划,摸清情况,认真对待,筹措资金,重点倾斜。这是解决这些地区残疾人温饱问题的主渠道。

同时,为支持这些地区的残疾人扶贫解困工作,中央专门安排康复扶贫贷款,用于残疾人专项扶贫,明年起国家还将进一步加大康复扶贫贷款投入,全部用于这类地区。为管好用好康复扶贫贷款,切实用到残疾人头上,充分发挥它的作用,各地残联要在贷款的投向和使用上下功夫,严格按照规定安排和使用贷款,会同地方扶贫办、农发行等有关部门选好项目。资金投放和项目选择,要注意掌握以下原则:第一,项目要因地制宜,符合当地经济发展方向,充分利用当地资源和产业优势,覆盖残疾人的面要大。第二,资金要扶持到户,要扶持贫困残疾人从事种植业、养殖业和发展庭院经济。第三,积极开展小额信贷,放宽贷款抵押和担保条件,残联可为贫困残疾人担保。实践表明,小额信贷是扶持残疾人的一种行之有效的方式。云南、贵州、广西等地都提供了很好的经验。它的优点是直接到户到人,投入少,见效快,报批手续简便,只要组织得当,贷款回收率高,周转快。各地要认真探索,积极推广。第四,充分利用当地扶贫实体、基地,辐射、扶持残疾人;有条件的残联可创办扶贫基地,但生产、加工、销售主要应依靠当地生产服务渠道,不求自成体系。第五,得到康复扶贫贷款的地区,地方政府要按一比一的比例筹措资金与其匹配使用。第六,根据国家最近的精神,此项贷款不宜向县办企业、福利企业投放。

重度特困残疾人生活保障。对难以参与扶贫项目的重度贫困残疾人继续按规定予以集中供养、“五保”、定期补助、临时救济；对未得到上述保障的，按《中国残疾人事业“九五”计划纲要》的规定予以统筹扶助；同时，发动干部、党团员、富裕户、志愿工作者以及邻里带头包户、包人，解决其生活困难。试行农村最低生活保障制度的地方，要将重度贫困残疾人纳入其中予以保障。

三、组织与实施

掌握了政策，明确了途径，关键在落实。各级残联要认真组织，周密实施，狠抓落实，重点做好以下几项工作。

（一）学习文件，理清思路

各级残联要认真学习国家有关扶贫解困工作的一系列文件，特别是本次会议转发和印发的文件，领会精神，掌握政策，理清思路，明确做法，尤其要研究那些有所调整、进一步完善、更加切合实际的做法和措施。

（二）参加扶贫领导机构，参与扶贫计划实施

扶贫工作在各级政府领导下，由扶贫开发领导小组及其办公室统一组织实施。国务院扶贫开发领导小组已于一九九二年吸收中国残联负责人为领导小组成员。各级残联应作为当地扶贫开发领导小组成员，并指定联络员，与其办公室建立密切的工作联系；切实将残疾人扶贫解困纳入政府的扶贫计划、管理范围、工作体系和操作环节，积极主动协助政府做好残疾人扶贫解困的各项工作。

(三)完善组织机构,加大工作力度

各级残联要将残疾人扶贫解困作为工作的重中之重,切实加强领导,完善组织,狠抓落实。

中国残联已决定由残联领导、教育就业部、组织联络部和发展部组成扶贫解困工作办公室,对扶贫和解困工作统一研究、统一部署、统一协调、分工负责、同步实施。

省级和地级市残联,一把手亲自挂帅,设立跨处(室)的扶贫解困协调组织,加强领导与协调;指定办事机构(处或残疾人就业服务机构),充实力量,做好日常工作。

县级市和县(区)残联,要把残疾人扶贫解困摆在工作的首位,逐人逐户狠抓落实。县级残疾人就业服务机构在同级残联领导下,承担残疾人扶贫解困的日常工作。

乡、镇要尽快建立残联、残疾人服务社、志愿工作者联络站“三位一体”的工作机构,落实人员、经费、工作场所,分别挂牌,统筹运作,以扶持残疾人生产劳动和脱贫解困为中心,并逐步拓展业务范围,为农村残疾人提供全方位服务。

(四)修订残疾人扶贫解困工作方案

国务院残疾人工作协调委员会将会同有关部门修改与残疾人事业“九五”计划纲要配套的扶贫、解困两个实施方案,重新下发《残疾人扶贫解困工作实施方案》,各地也应根据实际情况充实或修订《残疾人扶贫解困工作实施方案》,明确残疾人年度脱贫指标,纳入政府目标考核责任制。

(五)增加资金投入

贫困残疾人在贫困人口中占相当比重,国家及地方的各项扶贫资金理应有相当部门用于扶持残疾人解决温饱。各级残联要主动汇报,穿针引线,促其落实。

国家将进一步加大残疾人康复扶贫专项贷款的投放规模,各地也要相应增加对残疾人扶贫的专项资金投放。

(六)调查摸底,登记造册

调查摸底是做好残疾人扶贫解困工作的基础。中国残联统一设计《残疾人贫困户调查表》和《残疾人贫困户汇总表》式样。

调查 县级残联按照中国残联设计的式样,统一印制《残疾人贫困户调查表》,以乡镇、街道为单位,立即组织调查摸底,逐户、逐人进行登记,一式两份,村(居委会)和乡(镇、街道)分别造册存档。

汇总 省级残联按照中国残联设计的式样,统一印制《残疾人贫困户汇总表》,乡(镇、街道)、县(区)、市(地)、省级残联逐级汇总,及时向同级政府报告,并报上级残联。

(七)建立统计报表制度

省级残联按照中国残联设计的式样,印制《残疾人扶贫解困工作统计表》,分发本省各级残联,乡(镇、街道)、县(区)、市(地)、省逐级统计,及时向同级政府报告,并报上级残联。

(八)加强检查监督

各级残联要主动协助政府和有关部门,将残疾人扶贫解困工作列入各级政府扶贫检查范围,或进行专项检查,及时发现问题,解决问题,总结经验,推动工作。中国残联也将会同有关部门组织检查和考核。

我们的目标十分宏伟,任务相当艰巨。为使一千七百万残疾人摆脱贫困,同全国人民一道进入充满希望的二十一世纪,让我们努力工作,开拓进取,完成历史赋予的重任!

关于高举邓小平理论伟大旗帜的三点认识①

（一九九七年十一月）

这次参加了学习班，学习江泽民“十五大”报告和邓小平理论，有机会听到精彩的辅导报告，读书讨论，获益甚多，有点心得。

一、邓小平理论的产生是历史要求

江泽民在“十五大”报告中所论述的在中国本世纪出现的三个站在时代前列的伟大人物，以及对马列主义、毛泽东思想、邓小平理论的论述就已经点明了这个问题。

马克思、恩格斯在一百多年前提出科学社会主义，但是，他们没有看到社会主义的实现。列宁建立了第一个社会主义国家。他从战时共产主义体制到新经济政策，开始探索社会主义初期的一些问题。可惜，他去世得太早。斯大林继续了社会主义建设，在一个时期巩固社会主义。可是由于帝国主义的包围等十分艰难十分特殊的环境，也由于斯大林本人概念化的思维和对斯大林的个人崇拜，苏联形成了一种体制即“斯大林模式”，这个体制逐步僵化束缚了苏联的经济发展。

---

① 这是邓朴方同志一九九七年参加中共中央党校中共中央委员和候补委员学习邓小平理论和“十五大”精神研讨班的结业汇报，原载中共中央党校出版社《庄严的历史责任》（一九九九年九月第一版，第八十八至九十二页）。

中国革命成功后,逐步开始从新民主主义社会走向社会主义社会。我们取得了很大的成绩,也出现了重大失误。

第一,脱离生产力水平实际,人为地变更生产关系。我们以为不断地变革生产关系就可以不断地促进生产力的发展。在农村,当农民分到了土地之后有着极高的生产热情。为了防止两极分化和逐步走向社会主义,我们组织了互助组,组织了初级社,取得了初步的成功,但对这些成绩并没有很好总结、很好巩固,而是紧接着发展高级社,发展人民公社,走"一大二公"的道路,使生产关系严重地脱离了生产力的实际水平,严重地挫伤了广大农民的生产积极性。

在城市,我们原来肯定民族资本主义的作用。这个政策符合中国的实际。但是后来我们取消了民族资本的作用,甚至取消了小资本的作用,追求了单一的国有经济、计划经济,体制越来越缺乏活力。

第二,分配中的平均主义。马克思提出的社会主义分配原则是按劳分配。但是我们在农村搞"大锅饭",在城市取消计件工资,取消奖金,否定物质刺激,背离了按劳分配的原则。绝对平均主义不是共产主义的理想,而是封建社会里农民的幻想,是落后的。它使广大劳动者不再努力工作,其消极影响时至今日还广泛存在。

第三,以阶级斗争为纲。"八大"认为社会主义的主要矛盾是落后的生产力与人民不断增长的物质文化需要的矛盾。但是,由于"大跃进"、人民公社的失败,以及赫鲁晓夫反斯大林等诸多国内外因素的影响,毛泽东认为阶级斗争越来越激烈,阶级斗争是社会主义的主要矛盾。八届十中全会提出以阶级斗争为纲。尔后,从政治领域斗到经济文化领域,从党内斗到党外,从干部斗到群众。最终导致了"文化大革命",造成了十年大动乱。

当毛泽东逝世、"文化大革命"结束时,我国生产力受到严重的破坏,经济走到崩溃的边缘;我国的社会主义政治受到了严重削弱,我们党失去了人民的高度信任;我国的社会主义文化受到了严重的摧残,理想失去了光辉,道德风尚受到了严重损害。

恰在此时,世界上的发达国家在六七十年代有了二十年的稳定发展。在经济上在科学技术上取得了巨大的成就。

当时的情况,无论从坚持社会主义的角度来讲还是从振兴中华的角度来讲,都可以说面临着危机。就在这个时候,邓小平同志复出主持工作。失败和危机迫使小平同志和全党重新考虑,我们错在什么地方,我们怎样面对现实,怎样考虑未来。

小平同志首先从思想路线入手,支持实践是检验真理的唯一标准的讨论,使全党冲破禁锢,解放思想,回到实事求是的思想路线上来。之后,他又带领全党和全国人民一道,创造性地运用马克思列宁主义、毛泽东思想,拨乱反正,全方位地推动改革开放和社会主义现代化建设。历时十五年,终于使我国经济得到了长期稳定的发展,人民的生活水平得到了很大提高,整个生活发生了翻天覆地的变化。我们不但摆脱了危机,实现了良性发展,而且取得了建设社会主义的丰富经验,应运而生了建设有中国特色社会主义理论,这就是邓小平理论。

二、邓小平理论是实践的产物

小平同志运用马克思列宁主义、毛泽东思想的基本原理,在全面推进社会主义现代化的实践中,不断提出问题,分析解决问题,逐步积累,形成了完整的建设有中国特色社会主义理论。

小平同志继承马克思列宁主义,继承毛泽东思想,他不否定老祖宗,不另起炉灶。当许多人怀疑马列,否定毛泽东时,他肯定了毛泽东思想的历史地位。作为我国主要领导人,他有机会接触到社会主义实践中最前沿的问题。他从不排斥外来有益文化,他始终关注国际经济、科技的发展,把握着时代的脉搏。他以最前沿、最优秀的物质文化成果来武装自己的头脑,他站在了巨人的肩上,并以这个高度为基点继续攀登。他站在时代的前沿、科技的前沿、实践的前沿,发展了马列主义、毛泽东思想。

他总是直接面临各种尖锐复杂的矛盾,运用马列主义、毛泽东思想,运用他几十年的经验、他的洞察力、他的实事求是的思想作风,来分析问题、解决问题。他总是能很快接触问题的核心,做出中肯分析,直截了当地点出问题的实质,用最朴实的语言表达最中肯的真理。

他对马列主义毛泽东思想有深刻的理解,他熟知我国历史文化,但很少引经据典。他不是从文字概念出发来研究问题的,而是掌握真实材料,实事求是地做出结论。

面对“两个凡是”,他提出解放思想实事求是;他抛弃了以阶级斗争为本纲,提出以经济建设为中心;面对僵化与封闭,他开创了改革开放,推动农村实行家庭联产承包责任制,推动经济体制、教育体制、科技体制等各个领域的改革,推动特区的建立,从各种禁锢中杀出一条血路;面对否定社会主义的思潮,他提出坚持四项基本原则;面对祖国统一大业,他提出了“一国两制”;面对复杂的国际环境他提出了东西南北和平与发展两大主题。

在这个过程中,他又对在中国如何发展和巩固社会主义的问题,特别是什么是社会主义,怎样建设社会主义的问题,进行了深入的思考。他认为我们以前对这个问题没有完全搞清楚。他陆续在社会主义的发展道路、发展阶段、根本任务等一系列问题上提出了创造性的见解。

直至一九九二年,他还以八十八岁的高龄视察南方,发表了重要谈话。到这时,他才说:“改革开放以来,我们立的章程并不少,而且是全方位的。经济、科技、教育、文化、军事、外交各个方面都有明确的方针和政策，而且有准确的表述。”一九九三年，八十九岁的小平同志还逐篇审定了三卷文选，为我们留下了珍贵的财富。

读他的书，看不到着意构建理论体系的痕迹，但由于他站在实践前沿，运用辩证唯物主义和历史唯物主义，就中国现代化建设的一系列重大问题做出科学论断，不断积累，最终形成了新的完整的科学理论体系。

三、确立邓小平理论的历史地位和指导地位

“十五大”的主题是高举邓小平理论的伟大旗帜，把建设有中国特色的社会主义事业全面推向二十一世纪。大会一致赞同把邓小平理论确立为我们党的指导思想，明确写进党章。“旗帜就是方向，旗帜就是形象”，“高举旗帜不动摇”。这种认识，这种高度，这种举动本身就具有重大的历史意义。

（一）“十五大”的决策是我党自改革开放以来所实行政策的继续。

“十五大”的决策是在十一届三中全会和“十二大”、“十三大”，特别是“十四大”的基础上完成的。这不仅说明我们走过的道路，肯定了这几十年政策的延续性，而且进一步表明今后政策的稳定性。

十一届三中全会重新确立了解放思想实事求是的思想路线，“一个中心、两个基本点”的思想开始形成。一九八二年“十二大”提出“把马克思主义普遍原理同我国的具体实际结合起来，走自己的道路，建设有中国特色的社会主义”，自此改革开放全面展开。一九八七年“十三大”比较系统地论述了社会主义初级阶段的理论，明确概括全面阐发了党的“一个中心、两个基本点”的基本路线，高度评价了有中国特色的社会主义道路的伟大意义。一九九二年“十四大”明确我国经济体制改革的目标是建立社会主义市场经济体制，确立邓小

平建设有中国特色的社会主义理论在全党的指导地位。直到“十五大”正式提出邓小平理论的概念,确立邓小平理论的历史地位和党的指导思想地位,并写入党章,全面论述初级阶段的路线和纲领。整个过程一脉相承,逐步完善。

重要的是党中央领导集体特别是作为这个集体核心的江泽民同志在确认社会主义市场经济、初级阶段基本路线、邓小平理论这些重大关键性决策上,做出了历史性的贡献。其态度之坚定,其思路之明晰,其决策之坚决,为世人所瞩目。

(二)邓小平理论是不断发展的。

高举邓小平理论的旗帜是方向,是形象,是宣言书,是动员令,邓小平理论更是指导活生生实践的理论,是不断发展的活的理论。

历史是不断发展的,新的问题层出不穷。邓小平理论不是静止的理论,如同马克思列宁主义、毛泽东思想一样,它还要面对新的挑战,还要不断发展不断完善。“十五大”报告在这一点为我们做出了榜样。

例如,“十五大”报告重新论述了初级阶段理论。初级阶段理论是邓小平理论核心的重要组成部分,“十五大”在“十三大”“五条”的基础上扩展到“九条”,进而对矛盾全局进行了重点分析,最后全面阐述了初级阶段的经济、政治、文化的纲领。这些都是有创造性的。

又如“十五大”对所有制、国有企业改革、分配结构与分配方式、发挥市场机制作用、健全宏观调控体系等问题又做了以前没有的新的论述;进一步发展和丰富了邓小平理论。

这就是马克思列宁主义、毛泽东思想、邓小平理论所提倡的对待前人理论成果应当继承和发展的根本态度。小平同志讲,要说老祖宗没有讲过的新话,正是如此。

（三）“十五大”将以高举邓小平理论伟大旗帜为标志载入史册。

十几年来，我们走上了正确的道路，而且走得很好。经济发展，人民生活好了。政治局面稳定而宽松，人民心情舒畅。但人们还是不太放心，多年来，人们总是在问，政策变不变，就怕政策变。外国人在看，政界在看，商界也在看；朋友在看，敌人也在看，主要是看邓小平之后怎么变。有人以为要乱。邓小平是伟人，伟人之后的领导人向来是难当的。一九九七年初，小平同志离我们而去。我们没有变也没有乱。我们顺利地收回香港，我们成功地召开了“十五大”，坚持了小平同志的路线，新老交替平稳过渡。以江泽民为核心的党中央成功地向全国全世界表明，我党具有在国内外复杂形势下驾驭局势的能力。

坚持小平同志的路线并不容易，来自党内外、“左”和右的干扰从未间断。小平同志逝世前后更是不平静。这时，江泽民同志在悼词中宣布：“更高地举起邓小平建设有中国特色社会主义理论的伟大旗帜，更好地贯彻执行党的基本路线，是我们党中央领导集体坚定不移的决心和信念。”后又在“五·二九”讲话中说：“我们说坚持十一届三中全会以来的路线不动摇”，“无论遇到什么困难，什么风险，都不动摇。”继而在“十五大”正式提出“高举邓小平理论伟大旗帜”。这就进一步统一了全党全国人民的思想，把大家团结在以江泽民为核心的党中央的周围，把拥护党中央和高举邓小平理论伟大旗帜紧密地联结在一起，这就保证了我国社会主义现代化建设在今后直至下世纪的健康发展。正如江泽民同志所讲的，“‘十五大’无疑将以这一点为标志载入史册”。

致基层残疾人工作者的一封信[①]

（一九九八年元旦）

一九九八年元旦刚过，虎年新春佳节将临，我代表全国六千万残疾人和他们的两亿家属并以我个人的名义，向你们——辛勤工作在为残疾人服务第一线的基层残联的同志们拜个年！同志们辛苦了！

多年来，我们党和政府始终关注残疾人事业的发展。去年五月，江泽民总书记发表了题为《发扬民族精神和良好社会风尚，积极推进残疾人事业》的重要文章，为我国残疾人事业的发展奠定了坚实的理论基础，指出了明确的方向。在实际工作中，我们真切地感受到，只有将残疾人事业纳入中国改革开放和现代化建设的宏伟蓝图之中，只有坚定不移地依靠党，依靠政府，按社会化的方式开展工作，动员方方面面的力量参与和协助，残疾人事业才可能不断取得进展。

广大残疾人生活在基层，残疾人事业的根底在基层。基层残联的工作，关系到党和国家残疾人工作方针政策的贯彻落实，关系到为残疾人提供实实在在的帮助。由于历史的原因，基层残联尤其是乡镇残联的基础还比较薄弱，工作条件还相当困难，加强基层残联建设是我们的一项重要任务。

到本世纪末基本解决贫困人口的温饱问题，是党中央、国务院的重大战略决策和世纪性宣言。让人无法回避的是：在我国五千八百万贫困人口中，残疾人竟占近三分之一。协助政府解决贫困残疾人

---

① 这是邓朴方同志一九九八年元旦给基层残联同志的新年贺信。

的温饱问题，是今后几年各项残联工作的重中之重。

同志们工作在基层，离残疾人最近，跟残疾人最亲。对那些生活在社会最底层最贫困的残疾人而言，你们就是他们的亲人和靠山。那些最困难的残疾人正望着我们、期待着我们。我们必须努力工作啊！当未来的某一天，我们通过努力，使党和政府的温暖与关怀真正广布神州大地的每一个角落，让每一个残疾人都能脱贫解困、都能共享同样美好的明天，那将是我们的骄傲和欣慰！

残疾人事业是社会主义事业的重要组成部分，是崇高的人道主义事业。人道主义的事业从来都是只讲奉献不计得失的。从我们成为残疾人工作者的那一天起，这就是我们最高的道德准则和行为规范。我由衷地感谢同志们已经做出的一切，我也真诚地希望同志们继续这样做下去，直到永远！

加强基层残联建设 全面发挥代表、服务、管理职能[①]

（一九九八年一月十五日）

这次会议的主题是：加强基层残联建设，密切联系残疾人，切实为残疾人服务，使残联建设上一个新台阶，残疾人事业达到一个新水平。

一、切实加强基层残联建设是事业进一步发展的迫切需要

在党和政府的关怀、领导下，伴随着改革开放和现代化建设的进程，中国残疾人联合会成立十年了。十年艰苦奋斗，十年成就显著：

全国人大颁布残疾人保障法，为发展残疾人事业和实现残疾人的公民权利提供了法律保障；

各级政府建立残疾人工作协调机构，残疾人事业纳入政府工作议程；

国家制定、实施发展残疾人事业的三个五年计划，残疾人康复、教育、就业、扶贫解困、社会福利、法制建设、文化生活、体育活动等各项业务全面展开，残疾人得到实实在在的利益；

各级残疾人联合会组建，残疾人组织体系基本形成；

---

① 这是邓朴方同志在第十二次全国残联工作会议上的讲话。

残疾人普遍开展自强活动，激发参与意识与奋斗精神；

努力弘扬人道主义，倡导助残风尚，营造了平等、友爱、和谐的社会环境。

江总书记从人的价值、人道主义、人权保障、人类解放的高度，全面阐述了如何认识和解决残疾人问题，奠定了残疾人事业的理论基础。

过去十年，是残疾人和残疾人事业的观念发生巨大变化的十年；是残疾人工作格局基本形成的十年；是残疾人事业各项业务全面拓展的十年；也是残疾人组织不断完善的十年。残疾人事业从很低的起点，走上了适合国情、富有特色的发展道路。

但是，必须看到，我们的工作还存在不足：

一是残联还未与广大残疾人建立直接密切的联系。适应我国国情，我们的事业是自上而下推进的，各级残联依靠政府建立。其好处是：在较短的时间内形成组织体系，具备工作力量，迅速投入长期以来残疾人亟待解决的抢救性工作，较快打开局面。但不可避免地带来不足：缺乏残疾人的普遍参与，没有与广大残疾人建立起直接密切联系，特别是在乡、镇、街道一级残联非常薄弱、县级残联也不够健全的情况下，出现与基层广大残疾人之间的“断层”。

二是量大、面广，直接服务于残疾人的工作亟待加强。由残联进行组织协调的康复、教育、就业、法制建设、文化生活等项业务，纳入政府各有关部门工作计划，利用已有的工作渠道，发展迅速，基本走上正常运转轨道。相比之下，残疾人扶贫解困，任务重、难度大，需要逐户、逐人解决；社区家庭康复与训练，需要因人而异、个别指导；用品用具供应服务，需要就地就近、渠道畅通；与残疾人劳动就业紧密结合的生产技术技能培训，需要针对特性、具体组织。这些量大、面广，没有现成的工作力量和渠道，需要以残联为主体实施，几乎涉及每一个残疾人的工作，尚未走上轨道。

三是残联"亦官亦民"的组织优势尚未充分发挥。残联是改革的产物,是集"代表、服务、管理"三种职能于一体的"亦官亦民"的社会中介组织。组建初期,百业待兴,面对大量抢救性工作,而人们又对残疾人事业尚未充分认识,适应传统的运行机制,主要以"政府行为"推动工作,"官"的优势发挥较好。相比之下,"民"的优势发挥不够充分。随着国家管理体制的改革深化,顺应"小政府、大社会"的发展趋势,要充分认识"民"的优势,学会用"社会化"的手段协助政府推动工作,学会以特殊群体"代表"的身份呼吁社会开展工作,发挥社会中介组织的作用。

存在这些不足,主要原因是残联的基层组织薄弱,基础设施匮乏,缺少必要的工作力量、条件和手段,够不到基层广大残疾人,难以联系广大残疾人,难以充分了解他们的需求,更难以针对每个残疾人具体情况,提供切实有效的服务;当然也有干部队伍的素质和与残疾人的感情问题。这些问题如果长期得不到解决,势必影响残疾人事业的持续发展和国家经济、社会、文化的健康发展。因此,切实加强基层残联建设,尤其是乡、镇、街道一级残联,是事业进一步发展的需要,是残联性质的要求,是广大残疾人的强烈愿望。残疾人需要的是自己的代表性组织,而不希望它变成"上级"组织。

二、值得推广的基层残联建设基本经验

这次会议之前,中国残联党组派出五个调研组,分赴七个省、市,对基层残联的建设情况进行了调查研究。我也到北京、天津两市的三县一区,八个乡、镇、街道进行了调查了解。近年来,各省、市残联在工作实践中,根据事业发展的需要,结合本地实际情况,开拓进取,不断完善、加强县级残联,组建乡、镇、街道残联,创造了许多好的经验。

（一）县级残联

加强基层建设，关键是加强县级残联。目前县级残联一部分较好；一部分面临很多困难，缺乏开展正常工作的条件和为残疾人提供服务的手段；还有一些没有理顺关系，不能独立开展工作。我们在调研中感到，如果把县残联的各项工作捆在一起做，就比较容易解决。具体做法是：

一体化的机构

县残联机关、残疾人就业服务所（残疾人服务总社）、康复服务指导站、用品用具供应服务部，四位一体，合署办公。对外四块牌子，各要各的编制，各筹各的经费；对内一套人马，合理分工，统筹兼顾。

一专多能的队伍

一是各机构按编制配备干部，二是聘用一些专职人员，三是离退休人员返聘和横向部门人员兼职，四是志愿工作者，融合成一支有文化、有爱心的残疾人工作者队伍。每人分管一两项业务，量大的工作合起来干，分工不分家，一专多能。改变那种残联机关人员编制少，除了领导没人干活的官僚体制，采取社会化工作方式，充分发挥“亦官亦民”的优越性。

有机结合的业务

残联的业务面很广，各项业务都是有机结合的，一环扣一环，不能单打一。不进行康复，生活就难以自理；不接受文化教育、技能培训，就难以就业；不能自立，全面参与就是一句空话。上边千条线，下边一根针。到了县一级，许多工作都要裹在一起干，不能分得那么细。怎样统筹兼顾，有机结合，综合调配人、财、物力，保证重点，带动全盘，是基层工作最见功力之处。

统筹安排的经费

县级残联的经费来源,一是行政拨款,二是专项补贴,三是就业保障金,四是建立机构的一次性开办费,五是社会筹集。来路不少,数量有限。如果分账分科,项项专用,势必成了“撒芝麻盐”。要在充分做好说服工作,取得有关部门理解的前提下,集中财力,分清急缓,合理安排,调剂使用,使有限的资金充分发挥效益。总之要实事求是。政策规定是死的,执行政策的人是活的,执行的方式应当实事求是、注重实效,这是大道理。

综合利用的场所

目前,部分县级残联在政府的大力支持和有关方面的鼎力相助下,已经建起了残疾人综合服务设施,有了开展工作的阵地。对这些县来说,当务之急是合理利用、充分发挥场所设施的功能。县级残联机关要有办公场所,但所占面积不可过大。要腾出面积来,把康复服务指导站、残疾人就业服务所(残疾人服务总社)、用品用具供应服务部纳入其中,尤其要留出残疾人聚会、活动的场所,联系广大残疾人,真正办成“残疾人之家”。这是残疾人组织与政府部门、官办机构的重要区别。

(二)乡、镇、街道残联

目前,乡、镇、街道一级残联,虽然普遍建立起来了,但是大部分有名无实。做得好的地方,基本经验是:

有牌子

乡、镇、街道要把残联成立起来,牌子亮出来,政府残疾人工作协调机构的牌子挂在乡、镇政府(街道办事处),残联的牌子挂在自己的办公场所(服务载体),地方要醒目,残疾人好寻找。

有专职干部

目前各地的干部配备、职务设置不尽相同，主要有两种形式：一是主管乡、镇长兼任残联理事长，民政助理员兼管残联工作；二是民政助理员兼任残联理事长，另配一名专职干部。理想的形式是：主管乡、镇长兼任残联主席，另配一名专职干部担任副主席兼理事长，负责日常工作。好处是：兼、专结合，残联在政府中有位置，说话有权威，许多工作可以纳入政府行为；具体事情又有专人专心考虑，全力以赴去做。

这里的关键是至少要有一名专职干部。专干的来源可以从现有的乡、镇、街道在编干部中调剂。现在每个乡、镇各种在编的干部都在百人左右，在机构改革中许多乡、镇人浮于事。抓住这个时机，调剂出一名在编干部到乡、镇残联工作，许多地方是可以做到的。天津市在去年年底前，全市三百五十五个乡、镇、街道残联全部配备了在编的专职干部，事实表明，困难并没有想象的那么大。

配备在编干部有困难，可以用乡、镇、街道财政自有资金，从回乡知青、退伍军人、下岗人员或退休人员中聘用一名身体好、有文化、有爱心、有社会工作经验的同志，到残联担任专职干部。

除了专职干部，还要辅以大量的志愿工作者。建立助残志愿者联络站，团结、联系志愿工作者，是残联社会化工作的重要方面。

有为残疾人提供服务的载体

服务需要手段，基层残联要有载体。载体的具体形式可以因地制宜、多种多样。昨天大家参观的莱州市残疾人服务社，就是其中的一种。无论具体形式如何，这个载体应当具备下列三种功能：

一是密切联系残疾人。基层残联不能满足于在政府中摆张桌子，放把椅子，有个位子，完全仿效政府部门，残疾人除了上访、办事不敢进门，成了官府衙门。基层残联要建成“残疾人之家”，像莱州市残疾人服务社那样,残疾人逛个街、看个病、买点东西,顺路就可以进去,喝杯水、歇歇脚、聊聊天,成为残疾人聚会的地方,是他们反映情况、交流信息、倾吐心声、互相激励的场所,让残疾人真正把残联当成自己的家。

二是为残疾人提供多种服务。莱州市规定了十项服务:种植养殖服务;生产物资代办;技术技能培训;致富信息提供;扶贫资金管理;就业工作协调;用品用具供应;康复知识传播;法律诉讼帮助;报刊图书借阅。各地可以根据实际需要和形成的工作能力,确定服务项目,并随着工作实力的增强逐步增加。当前要以扶贫解困为重点,管好用好康复扶贫贷款,做好小额信贷工作,直接扶贫到户到人,组织技术技能培训,提供产、供、销服务。同时也要兼顾残疾人的多种需求,朝着"全面参与"的方向努力。各种服务,并非要求乡、镇、街道残联独力承担,乡、镇、街道残联的主要工作方式应是发挥中介作用:需要康复的介绍给卫生院、县医院;需要入学的与学校、教育部门联系;交不起学费的帮助落实优惠政策;需要学技术的介绍到培训机构中去;遇到不公正待遇的帮助请律师……总之,大量的是穿针引线、牵线搭桥的服务工作。这里的关键是要有一个作为核心的人物——熟悉有关残疾人工作的各项政策、与社会各方面建立起良好协作关系、热心为残疾人服务的乡、镇、街道残联专职干部。当然不会有那么多现成的、符合上述要求的专职干部预备在那里,要培训、锻炼成长。北京市政府计划用一年时间,为全市的四百多个乡、镇、街道各培训一名专职干部,是值得学习的。

三是联系广大助残志愿者。无论农村还是城市,这个载体都应成为组织联络广大助残志愿者的枢纽。志愿工作者是一支不可忽视的助残力量,是扶助残疾人取之不尽的社会资源。随着社会的文明、进步,这支队伍会日益壮大。它的发展,不仅将给广大残疾人带来具体、实际的帮助,而且将净化人们的心灵、树立良好的社会风尚。各级残联,尤其是乡、镇、街道残联,要下力气认真做好这项工作:设立一个联络站,动员社会方方面面有志于为残疾人服务的志愿工作者前来登记,留下姓名、地址、联络办法,注明能够提供的服务和时间。遇到残疾人需要帮助时,有选择地通知助残志愿者前往服务。这是基层残联广泛借助社会力量为残疾人提供多种服务的有效途径,要充分重视,切实做好。

大家普遍关心的一个问题是:这个载体的日常运转经费从何而来?根据莱州市的经验,他们采取多种渠道。开办时,请政府支持一点,乡、镇企业赞助一点。日常运转,他们主要靠这些收入:经营一些便民小商品;聘用一些有特长(打字复印、书法绘画、电器维修)的人搞有偿服务;适当组织一些社会募捐。这里的关键,一是政府要给优惠政策(例如生产物资的批发价进货),二是要开展周到、有特色的社会服务,对残疾人是无偿或低偿,对社会是按市场价格有偿。总之,只要开动脑筋,办法会有的。总的原则是:以服务为主,可以搞点经营活动,但不要办经济实体,不能背离宗旨、分散精力、背包袱。

相对于农村而言,在城市,载体的问题要好解决一些。当前,根据国家计委、体改委、财政部、人事部、劳动部、建设部、卫生部、民政部等十四个部门一九九三年下发的《关于加快发展社区服务业的意见》,城市社区正在普遍建立社区服务中心。“意见”明确规定:要将残疾人的社会福利服务、康复训练、教育培训、用品用具供应、文化活动等内容纳入社区服务中心,并在价格上给予优惠。街道残联要充分利用社区服务中心为残疾人提供服务。我们在天津市的塘沽区,参观了这样一个社区服务中心:街道残联的铜牌,挂在中心的门口;残联的专职干部,在中心办公;全社区的残疾人名册,保管在中心;扶贫解困,由残联的同志提出建议;就业保障金,由残联的干部收取;健身房的康复训练器材,残疾人免费使用;阅览室里陈列着《盲人月刊》和《中国残疾人》杂志;热线电话大部分是残疾人打来的;志愿工作者来这里登记所能提供的服务项目;两名专职残联干部,对工作非常热心、投入。时间一长,这里成为残疾人聚集的场所。关键是:多做工作,挤进去,增加适合残疾人特殊需求的服务项目。

有广泛联系残疾人的网络

一个乡、镇、街道,地域还是很大的,残疾人的数量也不少,要经常与每个残疾人取得联系,仍然有一定的困难。许多地方的有效做法是:在每个村(居民区)及残疾人较为集中的企业、单位,建立一个残疾人协会或小组,推荐一名有一定文化、残疾程度较轻、热心为大家服务的残疾人做联络员。一个协会或小组人数不多,可以经常开展一些活动,随时了解每个人遇到的困难,除互相帮助外,通过联络员及时向乡、镇、街道残联反映。乡、镇、街道残联要定期召开联络员会议,了解各村(居民区)残疾人的状况,听取他们的要求、建议,帮助他们解决实际困难,从而真正做到扎根于广大残疾人之中。

以上列举的做法,是根据各地在实践中创造的经验加以归纳总结的。实践证明,这些经验是切实可行、十分有效、值得推广的。如果因地制宜,运用得当,就会有好的效果。

三、加强基层残联建设的重要意义和主要措施

(一)加强基层残联建设是一项具有战略意义的工作。

残疾人联合会是在改革大潮中应运而生的。它从诞生之日起,就既不同于政府部门,也不同于一般的群团组织。这是一种新型的社会中介组织,集政治代表、公益服务、事业管理三种职能于一体。随着改革的进一步深化,政府机构要精简,权力要下放,社会中介组

织将进一步得到发展、加强。我们要始终牢牢把握住这一发展趋势，把残联组织延伸到基层，上依靠政府，下联系广大残疾人，切实发挥“中介组织”的作用。

残疾人联合会的“代表·服务·管理”职能，是集于一体、有机联系的。只有提供服务，才有资格代表；服务需要管理，管理是代表的体现。三种职能的体现方式和在工作中所占的比重，在各级残联不尽相同。越到基层，越能体现代表性，越要强化服务的职能。基层组织不健全，三种职能难以全面发挥。

还必须认识到，加强基层残联建设不仅是广大残疾人和发展残疾人事业的需要，也是维护社会稳定、为政府分忧的重要工作。近年来，随着广大残疾人的权利意识增强，上访量逐年增大，仅中国残联，每年接待来信、来访都有上万件(次)。这一方面，说明了广大残疾人维护自身合法权益的意识已经觉醒，是一种社会进步；另一方面，也对残联的工作提出了新的更高的要求。在天津，去年一年，县以上政府没有接到一例残疾人上访。原因是：天津的县及县以下残联组织比较健全，工作比较主动，残疾人有了困难能够及时就地得到解决，工作做在下面，矛盾化解在基层。

广大残疾人生活在基层，残疾人事业的基础在基层。基层残联，是开展残疾人工作的关键环节，是联系广大残疾人的重要纽带，肩负着直接面向残疾人服务的重任。因此，必须采取切实措施加强基层残联建设。

(二)基层残联建设的目标和主要措施

切实做好机构改革工作

中央批准实施的《中国残疾人联合会机构改革方案》和《中国残疾人联合会机关参照〈国家公务员暂行条例〉管理的实施方案》，规定了残疾人联合会的性质、职责和主要任务,赋予了行政管理职能,要求地方残疾人联合会的机构改革按照“进一步加强残疾人工作与残联建设”的原则进行,“各级残疾人联合会机关参照《国家公务员暂行条例》进行管理”。县级残联要依据中央的要求,理顺关系,调整规格,计划单列,理事长专职,充实工作力量,改善工作条件。今年年底前,县级以上残联的机构改革工作要全面完成。乡、镇、街道残联重点抓好两个环节,一是配备专职干部,二是具备必要的办公场所和工作条件,争取到本世纪末,充实和完善乡、镇、街道残联。

普遍建立“一体化”的工作架构

县级残联要按照“一体化的工作机构、一专多能的队伍、有机结合的业务、统筹安排的经费、综合利用的场所”的要求进行建设并开展工作。乡、镇、街道残联以扶持残疾人生产劳动和扶贫解困为重点,逐步拓展业务范围,为残疾人提供全方位服务,做到有专职干部、有办公场所、有服务载体、有联系网络,为残疾人全面参与社会生活逐步创造条件。

加强基础设施建设

县级残联要积极创造条件,建设为残疾人提供综合服务的基础设施。基础设施建设要集残联机关办公、康复服务指导、就业服务、用品用具供应服务于一体,具备相应功能,同时还要为残疾人开展文体活动提供场所。已经建成投入使用的,要按照上述功能,充分发挥作用;尚未建立的,要争取尽快列入当地基本建设计划,多方筹措资金,加快建设步伐。国家计委已将“残联综合服务设施数目”纳入国家计划统计指标体系,并将拨出专款,用于县残联的综合服务设施建设;省市县都应有配套资金投入。中国残联对县残联综合服务设施建设规模、功能、投资和设计将做出具体规定。争取用五年左右的时间,全国县级残联都有为残疾人服务的综合设施,形成与工作及残疾人基本需求相适应的服务能力。

提高干部队伍素质

加强残联自身建设,提高干部队伍素质,是事业进一步发展的组织保障。各地要特别注意在实践中培养、锻炼县级和乡、镇、街道残联干部。按照“四化”方针和德才兼备的原则,努力造就一支热爱残疾人事业,勇于开拓进取,有爱心、懂政策、熟业务,全心全意为残疾人服务,恪守“人道、廉洁”职业道德的干部队伍。今年第四季度,将召开中国残联第三次全国代表大会,各省也将召开代表大会。要抓住这个有利时机,进一步完善自身建设,采取切实措施,指导市(地)、县级残联的换届工作,紧紧抓住调整管理关系和机构规格这两个重点,选配好理事长。中国残联将组织干部下基层,推进乡、镇、街道残联建设和专职干部的配备。

(三)充分认识有利条件,大力推进基层残联建设

基层残联建设虽然面临许多困难,但是我们也应看到有利条件:

国家注重经济社会协调发展,经济持续增长,社会全面进步,特别是农业和农村工作保持较好发展势头,为残疾人工作向基层延伸、向广大农村延伸,创造了有利环境;

中央要求在机构改革中“进一步加强残疾人工作与残联建设”,批准中国残疾人联合会机关和地方各级残疾人联合会机关参照《国家公务员暂行条例》进行管理,为加强基层残联建设提供了充分依据;

残疾人事业历经十年开拓发展,成为领域广阔、独具特色的综合性社会事业,为基层残联建设奠定了事业基础;

残疾人自身素质提高,权利和参与意识增强,为基层残联建设准备了群众条件;

天津、山东、贵州等省市一些地区的做法,为普遍推进基层残联建设积累了经验。

特别需要指出的是,去年一年,国家对残疾人事业给予了特殊的关怀和支持。中央政治局在京常委全体出席全国自强模范暨助残先进表彰大会;江总书记亲自与代表座谈,并为《自强之歌》一书撰写了序言。财政部领导带队到中国残联商谈对残疾人事业的经费支持;国家计委将残联综合服务设施数目纳入国家计划统计指标体系,并拨专款支持县残疾人综合服务设施建设;康复扶贫贷款在原有的基础上,又有大幅度增加……所有这些,为残疾人事业的进一步发展创造了空前有利的条件。

目标已经确定,任务十分艰巨。我们要进一步解放思想,振奋精神,坚定信心,实事求是,发挥创造性,奋力拼搏,努力开创扎根基层的残疾人工作新局面,把一个基础牢固、机制健全、运转协调、充满活力的残疾人事业带入二十一世纪。

学好小平理论，把残疾人事业提高到一个新水平[①]

（一九九八年三月一日）

一、学好邓小平理论

首先是要学邓小平实事求是的精神。他的文章，没有很多理论化的东西，都很实在，很有针对性，也很形象很生动。比如大家常说的“不管黄猫、黑猫，抓到耗子就是好猫”。为什么这句话重要，我看到很多纪念他的文章都提过这句话，实际上这句话是非常理论化的，但这句话里有一个非常深刻的哲理，就是“实践是检验真理的唯一标准”，学习就要抓住理论精髓。其次，还要学习小平同志的文风，不是似是而非，而是非常坚定，没有华丽的词句，没有那么多废话，而是以朴实的语言把问题实事求是地指出来。当然，要学的东西很多，在这里不能全面论述。总之，要读懂读通，掌握实质和精髓，结合实际，指导工作。党中央号召要掀起学习小平理论的新高潮，使小平理论、作风、路线深入全党，深入人心，这样就可以为改革开放建立起一个不可动摇的基础。

二、要加强党的建设

随着我国改革开放的不断深入，我们的生活也不断发生着变化，

---

① 这是邓朴方同志在中国残联直属机关第三次党代会上的讲话。

活动空间也在不断扩大,这是我们所追求的。但往往在这样的时候,容易出现党的建设削弱的现象。对这个问题,我们要有清醒认识,并不是形势越来越好的时候,党的建设就自然而然地越来越得到加强。一九八九年的政治风波就是个教训,在我们的形势越来越好的时候,我们党的建设并没有加强,反而出现一手软一手硬的现象。这就要求我们必须加强党的建设,加强党员教育。

第一,要有理想。小平同志讲,社会主义初级阶段要经历几代、十几代,甚至几十代人的努力奋斗。“十五大”的报告写上了这个提法。这要多少年,起码二三百年是下不来吧!这说明了社会主义初级阶段是个漫长的过程。充分认识这个过程的历史客观性和必然性,就会加强共产主义信念,就不会丧失信心,同时还会在这漫长的历史过程中作改革的促进派,实实在在、一步一步走下去。所以党员要有理想。

第二,要有纪律。民主集中制是党的根本组织原则,民主集中制发挥好了,容易形成钢铁般的斗志;发挥不好,容易造成对积极性的压制。民主集中制要贯彻好,要有民主作风,同时要有集中,要有纪律。现在我们一个是民主少了,一个是纪律少了。我们残联党的组织要健全,党的支部要健全,要坚持民主集中制,要加强纪律性。

第三,要有道德。不说别的,就说廉政这一条;不说法律,就说道德。你的道德取向是什么?你的追求是什么?你在社会上将是什么角色?作为党组织,要发挥每个党员的积极性、创造性、先进性,党组织要像党组织,党员要像党员。这样,我们的党组织就会健康,各级党组织健康了就证明中国共产党自身肌体是健康的。自身肌体不健康,不用打就倒了;自身肌体健康,怎么打也不会倒。要把我们的队伍建设好,特别是目前残联正在加强基层建设,工作向基层延伸,这就要用党组织来把这个队伍带好。

三、要把残疾人事业提高到一个新水平

加强基层残联建设，切实做好为残疾人服务的各项工作，使残联建设上一个新台阶，使残疾人事业提高到一个新水平，这是客观形势的要求，是广大残疾人的需求。

一九八七年以来，在党中央、国务院、社会各界的关心和支持下，残疾人事业发展很快，取得了很大进步，成绩显著。这种发展势头能否长期持续下去，许多人心里没底。江总书记和中央常委在去年的全国自强模范和助残先进集体、个人表彰大会上接见代表，江总书记还与代表座谈、讲话，为《自强之歌》一书作序，给了我们极大的鼓舞。各地党委、政府更加关心、支持残疾人事业，中央各部委如计委、财政部、银行等又给予特殊关照和支持。这就为残疾人事业的发展创造了更加良好的环境。

虽然残疾人事业取得了长足进步，但我们的弱点在基层。县级残联不少还不健全，不能独立开展工作，乡、镇、街道残联绝大多数连个专职干部也没有。在这种情况下，残联无法与残疾人建立联系，形成了“断层”。从工作上讲，扶贫解困、社区康复、用品用具供应服务、职业技能培训，这些残疾人迫切需求的工作，也是薄弱环节。不下大的决心，不采取切实措施、加强基层，就无法为残疾人服务，事业就没有稳固的基础。

总之，无论是客观形势的要求，还是残疾人的需求，都要求我们把残疾人事业提高到一个新水平。我们要下决心啃以前不敢啃的骨头，下决心做以前不敢做的事情。当前，主要任务就是要把基层残联扎扎实实建设好，与残疾人建立血肉联系，全心全意为残疾人服务，充分发挥残联的代表、服务、管理职能，特别是要发挥好代表职能，为

残疾人创造更好的环境和发展机会。残疾人工作不但要在城市做,还要做到广大农村,不但要联系还能活动的残疾人,还要联系那些最穷苦、不能活动的残疾人,使他们脱贫解困,让他们吃上饭,穿上衣,住上房。加强基层建设问题,过去虽然做了一些工作,但关键问题没有解决,我们还不敢啃硬骨头。现在我国条件好了,社会对残疾人问题的认识逐步提高了,所以要敢于啃以前不敢啃的硬骨头,使我们的工作上一个新台阶。希望我们全体同志特别是党员同志在这个过程中充分发挥自己的创造性、积极性、主动性,艰苦奋斗,把这块骨头啃下来。要坚持残疾人工作"打好基础,讲求实效"的方针,把基层残联建设好。如果能做到这一点,我们残疾人事业的基础就坚实了,就能为后来人留下个好底子。

给残疾人创造一个良好的社会环境[①]

（一九九八年四月七日）

今天我能和建设部、北京市的有关领导一起来了解平安大街等工程无障碍设施建设情况，非常高兴。北京平安大街进行无障碍设计改建，意义重大。建设部等四个部门一九八九年四月一日颁布了《方便残疾人使用的城市道路和建筑物设计规范（试行）》，九年来，北京市按《设计规范》的要求，做了大量工作，取得相当成绩，一种新文明正在生长出来。它既显示了我们中华民族的传统美德，又显示了改革开放的新气象。今天我借此机会向北京市所有参与这项工作的领导和同志表示感谢。

实际上，无障碍设施不只是方便残疾人，还可以方便更多的人。像老年人、儿童、孕妇，甚至是负重的人、拉车的人等。比如在福建省福州市，在一个有台阶和坡道的地方，有人曾专门做过统计，结果是走坡道的人比走台阶的人多一倍，走坡道的人中，既有残疾人、老人、儿童、孕妇，也有健全人。在海南省三亚市“天涯海角”那里，设有无障碍坡道，有人统计，走无障碍坡道的人数占所有过路人的百分之九十五以上。

我国政府参与制订的联合国一系列关于残疾人权益保障的文件中，均强调各国政府应采取措施，建设无障碍环境，确保残疾人能够平

---

① 这是邓朴方同志视察北京市平安大街无障碍设施建设后与有关部门负责同志、专家、工作人员一起座谈时的讲话。

等参与社会生活。在这一点上,发达国家做得比较好,我国应积极创造条件,向发达国家靠拢。

无障碍设施建设,还具有另外一个重要作用,就是文明教育。我们常说环境教育人。当人们在马路上,在公共场所,有意无意地看到无障碍设施,都会留有良好印象,久而久之,潜移默化,就会形成一种新观念,一种人与人和谐、平等的观念,理解、尊重、关心、帮助残疾人的观念,从而净化人们的心灵。这对社会主义精神文明建设具有重要意义。无障碍设施的建设,是物质文明和精神文明的集中体现,是社会进步的重要标志。

建设无障碍环境并不需要追加太多经费,在新建项目中采用无障碍设计,反倒是一种比较节约的做法。如果一项工程建设时不考虑无障碍设施,以后再改造,就要花更多的钱。改革开放已二十年了,二十年来我们国家发生了翻天覆地的变化。将来我们的国家会更进步。到那时,无障碍环境作为国家发达的重要特征和基本要求,会被更多的人认同。搞建筑应有长远打算,与其将来改造,为什么现在不做这项工作呢?

一九八九年四月一日建设部等四个部门颁布《设计规范》以来,全国有很多新建工程都没有进行无障碍建设。西北某省新建的博物馆,没有无障碍通道,残疾人很难进去,有文化的地方搞了个无文化的建筑,这与馆里展出的我国灿烂的文明、文化是极不和谐的。在建筑工程上多年来只有设计的要求,而在施工审批、验收等环节上没有相应的强制执行措施。当务之急,就是要采取措施,切实将《设计规范》纳入设计施工审批程序,对不符合《设计规范》要求的新建项目,一律不予审批;已完工的,不予验收。考虑到地方的具体情况,直辖市、计划单列市、省会城市、沿海开放城市、文化名城等尤须严格执行,以此带动全国。《设计规范》颁布前没有无障碍设施的城市道路和重要公共建筑物,改造是要改造,但要量力而行,要本着勤俭节约的原则有计划地逐步改造。这项工作要抓紧,不然,就太对不起我们的国家和人民了,太对不起这二十多年来的改革开放了。

有关部门可以考虑成立技术委员会,或专家委员会,对《设计规范》进行修订,使它更合乎实际,更科学,并争取有关部门批准,使它具有法规性。

拜托各部门对这项工作加强领导,新闻媒体加强宣传。要通过各部门的努力,给广大残疾人一个良好的社会环境,使社会上更多的人受益,使整个社会有一个文明的环境。

残疾人扶贫攻坚要齐心协力，坚持扶持到户到人①

（一九九八年五月十二日）

我国贫困残疾人约占全国贫困人口的三分之一。解决这部分人的温饱问题，事关国家扶贫攻坚的全局。为切实做好残疾人扶贫工作，实现国家本世纪末基本解决贫困人口温饱问题的战略目标，最近，国务院扶贫开发领导小组、中国人民银行、财政部、中国农业银行和中国残联共同制订了《残疾人扶贫攻坚计划（1998—2000年）》，已经国务院领导同志同意下发实施。

今天，国务院残疾人工作协调委员会、国务院扶贫开发领导小组、中国人民银行、财政部、中国农业银行、中国残疾人联合会共同召开这次会议，动员、部署残疾人扶贫工作。下面，依据《残疾人扶贫攻坚计划》，我讲几点意见。

一、残疾人扶贫工作的形势

我国有六千万残疾人，占全国人口的百分之五，平均每五个家庭中就有一个家庭生活着残疾人。这是一个人数众多、特殊而困难的群体。

党和政府非常关心残疾人的疾苦，近年来相继采取措施，努力解

① 这是邓朴方同志在全国残疾人扶贫攻坚电视电话会议上的讲话。

决残疾人的温饱问题:国家在进行大规模扶贫工作中将残疾人纳入其中,同时,针对残疾人的特殊情况,于一九九二年设立康复扶贫贷款,开展残疾人专项扶贫;一九九六年根据国务院批准实施的《中国残疾人事业"九五"计划纲要》的要求,开始对部分特困残疾人给予专项补助;一九九七年,国务院发出《关于在全国建立城市居民最低生活保障制度的通知》,又使城市贫困残疾人的基本生活得以保障。自一九九四年实施《国家八七扶贫攻坚计划》以来,经各方面共同努力,通过多种途径,共使三百多万贫困残疾人解决了温饱。

但是,残疾人扶贫工作仍然形势严峻、任务艰巨。目前全国有一千七百万贫困残疾人,其中一千四百万人能参加生产劳动,可以通过扶贫开发解决温饱,但在扶贫工作中,常因残疾而被忽视,相当数量的残疾人未被列入扶持对象;全国百分之七十的贫困人口生活在国定贫困县,国家为此投入大量扶贫资金,而全国百分之七十的贫困残疾人生活在非国定贫困县,缺少国家的特别扶持,解决这近千万贫困残疾人的温饱问题,是扶贫攻坚的薄弱点;加之受残疾影响和外界障碍,扶持残疾人脱贫难度更大。再不采取切实措施做好残疾人扶贫工作,不仅影响国家扶贫攻坚宏伟目标的实现,也有愧于残疾人。

二、残疾人扶贫攻坚的任务与做法

残疾人扶贫攻坚的目标是:经过三年左右的努力,基本解决残疾人的温饱问题。解决温饱的标准是:残疾人贫困户年人均纯收入达到当地政府确定的温饱线标准。

实现这一目标的关键是:切实将残疾人扶贫纳入各级政府扶贫攻坚实施计划,统一安排,同步实施,并予以特别扶助。

由于中央扶贫资金重点投放在国定贫困县,而贫困残疾人多数生活在其他地区,决定了残疾人扶贫工作在国定贫困县和其他地区的做法有所不同。

在国定贫困县,扶贫开发、解决温饱是一切工作的中心,集中了中央和地方的扶贫资金,有逐级分解的扶贫计划、完善的扶贫工作体系、严格的目标责任制。在这些地区,要切实将残疾人扶贫工作纳入当地政府扶贫计划,落实对残疾人贫困户的扶持措施,在当地的中央和地方扶贫资金中予以优先考虑和支持。

在国定贫困县以外的其他地区,贫困人口由地方各级政府采取措施,安排资金进行扶持。由于这些地区贫困残疾人占贫困人口的比例较大,地方政府要把解决贫困残疾人温饱作为本地区扶贫攻坚的重点,制订残疾人扶贫攻坚实施计划,筹措资金,狠抓落实。这是解决这些地区残疾人温饱问题的主渠道。同时,为支持这些地区的残疾人扶贫工作,中央专门设立国家康复扶贫贷款,专项用于残疾人扶贫。

残疾人扶贫攻坚必须坚持扶持到户到人的方针,这是因为:未解决温饱的贫困残疾人,居住分散,行动不便,生产生活条件差,又受自身残疾的影响,处于十分不利的地位。直接帮扶到户到人,符合残疾人的特殊情况,针对性强,是解决贫困残疾人温饱问题的客观需要和有效方式。

总结以往扶贫工作的经验,结合扶贫攻坚现阶段的形势、要求和做法,以及残疾人的情况,残疾人扶贫攻坚要以直接扶贫为主,扶持农村贫困残疾人从事有助于直接解决温饱的种植业、养殖业、手工业和家庭副业。要多种方式有机配合,有主有从,相辅相成。

首先,积极推行小额信贷扶贫到户。小额信贷是国内外扶贫的成功做法,经过试点和推广,很有成效。云南、贵州、广西等地用这种方式扶持贫困残疾人,取得显著效果。实践表明,小额信贷到户到人，投入少，见效快，手续简便，贷款回收率高、周转快，是一种直接扶持贫困户脱贫的有效方式，尤其适合扶持残疾人就地就近参加生产劳动。所以，这次国家康复扶贫贷款的百分之七十左右，要以小额信贷的方式扶持残疾人。

第二，发挥扶贫实体、基地的作用、辐射到户、带动到户。以往大规模进行的扶贫和残疾人专项扶贫中，扶贫实体、基地发挥了龙头企业加农户、支柱产业带农户、生产基地连农户的作用，吸收、带动许多贫困残疾人解决了温饱。在今后残疾人扶贫攻坚中，仍要发挥扶贫实体、基地的作用，直接吸收、间接带动残疾人贫困户脱贫。

第三，倡导“帮、包、带、扶”到户。要发扬优良的民族传统和社会主义的政治优势，动员机关、企事业单位、集体经济组织、志愿者组织及党员、干部、职工、学生、街坊邻里等社会各界，采取“一帮一”、“众帮一”、“单位包户”等多种形式，建立“帮包”制度，长期坚持，帮助残疾人脱贫。

第四，落实优惠政策、开展技术培训、推广科学技术、生产服务到户。国家对贫困户已有一系列优惠扶持政策，残疾人贫困户与其他贫困户相比困难更大、条件更差，更需要给予优惠和扶持。各地要将已有“政策落实到贫困残疾人头上，并根据具体情况制订新的扶助规定和措施。要就近就地或入门入户地开展科技推广和技术培训，使贫困残疾人学到农业科技知识，掌握生产实用技术；还应针对残疾人特点提供产前、产中、产后一条龙服务。

第五，提供社会保障。无论在城市还是在农村，对于缺乏劳动条件的特困残疾人，要按照国家有关政策予以“五保”供养、定期补助、临时救济，并广泛开展社会互助。城市要落实最低生活保障制度，农村落实“五保”供养制、推广最低生活保障制度，并将符合条件的贫困残疾人全部纳入其中。尚未实行最低生活保障制度的城乡，对符合民政部门定期补助、临时救济、集中供养条件的贫困残疾人,要按规定予以落实;对其他特困残疾人,要按国务院批转的《中国残疾人事业“九五”计划纲要》的规定给予专项补助、统筹扶助,保障他们的基本生活。总之,要切实将解决残疾人温饱问题,纳入政府扶贫开发和社会保障工作全局,落实到户到人。

三、齐心协力,不辱使命,完成历史赋予的重任

残疾人扶贫攻坚,目标宏伟,任务艰巨,难度很大。但是,也有许多有利条件:

一是,有党和政府的高度重视、正确领导,特别是党中央、国务院召开中央扶贫工作会议及党的“十五大”明确要求到本世纪末一定要解决贫困人口的温饱,全国扶贫工作出现新形势,各级领导空前重视,真抓实干。

二是,随着国民经济的发展和扶贫工作的深入,扶贫投入增加,做法更加切合实际,保障制度陆续出台,措施逐渐配套,为残疾人扶贫工作提供了有利的环境、政策和条件。

三是,国家设立康复扶贫贷款开展残疾人专项扶贫已经六年,基本掌握了贫困残疾人的状况,探索了残疾人扶贫工作的路数和做法,也积累了一定的经验。特别是国家从今年起大幅度增加康复扶贫专项贷款规模并给予贴息,为残疾人扶贫攻坚创造了更加有利的条件。

我们要以高度的责任感和使命感,本着对国家计划负责、对残疾人负责的精神,提高认识,加强领导,狠抓落实。

首先,要认清使命。温饱,是人生存的起码条件,是最基本的人权。到本世纪末基本解决包括贫困残疾人在内的贫困人口的温饱问

题,是党中央、国务院的重大战略决策,是人民群众的强烈愿望,是党全心全意为人民服务宗旨的具体体现,是社会主义共同富裕的本质要求,也是维护改革、发展、稳定大局的客观需要,有着极其重要的政治、经济和社会意义。

这一目标的实现,将从此结束世世代代困扰中国人民的温饱问题,不仅是中华民族发展史上的旷古壮举,也是发展中国家独一无二的当代典范。我们要按照党中央、国务院“必须坚定不移,毫不动摇,确保如期完成”的要求,从国家扶贫攻坚的全局及实现国民经济和社会发展第二步战略目标的高度,认识残疾人扶贫攻坚的重大意义,以强烈的责任感,肩负起历史的重托。

其次,要协同作战。《残疾人扶贫攻坚计划》在国务院扶贫开发领导小组统一领导下,由有关部门、中国残疾人联合会和各省、自治区、直辖市政府组织实施。以省为主,分级负责,在地方各级政府领导下,由扶贫办和残疾人联合会组织有关部门实施。

扶贫攻坚是一项宏大的社会系统工程,需要多部门密切配合,残疾人扶贫更有其特殊性,特别需要通力合作。各级政府及其残疾人工作协调机构要加强对残疾人扶贫攻坚的组织与协调。各级扶贫办、人民银行、农业银行、财政部门、残疾人联合会要高度重视,各尽其责,同时加强沟通协调,相互配合,形成合力,推进工作。

残疾人联合会,作为残疾人的代表组织与残疾人事业的工作机构,要把残疾人扶贫作为工作的重中之重,采取切实措施,积极协助政府、配合有关部门做好工作。在国定贫困县,残疾人联合会及其残疾人服务机构,要积极配合当地扶贫工作机构开展残疾人扶贫,做好调查摸底,参与计划制订,协助落实扶持措施和资金,参加扶贫检查。在其他地区,县、乡、镇残疾人联合会及其残疾人服务机构要充实工作力量,协助政府承担起残疾人专项扶贫日常工作,全面调查掌握贫困残疾人状况,承贷承还康复扶贫贷款,并做好发放和回收工作,帮助残疾人选择适宜项目,落实扶持措施,提供配套服务。

贫困残疾人解决温饱、脱贫致富,需要政府和社会的帮助,也取决于自身的努力。广大残疾人要发扬自尊、自信、自强、自立的精神,积极参加生产劳动,艰苦奋斗,解决温饱,摆脱贫困。

第三,要狠抓落实。各级政府、扶贫办、农业银行、残疾人联合会,要高度重视残疾人扶贫,切实列入议事日程,明确任务指标,实行目标管理,精心组织,狠抓落实。

县和乡级残联要按照《残疾人扶贫攻坚计划》的要求,以乡、镇为单位对残疾人贫困户进行逐户逐人的调查,摸清户数、人数及贫困状况,登记造册,报送当地政府、扶贫办及上一级残联。

各省、自治区、直辖市和非国定贫困县要依据《国家八七扶贫攻坚计划》和《残疾人扶贫攻坚计划》的要求,制订本地区残疾人扶贫攻坚实施计划;国定贫困县要将残疾人扶贫纳入本地区扶贫攻坚实施计划,在年度扶贫任务指标中要明确残疾人所占比例。

要按照《残疾人扶贫攻坚计划》的要求,建立残疾人扶贫工作统计报表制度。各级政府和扶贫办要将残疾人扶贫列入本地区扶贫工作检查范围,并有重点地进行专项检查,及时发现和解决问题。

同志们,残疾人扶贫攻坚,得到党和政府的深切关怀与各级领导和有关部门的大力支持,饱含着社会各界的深情厚意。今年国家扶贫贷款新增了十五个亿,可是,残疾人康复扶贫贷款却由两个亿增加到五个亿;各级政府领导同志在"心连心、结穷亲"的活动中,绝大多数联系的是贫困残疾人;各级财政部门、人民银行在资金方面给予了大力支持,农业银行、农业发展银行等有关部门担负着管理、使用康复扶贫贷款的职责,精心安排,尽心尽职;社会各界、广大群众热情投入,开展了多种扶残济困的有效活动。所有这些,都深深地感动着广大残疾人，温暖着他们的心。广大残疾人及其亲属没齿不忘，铭记在心。在此，我代表他们向一切为残疾人扶贫工作奉献爱心、做出贡献的人们，致以深深的谢意！

解决贫困残疾人温饱，是党和政府赋予我们的历史使命，是广大残疾人的殷切期盼。让我们坚定信心，共同努力，完成扶残攻坚的宏伟目标，使残疾人摆脱贫困，同全国人民一道迈入充满希望的二十一世纪！

无障碍环境建设
是社会文明进步的重要标志①

（一九九八年五月十五日）

由建设部和中国残联主办的“促进残疾人与老年人无障碍环境北京市试点项目国际研讨会”，开了五天，今天就要闭幕了。会议开得很成功。来自七个国家的代表聚集一堂，交流信息，共同研讨，这对亚太地区无障碍环境的建设将产生积极作用。

无障碍设施是残疾人走出家门、参与社会生活的基本条件，也是方便老年人、妇女、儿童和其他社会成员的重要措施。无障碍设施的建设，是社会文明进步的重要标志。

联合国《关于残疾人的世界行动纲领》《残疾人机会均等标准规则》《亚太地区残疾人全面参与和平等的宣言》及《促进残疾人无障碍环境指导原则》等国际文件，均强调各国政府应采取措施，建设无障碍环境，确保残疾人能够平等参与社会生活。中国政府参与制订并认真执行上述文件，采取措施推进无障碍设施建设。一九八九年，国家计委、建设部、民政部和中国残联颁布了《方便残疾人使用的城市道路和建筑物设计规范（试行）》。《中华人民共和国残疾人保障法》和国家发展残疾人事业的三个“五年计划”，也都规定了推行无障碍设施的任务与措施。北京等一些大中城市逐步推行无障碍设施

---

① 这是邓朴方同志在联合国亚太经社会促进残疾人与老年人无障碍环境北京市试点项目国际研讨会闭幕式上的讲话。

建设，取得一定成绩。

我想特别提到北京市在无障碍环境建设方面所做的努力。一九九五年，北京市政府接受了无障碍环境试点任务，投入了大量人力、物力和财力，使这一试点项目获得了预期的效果。我谨代表中国残联和广大残疾人，向北京市政府表示感谢！同时，亚太经社会对北京无障碍环境试点项目取得的成绩，给予了积极认定和良好评价，并且向北京市政府授予嘉匾、向参与试点项目的工作人员授予奖状。在此，我向北京市政府表示祝贺！

北京作为一个正在走向现代化的大城市，作为中华人民共和国的首都，在经济建设和城市建设中，十分重视无障碍环境。一九八五年就把城市道路和公共建筑物的无障碍建设和改造列入了议事日程，对市内几条主要街道进行了无障碍改造。一九八八年完成了十条大街的无障碍改造工作。一九九一年，又修建了国内第一条盲道。一九九四年制定了《北京市方便残疾人使用的城市道路和建筑物设计规范实施细则》和《北京市无障碍设施建设与维护管理办法》，还建立了无障碍设计审查制度。一九九五年九月，联合国亚太经社会通过中国残联，选定在北京市进行一平方公里无障碍小区建设试点，经过一年多的努力，北京市较好地完成了这项任务。

这是大中城市无障碍设施建设的示范，社会影响大。现在无障碍建设正在得到社会各方面的理解和拥护，受到政府和有关部门特别是建设部门的重视和支持，推行无障碍设施建设及改造已经纳入相关部门的职责范围。在北京市的带动和影响下，其他大中城市无障碍设施建设工作也取得不同程度的进展。上海、深圳、沈阳、广州等市政府制定了具体规定，并已实施。一些城市在新建、改造道路和重要公共建筑物时，采用无障碍设计规范。中国的无障碍设施建设从制订规范到具体实施，都得到国家建设部和各地建设部门的大力支持。在此,我向各部门表示感谢。

中国是残疾人最多的发展中国家,我们深知无障碍环境对残疾人平等参与社会生活的重要性和我们肩负的责任。与许多发展中国家一样,中国正处于较快发展的时期,城市化进程加快,大规模城市建设方兴未艾。此时,充分考虑无障碍设施建设,纳入规划与设计,认真实施并检查,同时对已建成的城市主要道路和大型公共建筑物逐步进行无障碍改造,是促进无障碍环境建设的大好时机。

我们要借鉴亚太地区一些国家无障碍设施建设的做法,推广北京等城市经验,加大推行无障碍设施的力度;根据联合国亚太经社会《促进残疾人无障碍环境指导原则》的要求,成立"推行无障碍设施协调委员会";对我国现有的无障碍设计规范进行修订;对缺少无障碍设施的城市道路和重要公共建筑物,有计划地进行改造。中国残联将协助政府和有关部门做好这项工作。

这次研讨会为大家提供了一个交流和学习的机会。我相信,经过大家不懈的努力,无障碍环境建设这项造福于残疾人、老年人和其他社会成员的高尚而文明的工作,一定会取得重大进展。

做好残疾人小额信贷扶贫工作[①]

（一九九八年六月一日）

这次召开的全国残疾人小额信贷扶贫到户现场会，是继全国残疾人扶贫攻坚电视电话会议之后又一次十分重要的会议。这次会议的主题是：根据电视电话会议精神，集中研究和部署残疾人小额信贷扶贫到户工作。这项工作，是扶助残疾人脱贫的关键，关系到《残疾人扶贫攻坚计划》能否确保完成。昨天大家实地参观了岐山县开展小额信贷扶贫到户，扶贫实体、基地带动到户，党员干部帮扶到户，优惠政策落实到户，技术培训、生产服务到户的情况。

下面我讲几点意见。

一、残疾人扶贫攻坚意义重大，各级残联任务艰巨

五年来，伴随着国家大规模进行的扶贫工作和一九九二年起开展的残疾人专项扶贫，截至一九九七年底的最新统计，全国贫困残疾人数已由两千多万下降到一千三百七十二万，成效显著。

但是，到本世纪末只有两年半的时间了，要解决一千三百多万贫困残疾人的温饱问题，任务极其繁重，时间非常紧迫，各级残联必须高度重视。

---

① 这是邓朴方同志在全国残疾人小额信贷扶贫到户现场会上的讲话。

为切实做好残疾人扶贫工作,实现国家本世纪末基本解决贫困人口温饱问题的战略目标,完成国务院批转的《中国残疾人事业"九五"计划纲要》规定的任务,最近国家又采取一系列有力措施加大这项工作的力度:国务院扶贫开发领导小组、中国人民银行、财政部、中国农业银行、中国残疾人联合会共同制订了《残疾人扶贫攻坚计划(1998—2000年)》,进一步明确了残疾人扶贫工作的目标、方针、途径和措施,经国务院领导同志批准,已在全国贯彻实施;国务院残疾人工作协调委员会和中央有关部门及时召开全国残疾人扶贫攻坚电视电话会议,宣布残疾人扶贫攻坚开始启动,全国从中央到各县,各级政府领导同志及有关部门负责人都出席了电视电话会议;同时,中央大幅度增加了康复扶贫贷款投入,从一九九八年到二○○○年每年由两亿元增加到五亿元;中国农业银行还制定《康复扶贫贷款管理办法》,给予特殊关照,明确康复扶贫贷款由县残疾人服务社承贷承还,主要用于小额信贷,并实行信用贷款,不要担保;中央有关部门也大力支持,陆续就贷款贴息、地方匹配资金、残疾人服务机构建设及其工作经费下发文件,做出明确规定。

应当看到,目前残疾人扶贫工作已经进入有史以来最好的时期:党和政府高度重视,社会各界大力支持,扶贫投入进一步增加,做法更加切合实际,措施逐渐配套。可以说,实现残疾人扶贫攻坚目标的环境、政策和条件都已具备,当前的关键,就看我们各级残联的工作如何了,考验我们这支队伍战斗力的时刻到了。

各级残疾人联合会是残疾人的代表组织和发展残疾人事业的工作机构,肩负着维护残疾人合法权益、协助政府解决残疾人温饱问题的职责,义不容辞,责无旁贷。广大残疾人视残联为自己的家,把残疾人工作者当成自己的亲人,渴望得到关心、帮助和支持。在我们的服务对象中,还有这么多残疾人处于贫困状态,作为残疾人共同利益的代表，我们应当感到责任重大，寝食不安。同志们，我们必须要有这种责任感和紧迫感。各级残联要把残疾人扶贫工作，作为今后三年压倒一切的重中之重，提高认识，明确职责，积极协助政府，配合有关部门，下最大的决心，投入最大的力量，坚定不移，真抓实干，做好工作，确保完成，不辜负党和政府的重托，不辜负广大残疾人的殷切期望。

二、扎实细致搞好小额信贷，确保残疾人扶贫到户到人

扶贫攻坚发展到目前阶段，仍处于贫困状况的绝大多数是自身脱贫能力较弱、需要予以具体帮助的人，其中残疾人占了相当大的比例。针对这种状况，党中央、国务院突出强调扶贫必须到村到户，残疾人扶贫更要到户到人。小额信贷是扶贫到户的有效方式，是扶贫攻坚的突破点，是做好残疾人扶贫工作的关键。

小额信贷是国际组织向发展中国家重点推荐的一种扶贫方式，亚洲和拉美的发展中国家已经进行了广泛的试点，效果很好。我国从一九九二年开始引进这种模式，并结合国情先后在云南、陕西等十多个省区进行试点，都取得了比较好的社会效益和经济效益。目前，从试点到全面推广，已扩展到大部分省区。这种方式最重要的特点，是扶贫资金直接到最贫困的农户，扶贫对象与扶贫贷款紧密结合，根据每个扶贫对象的具体情况选择适宜的项目，效果显著，效益好，而且到期还款率很高，平均在百分之九十五以上。

小额信贷用于残疾人扶贫，近两年刚刚开始，从陕西、云南、广西、河南、河北、四川的试点情况看，效果也很好，目前不少省已积极推广。

从残疾人的实际情况看,剩下的一千三百多万贫困残疾人,居住分散,生产生活条件更加恶劣,由于身心障碍处于不利地位,在不到三年时间内,如果单纯依靠以往的"以体带户"方式,难以脱贫。必须采取更加深入、更加细致、更加具体、更有针对性的措施。小额信贷与现行的其他扶贫方式相比,覆盖面大、到户率高、经济效益好、扶贫效果好、返贫率低、还贷率高、资金周转快,非常适合扶持残疾人就地就近参加生产劳动。所以,这次国家康复扶贫贷款的百分之七十以上,要以小额信贷的方式扶持残疾人。

小额信贷是扶持残疾人脱贫的有效方式,在扶贫工作中要坚持以小额信贷为主。同时,要注意与其他扶贫到户方式相结合,如实体、基地带动,社会帮扶,落实优惠政策,开展技术培训,推广科学技术,产供销综合服务到户。特别是要与党员干部包扶相结合,这是保证贷款正常运行、发挥效益、按期回收、降低贷款风险的重要环节。

在推行小额信贷扶贫到户工作中,要特别注意防止和克服怕麻烦、图省事的错误思想,以认真负责的精神,扎扎实实、步步到位地做好工作,对政府负责,对残疾人负责,这是每个残疾人工作者应有的品格。

三、完善组织,健全制度,加强管理,规范运作

小额信贷工作政策性强,涉及面广,参与的部门多,操作比较复杂。因此,在推行过程中,要特别注意抓好以下几个环节:

(一)进一步完善县乡残疾人服务机构

县乡残疾人服务机构是开展残疾人小额信贷扶贫到户工作的组织保证。目前一些地方,特别是使用一九九八年度康复扶贫贷款的

县已经建立了残疾人服务机构。但是工作力量薄弱,服务手段欠缺,需要从组织机构、人员配备、工作经费、管理制度等方面进一步加强和完善。还没有建立县乡残疾人服务机构的县,要按照中国残联和国家工商行政管理局《关于建立和完善残疾人服务社并进行企业法人登记注册的通知》要求,尽快建立完善,确保小额信贷扶贫到户工作顺利开展。

(二)搞好小额信贷培训工作

省市县明确分工,划定各自的培训对象和范围。省要重点抓好市县残联干部的培训工作,以提高认识、统一步调、加快推行工作为目标。县要重点抓好乡镇残疾人服务分社干部的培训工作,侧重于小额信贷的实际操作。当务之急是一九九八年准备使用康复扶贫贷款的五百零三个县(市),要抓紧做好县、乡两级残疾人服务机构干部的培训工作,务必使他们明确目的、掌握做法、上下沟通、协调运作。

(三)加强康复扶贫贷款的使用管理

残联要配合农业银行严格按照《康复扶贫贷款管理办法》的要求,加大对康复扶贫贷款管理和检查监督的力度,以确保康复扶贫贷款早下达、早到位,真正使百分之七十以上的康复扶贫贷款用于小额信贷,直接到户到人,努力提高康复扶贫贷款的使用效益和返还率。要不断完善小额信贷的运作机制,注意研究和解决残疾人小额信贷扶贫到户工作中出现的新情况、新问题,使之更加符合实际,取得更加明显的扶贫效果。

(四)以任务促建设,以建设保任务,边工作边建设。

县、乡镇残联组织不健全、人员不到位、工作力量薄弱、缺乏工作手段,是长期以来困扰我们的一大难题。这个问题不解决,我们无法面对农村残疾人,也就没有资格代表广大残疾人,残联也就失去了存在的意义。通过开展小额信贷、扶贫到户到人,将促使我们健全组织、增强力量,完善制度,为残疾人,特别是农村广大残疾人提供有效服务,建立起血肉联系,真正成为残疾人的代表组织。因此,同志们要充分认识到,小额信贷、扶贫到户不仅是一项业务工作,而且是一项关系残联建设和残疾人事业长远发展的重要任务。我们一定要把这项工作与基层组织建设紧密结合起来,以任务促建设,以建设保任务,边工作边建设,全力以赴,认真做好。

同志们,一九九八年是残疾人扶贫攻坚的第一年,面临的任务极其繁重,希望各地残联认真贯彻落实这次会议精神,切实抓好小额信贷扶贫到户工作,坚定信心,真抓实干,确保《残疾人扶贫攻坚计划》的顺利实施。

为亚太区残疾人有一个更美好的新世纪而不懈努力①

（一九九八年八月二十三日）

在“亚太残疾人十年”业已过半的今天，康复国际亚太区召开此次会议，这对总结本地区过去六年的工作，展望“亚太残疾人十年”后期乃至二十一世纪亚太区残疾人工作的新局面，提供了一个良好的机会，对促进本地区残疾人工作的发展，具有十分积极的意义。

亚太经社会执秘穆伊先生的讲话对“亚太残疾人十年”中、前期工作给予了积极的评价，对后期工作提出了建设性意见，我对此给予充分赞赏。我们高度评价过去六年中亚太经社会秘书处在穆伊先生的关注与领导下为“亚太残疾人十年”活动的开展所做的大量卓有成效的工作，高度赞赏亚太经社会各会员政府为实施“亚太残疾人十年行动计划”所做的努力和取得的成就。

人类社会即将进入二十一世纪。如何建设一个更加繁荣稳定、人人共享的新世纪，是各国政府和国际社会所面临的紧迫任务。我们高兴地看到，亚太区各国日益重视本地区的社会发展，特别是残疾人问题。“亚太残疾人十年”这一跨世纪的地区行动表明了各国为促进残疾人全面参与和平等做出的崇高的承诺及所承担的神圣责任。

目前，亚太区许多国家的经济发展正面临着严峻的挑战，我们更

① 这是邓朴方同志在康复国际亚太区第十一届大会暨“亚太残疾人十年”九八推广大会开幕式上的讲话。

应关注在社会中处于最不利地位的残疾人这一脆弱群体。我们呼吁本地区各国政府在致力于经济复苏的过程中给予社会问题,特别是残疾人问题同样的重视,对“亚太残疾人十年”各项活动给予支持,使其取得预期成果。

中国是“亚太残疾人十年”的发起国之一和积极的支持者。中国响应“亚太残疾人十年”决议,采取了切实的措施,结合中国国情,执行“亚太残疾人十年”行动议程。在过去近十年的时间里经过中国政府、中国残疾人联合会和全社会的努力,已使三百多万残疾人得到了不同程度的康复,残疾儿童入学率已由不足百分之二十提高到百分之六十四,二百多万残疾人接受了职业培训,残疾人就业率由百分之五十提高到百分之七十二,通过实施残疾人扶贫项目,已使五百多万农村贫困残疾人通过参与生产劳动摆脱贫困,残疾人组织,特别是基层组织得到充实,残疾人权利保障法律体系日趋完善,残疾人文化、体育活动日趋活跃,残疾人参与社会的机会增多,范围扩大,生活状况得到改善,残疾人各方面的权利进一步实现。

在本世纪末最后几年中,中国将努力完成国家残疾人事业“九五”计划规定的各项指标,使残疾人在康复、就业、教育、社会保障、文化生活各方面的状况得到进一步的改善,并以此作为对“亚太残疾人十年”最大的支持和贡献。

主席先生,执秘先生,女士们,先生们,为发动“亚太残疾人十年”,推动本地区残疾人工作的进展,中国与亚太经社会秘书处及有关国家合作,通过中国残疾人艺术团对亚太主要国家的访问演出,有效地推动了“亚太残疾人十年”的开展。中国还积极参与了有关“亚太残疾人十年”的各项活动并给予了亚太经社会秘书处力所能及的财政支持。中国将继续支持并配合亚太经社会秘书处所开展的残疾人领域内的工作,包括愿为“亚太残疾人十年”结束时的纪念工作做出积极贡献。我们希望与亚太各国、各地区及有关国际组织一道为“亚太残疾人十年”后期工作及后续工作的开展而合作，为亚太区残疾人有一个更美好的新世纪做出不懈努力。

愿亚太地区残疾人与健全人一样有一个更加美好的明天。

为实现我国跨世纪宏伟目标和残疾人事业持续发展而奋斗[①]

（一九九八年十月十六日）

中国残疾人联合会第三次全国代表大会，是在世纪之交召开的承前启后、继往开来的重要会议。这次大会的主题是：以邓小平理论和党的十五大精神为指导，回顾我国残疾人事业走过的道路，展望新世纪的发展前景，明确今后五年残疾人联合会的主要任务，团结带领残疾人为改革开放和社会主义现代化建设贡献力量。

一、事业发展的回顾

即将过去的二十世纪，中华民族的命运沧桑巨变。新中国建立，苦难深重的残疾人走向新生活。改革开放给我国经济、社会生活带来了生机与活力，也为残疾人事业的崛起和发展带来了机遇与条件。

改革开放、特别是近十多年来，我国残疾人事业走过了不平凡的历程。

国家为发展残疾人事业、改善残疾人状况采取了一系列重大措施；进行首次全国残疾人抽样调查，摸清了基本状况；颁布残疾人保障法和残疾人教育条例；制定实施残疾人事业的三个五年计划和残疾人扶贫攻坚计划；设立政府残疾人工作协调机构；建立新型、统一的残疾

① 这是邓朴方同志在中国残联第三次全国代表大会上的报告。

人组织；开展残疾人自强活动；进行宣传和公众教育，倡导文明的社会风尚；发展残疾人领域的国际交往。

在党和政府的关怀、领导下，经过各地区、各部门、社会各界以及广大残疾人和残疾人工作者的共同努力，我国残疾人事业取得了历史性的进展和举世瞩目的成就：

残疾人状况明显改善。十年间：四百一十六万残疾人得到不同程度的康复，其中二百万白内障患者重见光明，九万聋儿开口说话，六十万儿麻后遗症患者经矫治手术改善了功能，八十七万重症精神病患者经社会化、开放式、综合性防治，解除关锁，融入社会，十四万智力残疾儿童通过康复训练，增强了认知和自理能力。盲、聋、弱智儿童入学率由百分之六提高到百分之六十四点三，残疾人职业教育快速发展，一百五十万残疾人得到职业技能培训，高级中等以上特殊教育起步，改革现行盲文，推广中国手语。集中与分散相结合，多渠道扶持残疾人就业，就业率由不足百分之五十提高到百分之七十三点三，盲人按摩人员由四千人发展到二万余人。普遍进行的扶贫以及残疾人专项扶贫，扶持八百多万贫困残疾人解决温饱，通过社会保障使六百万残疾人得到温饱。公共文化场所为残疾人提供方便和服务，大众传媒开设残疾人专题（栏），残疾人艺术团出访二十多个国家，残疾人在重大国际体育赛事中获得一千二百九十一枚金牌。

在残疾预防方面，国家通过计划免疫消灭了脊髓灰质炎；控制遗传因素致残；全民食盐加碘，并为九千多万孕妇、两岁以内婴幼儿等特需人群补用碘油丸，减少了残疾发生。

社会对残疾人的观念发生深刻变化。残疾人不再被称为“残废人”。人们尊重他们的权利，肯定他们的能力，歧视与偏见大为减少，全社会更加重视残疾人事业。普遍开展红领巾助残、青年志愿者助残、一助一送温暖等多种形式的活动，“全国助残日”持续八年，各级领导和数以亿计的群众参加。残疾人参与社会生活的环境大为改善。

残疾人自强不息贡献社会。广大残疾人“自尊、自信、自强、自立”,在各条战线上为祖国建设做出了贡献,创造了可歌可泣的业绩。国家和地方政府先后两次表彰了一大批残疾人自强模范。

我国残疾人事业的做法和成就受到海内外的广泛赞誉。联合国和有关国际组织授予我国“联合国残疾人十年特别奖”等十余个奖项。

经过探索与实践,我国残疾人事业由小到大,由点到面,从较低的起点走上了一条适合国情、具有特色、系统发展的道路:

从国情出发,讲求实效,打好基础。我国处于社会主义初级阶段,人口多、底子薄。残疾人事业必须从这一国情出发,与经济社会的发展相适应,既要缩小差距,又不能超越现实。针对残疾人迫切而又可能满足的基本需求,着眼于残疾人潜能的发挥,重点抓好抢救性的康复工程、社区和家庭训练、残疾儿童义务教育、劳动就业、扶贫解困等受益面广、适用易行、花钱少、见效快的工作,给残疾人带来了实实在在的利益。同时,在残疾人事业的业务体系、组织体系、工作体系、政策法规体系、思想理论体系和环境条件等方面打好基础,为残疾人事业的长远发展创造了条件。

依法发展残疾人事业,保障残疾人合法权益。以残疾人保障法为基础,辅以行政法规、地方法规和扶助规定,确认残疾人的权利和义务,规范公民的行为,确定政府和社会各界的责任,明确残疾人事业各领域的指导原则和工作方针,使残疾人事业走上法治轨道。通过法律宣传、执法检查、法律服务和法律援助,保障残疾人的权利在事实上得到实现。

建立政府为主导、社会各界参与、协调运作的工作机制。残疾人事业是多学科、跨部门、业务广泛、综合性很强的社会事业,必须以政府为主导,各方协调运作。十年来,政府将残疾人事业纳入国民经济和社会发展计划，兼顾特性，统筹安排，同步实施，协调发展；政府残疾人工作协调机构发挥综合协调作用，有关部门各司其职，社会各界广泛参与，形成了各尽其责、密切配合、齐抓共管、协调运作的工作机制，有效地推动了残疾人事业的发展。

发挥残疾人组织的作用，发掘残疾人的自身潜能。建立了定位合理、职能得当的新型残疾人组织，并充分发挥其作用，它符合机构改革的方向，适应客观需要，推进了残疾人事业。残疾人是残疾人事业的主体，发挥其主观能动性，唤起参与意识，激励奋斗精神，发掘自身潜能，促进了残疾人创造社会财富、实现人生价值。

总结、概括了指导残疾人事业的理论。残疾人问题的提出始于本世纪初，经过半个多世纪的演进，逐步拓展为新兴的残疾人事业。同其他事业一样，残疾人事业既需要大胆探索、不断实践，也需要正确理论的指导。近十年来，党的第三代领导集体、特别是江泽民总书记发表了一系列重要文章和讲话，以马克思主义的观点，结合世界和我国残疾人事业的实践，着眼于我国残疾人状况的改善和经济社会的协调发展，从残疾人存在的客观性，残疾人的权利和能力，残疾影响，外界障碍和特别扶助，社会环境，国家和社会责任，残疾人事业的宗旨，残疾人自身义务等方面，历史、全面、深刻地阐述了现代文明社会的残疾人观。江泽民总书记指出：

自有人类，就有残疾人。残疾人，有人的尊严和权利，有参与社会生活的愿望和能力，同样是社会财富的创造者。残疾人的问题，是关系到充分实现公民权利和生产力解放的问题。人，既有物质的需求，又有精神的需求，人们在追求物质生活和精神生活进步的过程中，需要平等友爱的人际关系和团结互助的社会环境。人道主义，是处理人与人之间关系的一个道德规范。人权保障,是国家的责任。残疾人这个社会最困难群体的解放,是人类文明发展和社会进步的一个重要标志。尊重残疾人的公民权利和人格尊严,保护其不受侵害;同时,对这个特殊而困难的群体给予特别扶助,通过发展残疾人事业使他们的权利得到更好的实现,使他们以平等的地位和均等的机会,参与社会生活和国家建设,共享社会物质文化的成果。

这些论述,为残疾人事业提供了理论基础,是我们解决残疾人问题的行动指南。我们要认真学习,深刻领会,切实贯彻。

各位代表,经过十年艰苦努力,可以欣慰地说,我们基本实现了中国残联一大、二大提出的奋斗目标,为下一个世纪残疾人事业的发展奠定了比较好的基础。

残疾人事业的发展,饱含着党和政府的亲切关怀,饱含着社会各界的深情厚意。在此,我代表全国六千万残疾人和他们的亲属,向所有关心、支持、帮助残疾人和残疾人事业的人们,表示由衷的感谢和崇高的敬意!

关于中国残联二大以来五年的工作,《残疾人工作专题报告》已有具体总结,这里不再赘述。

二、世纪之交的展望

我国跨世纪的宏伟目标是:在本世纪内基本消除贫困现象,人民生活达到小康水平;到二〇一〇年使人民的小康生活更加宽裕,形成比较完善的社会主义市场经济体制;到下个世纪中叶,基本实现现代化,把我国建成富强民主文明的社会主义国家。

我国残疾人事业起点低、基础弱,仍然滞后于经济社会发展,残疾人的生活状况与社会平均水平还存在不小差距，贫困残疾人约占全国贫困人口的三分之一，残疾人在基本需求方面仍面临相当多的困难和问题。在实现我国跨世纪宏伟目标的过程中，发展残疾人事业，改善残疾人状况，是摆在我们面前的重要任务。

与国家发展的阶段性目标相适应，残疾人事业跨世纪的奋斗目标大体是：

本世纪内，全面完成《中国残疾人事业"九五"计划纲要》规定的任务目标：残疾人温饱问题基本解决；残疾人普遍开展康复训练，同时通过实施一批重点工程，使三百万残疾人得到康复；残疾儿童少年义务教育入学率达到百分之八十，可以就业的残疾人基本得到职业培训；残疾人就业率达到百分之八十左右；残疾人广泛参与社会生活；系统开展残疾预防，努力减少残疾发生。

到二〇一〇年，进一步改善残疾人平等参与社会生活的物质条件和精神环境，缩小残疾人事业与经济社会发展水平的差距，稳定解决残疾人的温饱，并使相当一部分残疾人的生活达到小康水平。

到下个世纪中叶，使残疾人事业与国家经济社会发展大体同步，残疾人状况有更大的改善，残疾人"平等·参与·共享"的目标在政治、经济、文化等方面基本得到体现。

从现在开始到下次中国残联全国代表大会的五年，各级残联要努力完成残疾人事业"九五"计划纲要和届时制定的"十五"计划纲要所规定的任务，使残疾人事业上一个新台阶、达到一个新水平。为此，特别要做好以下工作：

把扶贫解困作为工作的重中之重。温饱，是人生存在的起码条件。残联工作千头万绪，保障残疾人温饱首当其要。这项工作做不好，上影响国家大局，有负政府的重托；下愧对残疾人，有失残疾人的信赖。我们务必高度重视。要将解决残疾人温饱问题纳入政府扶贫开发计划和社会保障制度,统一安排,同步实施,并予以特别扶助。各级残联,要协助政府,配合有关部门,切实做好残疾人扶贫解困工作。

以按比例就业为重点推进残疾人劳动就业。各单位依法按比例安排残疾人就业,是在社会主义市场经济条件下,促进残疾人劳动就业的战略性举措,也是各级残联的一项重要工作。要全面推行分散按比例就业,继续稳定福利企业,鼓励残疾人个体从业,扶持农村残疾人参加生产劳动,同时,按照中央文件的要求,尽量不使已就业的残疾人下岗。

抓好义务教育和职业教育。义务教育、职业教育对提高残疾人素质至关重要,是残疾人教育工作的重点。将会同教育部适时召开第三次全国特殊教育工作会议,推进残疾人义务教育的发展,特别是大力推广盲童随普通班就读,提高盲童入学率。要通过多种渠道,抓好残疾人职业技术教育和农村残疾人实用生产技术培训。

加强康复训练和服务。在诸多康复手段中,康复训练适应面广、简便易行。绝大多数残疾人,都可以通过康复训练,补偿功能,增强能力。要着力向残疾人普及康复知识,传授训练方法,提供经济适用的辅助用具,指导和帮助广大残疾人在家庭和社区进行自我训练。

进一步创造良好的社会环境。结合精神文明创建活动,以多种形式扶残助残。执行国家无障碍设计规范和建设审批程序,推广适用的无障碍设施,为残疾人、老人、妇女和儿童出行提供便利。

还要办好第五届全国残疾人运动会,在第七届“远南”残疾人运动会和第十一届残奥运动会上,再创佳绩,为国争光。

三、残疾人组织的建设

实现跨世纪的艰巨任务,必须加强各级残联的组织、思想和作风建设。今后五年重点抓好以下工作：

切实加强基层残联建设。广大残疾人生活在基层，残疾人事业的基础也在基层。应当看到，残疾人组织体系和工作体系虽已基本形成，但县及县以下基层的力量比较薄弱，影响了各项业务工作在基层、特别是在广大农村的开展。地方残联要进一步贯彻落实《关于加强基层残联建设的决定》，按照“一体化的机构、一专多能的队伍、有机结合的业务、统筹安排的经费、综合利用的场所”的原则，切实加强基层残联建设。广大残疾人工作者，要努力提高思想、政治和业务素质，恪守“人道、廉洁”的职业道德，发扬“团结、实干、开拓、高效”的工作作风，深入基层，全心全意为残疾人服务。

密切与残疾人的血肉联系。由于基层残疾人组织比较薄弱，加之我们在思想作风、工作作风方面还有许多不足，尚未与广大残疾人交融在一起。对此，我们必须有清醒的认识，给予足够的重视，采取切实有效的措施，真正把各级残联建成残疾人自己的家。

加速培养残疾人从事残疾人工作。残疾人联合会是残疾人的代表组织。代表性是残联存在的基础，代表职能是残联“代表、服务、管理”三种职能的核心。各级残联要积极、主动、加速培养残疾人从事残疾人工作，选拔优秀残疾人进入领导岗位。

进一步激励残疾人自强不息的精神。残疾人的命运与祖国的命运紧密相连。广大残疾人要热爱生活，刻苦学习，不断提高自身素质，超越自我，融入社会，投身改革开放和现代化建设，同全国人民一道，共创更加美好的未来。

让我们紧密团结在以江泽民同志为核心的党中央周围，高举邓小平理论伟大旗帜，再接再厉，开拓前进，为实现我国跨世纪的宏伟目标和残疾人事业的持续发展而奋斗！

残疾人所具有的智慧和力量是无尽的宝藏①

（一九九八年十月十九日）

中国残疾人联合会第三次全国代表大会，在党中央、国务院的关怀和社会各界的支持下，经过与会代表的共同努力，圆满地完成了各项议程，今天就要胜利闭幕了！

几天来，代表们沉浸在无比激动和喜悦之中，一致认为这次大会开得隆重、热烈，规格高，影响大。江泽民总书记等党和国家领导人在人民大会堂亲切接见全体代表并出席开幕式；李岚清同志代表党中央、国务院致祝词；工、青、妇等九个社会团体向大会表示祝贺；朱镕基总理观看中国残疾人艺术团专场演出，并亲切接见演员。李瑞环同志、司马义·艾买提同志分别担任中国残联名誉主席、名誉副主席。司马义·艾买提同志刚才代表国务院残疾人工作协调委员会又做了重要讲话。所有这一切，都充分体现了党和国家及社会各界对我们残疾人的亲切关怀、对残疾人事业的高度重视。代表们含着热泪，一遍一遍地表达发自内心的感激之情；还是共产党好，社会主义好，改革开放好！

联合国秘书长安南、联合国驻华机构代表和各类残疾人国际组织向大会发来贺词贺信，代表们为我国残疾人事业在国际社会产生重大影响而自豪。

---

① 这是邓朴方同志在中国残联第三次全国代表大会闭幕式上的讲话。

几天来，代表们肩负全国六千万残疾人和二亿多亲属的重托，回顾改革开放特别是十多年来我国残疾人事业走过的道路，总结残疾人事业取得的成就和经验，以崇高的责任感、神圣的使命感共商残疾人事业发展大计。代表们认真行使自己的庄严权利，对大会报告、章程（修正案）和领导人选进行了认真、热烈的讨论，通过了一个好的工作报告，选出了一个跨世纪的领导班子，修订了新的章程，明确了残疾人事业持续发展的目标和任务。代表们一致认为，这是一次承前启后、继往开来、团结务实、催人奋进的重要会议，是我国残疾人事业发展史上的一个里程碑，将以其重要的地位和深远的影响载入史册！

与中国残联一大、二大相比较，这次代表大会取得的重要进展有：

第一，突出和增强了代表性。新当选的领导集体中，残疾人和残疾人亲属所占比例明显增加。尤其令人高兴的是，随着改革开放和残疾人事业推进，残疾人素质不断提高，涌现出许多学有所成的人才，一批年轻的优秀残疾人走上各级残联领导岗位，为我们的组织输入了新鲜血液，我们的事业后继有人！

第二，勾画了残疾人事业跨世纪发展的蓝图。大会依据国家总体战略部署，从残疾人事业实际出发，提出了残疾人事业分步实施的阶段性目标：本世纪内，基本完成《残疾人扶贫攻坚计划》规定任务；到二〇一〇年，稳定解决残疾人温饱，并使相当一部分残疾人生活达到小康水平；到下个世纪中叶，残疾人事业与经济社会发展大体同步，残疾人状况有更大的改善，“平等·参与·共享”的目标在社会生活的各个方面基本得到体现。代表们认为，这是一个美好的远景，是一个振奋人心的目标，我们相信这个目标一定能够达到！

第三，总结、概括了指导残疾人事业的理论。党中央、国务院祝词和大会的报告，都以较重的笔墨阐述了党的第三代领导集体、特别是江泽民总书记关于残疾人问题的一系列重要思想,在代表中引起强烈反响。代表们一致认为,这些重要思想概括了现代文明社会的残疾人观,为残疾人事业提供了理论基础,是我们认识、解决残疾人问题的行动指南。

我国残疾人事业取得了辉煌成就。但是,在成绩面前要谦虚谨慎、戒骄戒躁,要保持清醒头脑。残疾人生活状况与社会平均水平还有不小的差距,在基本需求方面还存在大量亟待解决的问题,平等参与社会生活还有不少障碍,残疾人事业仍然滞后于经济社会发展。面对这种现实,我们深感责任重大。

我们要深入学习邓小平理论,学习党的十五大精神,联系残疾人工作实际,学习江泽民总书记有关残疾人问题的重要论述,解放思想,实事求是,研究新情况,解决新问题,开创新局面。

我们要全面完成“九五”计划任务,适时制定实施“十五”计划,要把扶贫解困作为我们工作的重中之重,努力解决残疾人的温饱问题,要推进分散按比例就业,抓好残疾人义务教育、职业技术教育和面向农村残疾人的康复服务。进一步宣传动员社会,创造文明进步的社会环境。使残疾人事业再上一个新台阶,达到一个新水平。

我们要进一步加强基层残联建设。基层残联的建设状况,关系到能否与残疾人建立血肉联系,关系到残疾人事业的长远发展。我们一定抓住目前的有利时机,机不可失,时不再来。要有紧迫感,要采取切实有力的措施,把基层残联建设当作一件大事认真抓紧抓好。

残疾人事业走过不平凡的历程,回首往事,我们心潮澎湃。残疾人事业所取得的成就,浸透着广大残疾人工作者的心血和汗水,特别是长年累月工作在基层的同志,在困难的条件下,承担繁重的工作,默默地奉献着自己的生命年华。在此,我代表广大残疾人,向你们和你们的亲人致以崇高的敬意!

联合国秘书长安南在贺词中说:“残疾人所具有的智慧和力量是无尽的宝藏”。在残疾人事业的发展中,残疾人自身的奋斗,将发挥越来越重要的作用。朱镕基总理在接见残疾人艺术团演员时含着热泪动情地说:从你们身上体现出人的伟大!意志力的坚强!只要你们保持这样一种意志力,就可以做出健全人所能做的任何事情。希望广大残疾朋友不辜负党和国家领导人的殷切期望,热爱祖国,热爱生活,不断提高自身素质,投身改革开放和现代化建设,同全国人民一道,共创更加美好的未来!

让我们紧密团结在以江泽民同志为核心的党中央周围,高举邓小平理论伟大旗帜,把一个生机勃勃、充满希望、持续发展的残疾人事业带入新的世纪!

发展康复医学，为广大残疾人服务[①]

（一九九八年十月二十八日）

今天，在中国康复研究中心落成十周年，并举行盛大的康复医学国际研讨会之际，我代表中国残疾人联合会，对大会表示热烈的祝贺，对各位的光临表示衷心的感谢。

十年时间过得很快。今天看到大家汇聚一堂进行康复医学的研讨，不禁使我想起十五年前筹备康复中心时的情景。那时，现代康复医学从二次大战后起步并逐步形成一门新的医学领域，国际上已有三十多年的发展历史了。当我们决定建立中国康复研究中心的时候，我国的康复专业人才非常少，卫生部陈仲武先生给我们介绍了吴弦光、王大觉、卓大宏教授等少数几个在国外学过现代康复医学的专业人才。就是这些少数的专业人员加上一些残疾人工作者，在一九八三年那个炎热的夏天，集中在一间小屋子里面，开始讨论建立中国康复研究中心和中国残疾人康复事业的发展问题。

十五年过去了，随着中国改革开放的深入和经济的发展，在我国政府的大力推动下，康复医学发展较快，现在已经有了一个崭新的面貌。首先，康复医学和康复事业已经在中国奠定了基础，为社会广泛承认，得到了中国有关部门的支持，也得到医学界的广泛认同。人民群众的康复意识大大增强，更多的人愿意接受康复治疗，并且期待着

① 这是邓朴方同志在康复医学国际研讨会上的讲话。

改善功能,重返社会。第二,中国政府制订工作计划,大规模实施系统的康复医学工程。通过白内障复明手术、小儿麻痹后遗症矫治手术、聋儿听力语言训练、精神病人的社会化开放式综合性防治等,已使几百万残疾人得到了不同程度的康复。第三,康复医学的骨干机构逐渐建立,除有中国康复研究中心这样一个现代化的康复医学中心之外,还在省市县建立了残疾人康复服务指导机构,仅聋儿听力语言训练站就有一千余个。第四,大力推进社区康复。康复人员深入乡镇街道、村(居)委会和家庭,使很多残疾人在家庭就得到了康复服务。社区康复看似简单,但十分有效,是今后发展的方向。第五,我国医学院校普遍设立了康复医学课程,各类综合性医院普遍设立了康复科室。总之,从总体来看,中国的残疾人康复事业和康复医学在十五年中已经有了很大的发展,已经走上了一条符合中国国情、中西医结合、具有中国特色的发展道路。

与此同时,中国康复研究中心已经发展成为我国规模最大、设备先进、手段齐全的现代化康复医疗机构和技术资源中心。十年来,中国康复研究中心收治了四万七千多名患者,有效率达到百分之九十以上,并已与国际接轨。此外还承担了康复医学和社区康复的指导工作,它的作用是不可替代的。

中国康复研究中心的建立和成长饱含着中国政府的关怀,得到了中国各部门的支持,同时得到了日本、加拿大、挪威、美国、俄罗斯等国家的友好援助。特别是得到了日本政府的大量的无偿援助,得到了日本国立康复中心和津山直一先生的多方面指导。我认为康复中心的成功,不仅是我们自己的努力,也是国际社会合作的一个结晶,是国际人道主义事业的典范。为此,我代表中国残疾人联合会、代表广大残疾人,再次对给予我们帮助支持的各位朋友表示由衷的感谢,并致以崇高的敬意!

尽管我们已经取得了很多成绩,但是中国康复医学事业任重道远。作为一个发展中国家,我们在康复医学方面有许多艰苦细致的工作要做。刚才何鲁丽副委员长对我说,中国的东部、中部、西部的情况是不同的,我们应当着眼于全国,进行分类指导。我们既要有"阳春白雪",有高级的康复研究机构,高水平的论文,高层次的学术、技术研讨;同时又要有"下里巴人",要有普及性的康复,要有深入到人们身边、深入到一般家庭的康复。"阳春白雪"和"下里巴人"要结合起来,形成合唱。

中国的康复事业应该有更多的研究,更多的推动。我想这个课题不仅是中国残疾人事业的课题,也是康复医学界各位的课题。我们已经取得的成就是值得自豪的,但是前面有更值得自豪的事情要我们来做。我们需要更多的努力,也需要得到更多的帮助。我相信这次康复医学研讨会,也是对我们一个重大的帮助。

开展残疾人法律援助工作是法律平等原则的要求①

（一九九八年十一月十一日）

残疾人是一个人数众多、特性突出的社会群体。在各类特殊群体中，残疾人最为困难、脆弱和易受损害。残疾人的状况以及社会对他们的态度，是衡量社会文明程度与发展水平的一个重要尺度。残疾人同健全人一样应享有人的尊严和权利。依照法律，国家和社会对他们的特殊困难，给予特别扶助，以减轻或消除残疾影响和外界障碍，保障其权利的实现。通过法律援助，保障残疾人行使平等公民权利，维护残疾人的合法权益，是法律平等原则的要求，是人权保障的内容，也是我国社会主义制度本质的体现。

改革开放以来，伴随经济的迅速发展和社会的深刻变革，我国残疾人事业取得历史性的成就，残疾人的状况有了明显的改善。残疾人保障法及其他有关法律、法规和法律援助制度的实施，为发展残疾人事业、保护残疾人权益提供了有力的法律保障，发挥了重要作用。但是，我们还应看到：对残疾人的歧视、偏见还不同程度存在，侵犯残疾人合法权益的现象仍时有发生；残疾人的生活状况与社会平均水平还存在不少差距，在基本需求方面仍面临相当多的困难和问题，平等参与社会生活还有诸多障碍。在实现我国跨世纪宏伟目标的过程中，进一步改善残疾人状况，促进残疾人“平等·参与·共享”，使他

---

① 这是邓朴方同志给残疾人法律援助工作经验交流会的贺信摘要。

们跟上社会发展步伐,与全国人民同行,是一项重要任务,需要全社会的支持、帮助。其中法律的保障和帮助具有十分重要的意义,可以发挥很大作用。

江泽民总书记指出:“对残疾人这个脆弱群体给予帮助,是社会文明进步的标志。全社会要发扬扶残助残的良好风尚,为残疾人送去更多的温暖。”这殷切的希望和要求体现了党和国家对残疾人的亲切关怀。我相信,在各级司法行政部门、法律援助机构、残疾人联合会和广大法律工作者的共同努力下,残疾人法律服务和法律援助工作会取得新的进展。

“残疾人国际”应发挥更大的作用[①]

（一九九八年十二月三日）

在人类社会即将跨入二十一世纪的今天，“残疾人国际”召开此次大会具有重要意义。在世纪之交，人类共同思考如何使二十一世纪成为一个更加美好的、人人共享的社会。本世纪是人类历史最辉煌的时代，我们创造了前所未有的物质文明和科技进步；同时，这一世纪中人类也经历了历史上最残酷的两次世界大战，社会生活中仍然存在歧视、偏见和不公正。本世纪也是残疾人觉醒的时代，我们在人类历史上第一次提出了“平等·参与·共享”的口号，向歧视、偏见和不公正宣战，将残疾人从这些禁锢中解放出来。我们的声音已引起全世界的关注，但是要实现“平等·参与·共享”的目标，需要更多的、切实的行动，新的世纪应该是一个行动的世纪。

残疾人的解放要靠残疾人自身的奋斗，同时也有赖于国际社会的共同努力。中国残疾人联合会充分肯定“联合国残疾人十年”在国际社会为改善残疾人状况所做出的努力。“联合国残疾人十年”结束后，国际社会虽采取了一些积极措施，以求保持发展这一活动所创造的全球残疾人事业良好势头，但仍缺乏切实的行动和必要的投入，残疾人的状况远未得到普遍的、实质性的改善。我们认为联合国《关于残疾人的世界行动纲领》以及《残疾人机会均等标准规则》对全球残疾人事务具有普遍指导意义。虽然各国依照基本国情采取不同的工

① 这是邓朴方同志在“残疾人国际”第五届世界大会开幕式上的讲话。

作方式,侧重不同的领域,但这两个重要文件所载原则既适合于发达国家,也适合于发展中国家。正如联合国秘书长安南先生在致中国残疾人联合会第三次全国代表大会的贺词中所说:"联合国自成立以来,一直作为全球努力促进残疾人生活和人权状况改善的中心,《关于残疾人的世界行动纲领》和《残疾人机会均等标准规则》标志着各会员国对促进残疾人工作,反对偏见方面所做出的政治上与道义上的承诺。"我们希望联合国的中心作用不是削弱,而是得到进一步充实和加强,国际社会的承诺更多地成为现实,联合国若干重要纲领性文件继续得到贯彻和落实,联合国和国际社会做出更大的努力,推动全球残疾人状况的改善。

我们同时希望国际残疾人组织特别是"残疾人国际"更加团结,以一种合作、务实的精神开展工作,在国际社会发挥更大的作用。

中国残疾人联合会作为"残疾人国际"的会员和在联合国经社理事会具有特别咨商地位的非政府组织,过去十余年为改善中国残疾人的状况和促进全球范围的残疾人工作,做出了积极的努力。我们一贯认为:保障残疾人的权利,尊重残疾人的价值,发挥残疾人的潜能,是文明社会义不容辞的责任。本着这一信念,我们将采取措施,进一步做好本国的残疾人工作,同时愿进一步加强与国际社会和残疾人组织的合作,为世界残疾人状况的改善做出贡献。

新的世纪是一个充满希望的世纪,也是一个带来挑战的世纪。我们有理由相信,人类社会将向着一个更加文明、更加公平的方向发展,残疾人的明天一定会更加美好,"平等·参与·共享"的目标与追求一定能实现。让我们为此而共同努力。

传播人道主义，激励自强精神①

（一九九八年十二月二十四日）

今天，来自首都和有关省市文化、艺术、影视、出版界的代表济济一堂，在这里举行隆重的第二届“奋发文明进步奖”颁奖仪式。我谨代表中国残疾人联合会，代表全国六千万残疾人和他们的两亿多亲属，对大家的到来表示热烈的欢迎，向获奖单位和个人表示由衷的祝贺！对在百忙中亲临颁奖仪式的国务委员、国务院残疾人工作协调委员会主任司马义·艾买提及文化部、广电总局、新闻出版署的领导、各位评委表示衷心的感谢！

作为一名残疾人和残疾人工作者，我同所有的残疾人、残疾人工作者一样，都有一个深切的感受：这些年，伴随着国家改革开放的进程和经济、社会的发展，残疾人的状况发生了深刻的变化，逐步摆脱封闭的、处于社会边缘的状态，走进更加广阔的社会生活。残疾人的生存与发展从来没有像今天这样受到关注和重视；残疾人得到了社会各界越来越多的理解、尊重、关心和帮助；越来越多的残疾人参与范围扩大，参与机会增多，生活状况逐步改善。中国残疾人事业取得了历史性的进展和举世瞩目的成就，这不仅给残疾人带来了实实在在的利益，而且充分体现了我国对残疾人人权保障的高度重视，体现了改革开放的中国社会的文明进步，受到海内外的广泛赞誉。

所有这些，都饱含着党和政府的深切关怀，饱含着社会各界的热

① 这是邓朴方同志在第二届“奋发文明进步奖”颁奖仪式上的讲话摘要。

情支持,饱含着广大残疾人和残疾人工作者的共同努力,也融入了广大文化、艺术、影视、出版工作者无私的奉献精神和付出的汗水及心血。我们不会忘记,经过十几年来广大文化、艺术、影视、出版工作者的不懈努力,为残疾人事业的持续发展营造了良好的舆论氛围和社会环境;对弘扬人道主义,激励自强精神,促进社会的文明与进步,做出了可贵的贡献,书写了辉煌的篇章。

文化部、广电总局、新闻出版署多年来高度重视和大力支持残疾人事业领域的文化、艺术、影视、出版工作,指导和参与了两届“奋发文明进步奖”评选活动;今年五月,中宣部又正式批准“奋发文明进步奖”为国家级评选奖项,这使我们更加感受到党和政府对残疾人事业文化艺术工作的关怀和重视。我们相信,在中宣部、文化部、广电总局、新闻出版署等有关部门的高度重视和精心指导下,在社会各界的大力支持下,通过广大文化、艺术、影视、出版工作者的共同努力,一定能够有更多、更好的反映残疾人生活和残疾人事业并为广大群众所喜爱的文化艺术精品问世。

让我们紧密地团结在以江泽民为核心的党中央周围,高举邓小平理论的伟大旗帜,为祖国的繁荣昌盛,社会的文明进步,进一步发展我国残疾人事业,为实现残疾人“平等·参与·共享”的崇高目标,与残疾人携手迈向新世纪而共同努力奋斗!

残疾人运动员的顽强拼搏是一笔精神财富[①]

（一九九九年元月十八日）

今天，我们怀着无比激动的心情在这里为我们出征“远南”的勇士们庆功。首先，我要说一句：大家辛苦了！你们太棒了！你们以顽强的作风、拼搏的精神、出色的战绩告诉人们，中国的残疾人运动员是好样的，能够直面厄运、迎接挑战、夺取一个又一个胜利！在这里，我要代表全国六千万残疾兄弟姐妹，代表中国残疾人联合会，并以我——一个残疾人和残疾人工作者的名义，热烈地欢迎你们胜利归来！向你们祝贺！向你们致敬！

现在，远南的圣火已经熄灭了，但那明亮的烈焰带给我们的温暖依然留在我们每一个人的心间。每当听到国歌奏响，每当看到国旗升起，我都禁不住热泪盈眶，心灵受到巨大的震撼。我想，你们的心情一定与我一样。这是因为，我们都是炎黄子孙，都曾在逆境中拼搏，都渴望用成功回报我们伟大的祖国。

记得去年十月，中国残联第三次代表大会期间，朱镕基总理观看了中国残疾人艺术团演出之后含着热泪对残疾人演员说：从你们身上，我看到了人的伟大、意志力的坚强。我想，这句话完全适用于我们的残疾人运动员。我们的残疾人运动员大都命运坎坷，生活贫困，

---

① 这是邓朴方同志在第七届远南运动会中国残疾人体育代表团总结大会上的讲话摘要。

有的甚至没有工作,但他们凭着对生活执着的追求,对美好未来的坚定信念,默默地拼搏着。他们都是业余运动员,训练条件很差,但他们硬是不怕吃苦,不怕流汗,付出比常人更多的努力,终于在国际赛场上展示了中国残疾人运动员的精神和风采。这是意志力的体现,是人的精神的体现!我为我们有这么好的运动员而深感骄傲和自豪!当然,我们还有一些运动员没有获得奖牌,但他们奋斗了,拼搏了,同样是好样的!备战和参加远南运动会的日子是生命中一段难忘的经历,是一笔精神财富,它会使我们坚强起来,教会我们今后如何面对困难,面对挫折。只要我们保持坚定的信念,又脚踏实地地努力奋斗,就一定会迎来胜利的曙光!

同志们,远南的胜利、中国残疾人体育事业的蓬勃发展,从一个侧面反映了我国残疾人事业取得的历史性成就。多年来,党和国家关心残疾人,支持残疾人事业,社会各界扶持和帮助残疾人,使残疾人事业取得了前所未有的进展,对此,六千万残疾人,包括我们的残疾人运动员都有切身的感受。“热爱祖国·自强不息”是广大残疾人的心声。在我们走进新时代,迎接新世纪时,残疾人一定会与全国人民一道,携手共进,为把我们的祖国建设得更加繁荣富强贡献出智慧和力量!

关于残疾人事业与国家大局及残联的代表功能、工作方式和自身建设问题[①]

（一九九九年三月二十二日）

残联“三大”以来，各地残联认真学习贯彻“三大”精神，干劲足、精神面貌好，工作出现了生动的局面。这次工作会议，主要是总结去年工作，安排今年工作。根据党组安排，我在会前考虑了一些问题，与一些同志交换了意见。主要是围绕残疾人事业如何在过去比较好的基础上，迎接新的机遇和挑战，实现残联“三大”提出的跨世纪发展的目标。现在，我把一些主要问题和想法提出来，和大家共同探讨。

一、关于残疾人事业与国家大局

国家大局，就是国家各个方面总的形势、战略、趋势，既有长远的，也有当前的；既涉及改革与发展的总目标、总任务，也涉及阶段性目标与任务。任何一项工作的进展，都离不开这个大局，残疾人事业也是如此。我们要清醒地认识到：残疾人事业依存于国家大局，应自觉服从、服务于大局；残疾人事业应融于大局，从中汲取能量和营养；残疾人事业发展了，对国家大局也有积极的促进作用。

---

① 这是邓朴方同志在第十三次全国残联工作会议上的讲话。

(一)残疾人事业与国家大局的基本关系

第一,目标相一致。建设有中国特色的社会主义,是要通过发展生产力,逐步满足人民日益增长的物质文化需求,提高人民生活水平,实现共同富裕。发展残疾人事业,是要改善残疾人状况,让他们过上更好更有意义的生活,同时激励残疾人自强自立,平等参与,奉献社会。两者目标是完全一致的。

第二,是大局的一部分。残疾人问题是不容忽视、不能回避的重要社会问题。残疾人工作关系到社会生活和社会事业的方方面面,关系着社会稳定和发展,也关系着精神文明建设。残疾人事业是一项重要的社会事业,是社会主义事业的重要组成部分。

第三,依赖大局的发展。国家的发展是残疾人事业的基础、条件,既是支持,也是制约,不能脱离,也不能超越。从根本上说,这些年来残疾人状况的改善,残疾人事业的发展,是在我国改革开放大背景之下,在国家的经济发展、社会进步的基础上实现的。没有改革开放,没有这二十年来经济社会文化的发展,残疾人事业也不可能有今天。

第四,促进大局的发展。残疾人事业对国家大局的这种促进作用,体现了一种客观的辩证关系。几千万残疾人的问题处理好了,就是对改革、发展、稳定大局的支持和促进。广大残疾人自强自立,投身改革和建设,做出贡献,就是对物质文明、精神文明建设的巨大贡献。我国残疾人事业进展和残疾人人权状况的改善,在国际上也产生了良好的影响,受到了很高的评价,这也为我们国家争取一个良好的外部环境做出了贡献。

第五,应当顺应大局发展。残疾人事业的崛起和较快发展不是偶然的,它得益于十一届三中全会重新确定的解放思想、实事求是的思想路线和全面拨乱反正的历史性转折，得益于改革开放和现代化建设的强大推动，得益于改革开放给社会、经济、思想、文化带来的蓬勃活力，当然也得益于残疾人“平等·参与·共享”的国际社会文明潮流。

无可讳言，残疾人事业之所以能很快地发展起来，一个很重要的原因，也是由于我们的工作顺应了改革开放的历史潮流。一方面，不管你有意还是无意，只要顺乎历史潮流，残疾人事业就能发展。另一方面，就是不仅要顺其自然，还要主动地顺应历史潮流，抓住并充分利用大局提供的条件、基础、机遇，制订实施适当的工作方针、战略，实干苦干，只有这样，残疾人事业才能加快发展。这就是主动性。大局有它稳定的一方面，又有它变化的一方面。改革开放以来，大局基本上是延续的，但在各个阶段，它的特征不同，倾向性的问题也不同。这就需要我们根据大局的基本特点和大局各阶段不同的具体特征来抓我们想做的工作。比如，党和国家提出解放思想，我们顶着压力，亮出人道主义的旗帜；适应我国社会进步的内在要求，我们响应联合国《关于残疾人的世界行动纲领》，提出残疾人“平等·参与·共享”的目标；伴随国家加强法制建设，我们适时制定《中华人民共和国残疾人保障法》；国家强调坚持四项基本原则，我们就随之强调共同富裕，特别要解决残疾人问题；国家注重精神文明建设，我们就大力宣传“理解、尊重、关心、帮助”残疾人的“八字方针”和“自尊、自信、自强、自立”的“四自精神”；根据国家加强扶贫解困的要求，我们开展残疾人专项扶贫，争取到连续几年安排的康复扶贫贷款，制定实施《残疾人扶贫攻坚计划》；国家制定跨世纪发展的宏伟目标，我们在残联“三大”上相应提出残疾人事业分三步走的跨世纪发展目标。只有创造性地适应大局并借着大局的力量推动我们的工作，我们的事业才可能减少阻力，做出好成绩。

(二)目前国家大局的三个明显特征

第一,党的“十五大”解决了我们党和国家举什么旗、走什么路的问题。庄严宣告坚持党的基本路线不动摇,坚持高举邓小平理论的旗帜不动摇,把邓小平理论作为党的指导思想写进党章。这次九届全国人大二次会议通过的宪法修正案,把邓小平理论作为国家的指导思想,写进宪法,其意义极其重大而深远。以江泽民同志为核心的党中央,具有驾驭复杂局面的能力,面对国内外严峻复杂的形势,成功地领导我们前进,以出色的成绩赢得了全国人民的衷心拥护。去年,领导全国人民抵御亚洲金融危机的冲击,战胜特大洪涝灾害,经受住了严峻考验,在改革开放和现代化建设中又迈出新的步伐。

第二,以建立社会主义市场为目标的改革正以空前的广度、深度进行,进入了攻坚阶段。金融和财税改革继续深化;建立现代企业制度,推动国有企业走向市场;宏观调控取得成绩;社会保障体系的建立加大力度;社会分配结构发生重大变化,由按劳分配变为按劳分配为主,多种分配方式并存;非公有制经济的地位被确认为社会主义市场经济的重要组成部分;社会主义民主与法治不断推进;党政军公检法不再办企业;政府精简机构,转变职能;劳动力市场逐步形成,等等。这样全面、深刻的改革是前所未有的,现在都到了关键的坎节上。这些改革一旦基本完成,社会主义市场经济体制就可以大致形成,改革开放就会迈上一个新台阶。

第三,国家发展还面临相当严峻的国内外环境,还要走相当长的路。这些年来,我们的国际环境逐步改善,但国际反华势力不断对我施加压力,阻碍我国现代化进程,在人权问题上对我国进行攻击,在台湾、西藏问题上支持分裂势力,在经贸上卡我们。

国际经贸竞争日趋激烈,经济全球一体化趋势进一步发展。这使得每个国家的金融风险增加，经济安全问题严重。发达国家凭借技术、资金优势增强了他们的地位，发展中国家的处境越来越困难。这次亚洲及其他地区的金融危机加剧了这一趋势。

我国旧体制的弊端，在走向市场经济的过程中越来越突出。国企改革困难重重，大量职工下岗，相当多的群众生活困难。

在走向社会主义市场经济过程中，法制建设滞后，赶不上实际发展。法律制度的滞后效应，增加了各种社会不公倾向。

由于多种原因，腐败现象滋生蔓延，损害了党和政府的形象，严重破坏了改革开放的进程，人民强烈不满。

还有生态破坏、环境恶化、治安滑坡、社会道德文化面临新问题等等。所有这些都缩小了我们国家改革开放的回旋余地。

改革越深入，越发现各种制约因素连环交错，局面异常复杂，困难十分多、十分大，任务十分艰巨，道路也很长。可能有人认为，这样讲是太悲观了。不是悲观，恰恰相反，这是有信心的表现。我们做残疾人工作要看到这些困难给国家带来的困扰，给各级领导带来的困扰。我们要理解国家，理解形势，理解领导人。这样，我们在做工作时，就可以有一个比较清醒的头脑，处理问题的方式、方法就可能比较好。

以上就是我国面临的基本状况。那么残疾人事业的情况呢？我们大家都知道，党中央、国务院近年来继续重视和关心残疾人事业，残疾人事业不但没有削弱，还得到加强。一九九七年五月，江总书记和政治局常委出席第二次全国自强与助残先进表彰大会，接见代表，参加座谈，并为《自强之歌》一书作序；去年十月，江总书记及在京的所有中央常委都出席残联“三大”并接见全体代表，李岚清同志代表党中央和国务院祝辞，阐述了现代文明社会的残疾人观，朱镕基总理观看残疾人演出并发表重要讲话；今年九届人大二次会议上，朱总理在政府工作报告中强调要“关心和加强残疾人事业”。

(三)面临大局我们的对策

第一,要调整思维,以适应建立市场经济的新局面。如何在市场经济条件下、在建立市场经济体制的过程中,发展我国的残疾人事业,是一篇文章,我这里只是破个题。如何解决这个问题,现在谁也难以说得很清楚,要通过实践来解决。我看从现在开始,特别要瞄准市场经济走向,认清国家大局。要有意识地、主动地顺应市场经济,安排我们的工作。我们在制订方针、政策和规划时,都要顺应市场经济的大局,要按市场经济规律考虑筹划我们的现在和将来。这里讲的是两个意思:一是在建立市场经济过程中我们的事业如何发展;二是将来市场经济建立起来了,我们事业的形态、模式是什么。我们在设计残疾人事业发展目标时,要考虑现在,也要考虑将来。我们现在每走一步,都是要朝着适应建立市场经济新形态的方向。这需要我们一起实践、探讨。

第二,要调整战略步伐,巩固已有成绩。十多年来,我们基本上把业务领域铺开了,基本的业务体系、业务格局已经形成,残疾人得到了实实在在的利益,残联也站住了脚。今后,业务领域开拓的步伐,要做适当调整,也就是说,在近几年内,除非有特殊的机遇,业务领域不做大规模的扩展。根据我们的能力,再继续扩大业务范围也干不了。许多事情,我们以前做了,但来不及做完、做好、巩固好,现在要继续做下去。要继续以开拓进取的积极姿态,把主要注意力转向巩固、完善、提高,要把开拓出来的成果转化成可持续发展的能力。比如加强基层工作,密切联系并有效服务残疾人;加强队伍的思想、作风建设,巩固内部,等等。当然,这样做,并不排除我们在新领域开展必要的工作。

第三,要分类指导。中国地域广大,地区发展不平衡,东部、中部、西部，省与省、市与市、县与县，自然条件、经济状况、人文环境各不相同，各有特点。如有的地方已基本实现小康，有的地方还在解决温饱。要适应国情，对不同地区的残疾人事业，要有不同的判断，在整体目标、部署一致的基础上，进行分类指导。我们要有整体的目标、整体的部署。整体划一的部署不能没有，否则，整个事业就推不动。地区之间、城乡之间可以有不同的要求，不能完全一刀切，否则互相影响，大家都走不快，走不好。

此外，还有什么，大家可以开动脑筋想一想，提出来，集思广益。刚才提到的一些问题、想法我在这里不展开，有的只是出个题目，供大家研讨。

总的来说，大局对残疾人事业既有机遇，也有挑战，机遇很多，也很宝贵，要抓住并充分利用，要知道，机遇首先光顾那些适应市场经济、善于调整自己、善于学习的人。挑战也很严峻，要正视并积极应对，迎接挑战可以激发动力，处理好了，挑战可以转化为机遇。

总之，处理好残疾人事业与大局的关系很重要，找准我们在大局中的位置很重要，顺应大局，以变应变，做一些适当的调整是必要的。中央要求工青妇和残联等社会团体依照法律和各自章程独立自主、创造性地开展工作，充分发挥在改革、发展、稳定中的作用。我们要按照中央的要求，顺应大局，抓住机遇，迎接挑战，有所作为，发展自己。

二、关于残联的代表功能

(一)我们残联，是否发挥了代表功能？是否代表了残疾人的利益？

对这个问题，应有明确的认识。这些年来，我们确实比较好地代表了残疾人的利益，代表了各个类别残疾人的根本利益。回顾我们取得的成绩,无论是制定、颁布、贯彻执行残疾人保障法和相关的法律法规,还是制定实施发展残疾人事业的三个五年计划,以及我们所做过的各项工作,都实实在在地改善了残疾人状况,代表了我国全体残疾人的根本利益,也切切实实地为维护每一个类别残疾人的利益做出了努力。这个基本的估计、这点基本的自信,我们还是有的。

但是,我们残联的代表功能发挥得不够的问题是存在的,我们的干部不注意发挥代表功能的问题也是存在的。一些同志在处理残疾人问题时,虽然积极性很高,却不是把自己作为残疾人的服务者,而只是管理者。有些残疾人还是觉得残联像“衙门”,门难进,脸难看,事难办。在他们心目中,没有把残联当作自己的代表者,他们讲话的时候,还讲“你们残联”,而不是讲“我们残联”。这说明,我们在发挥代表性方面还没有得到残疾人的广泛认同。

残联的代表性是第一位的功能,不是新的问题,这几年已经没有什么争论了,但是要真正在实际工作中去体现它,还要不断努力。如果我们总是解决不好“我代表你”,或者是“你认同我代表你”的问题,总是不能同残疾人取得这样一种共识,我们和残疾人就建立不起一种血肉联系。这种状况总是不能改变的话,残联就失去了存在的主要意义,早晚要“吹灯拔蜡”。更重要的是,这关系到广大残疾人是否还能有一个可以信赖的代表组织。如果残联不能够生存了,残疾人就会失去自己的代表组织,真正受损失的、真正悲惨的是广大残疾人。毕竟,残联存在的目的就是为了残疾人,根本上是为了残疾人的利益。

(二)怎样解决好体现残联代表功能的问题?

第一,在政治上体现代表功能。

残联的领导是经代表大会选举产生的,从法律意义上讲,是有权代表残疾人的。但在实质上能否代表残疾人,还要看我们的表现。

我们要站在残疾人的立场上，要为残疾人的根本利益服务。我们的政治立场、政治态度、政治行为，要服从、服务于残疾人的根本利益，要代表各类残疾人的共同利益，也要代表各类残疾人的具体利益，也要对每一个残疾人负责。

要注意在政治上代表残疾人利益，做残疾人政治上的代表。各级残联日常工作中，经常遇到的一个问题，就是在与当地党政部门发生联系的时候，怎样更好地代表残疾人利益，反映残疾人的要求。这个课题，大家要处理好。应当讲，各级政府都是为人民服务的，他们也在为残疾人服务，这里可以举出很多感人的例子。站在残疾人的立场、以残疾人的观点和站在国家的立场、以国家的观点，在大的方面是完全一致的，在具体问题上多数也是一致的。但是，也有不一致的时候。在不一致的时候，就有了矛盾。遇到矛盾，就要正确处理。对于各级残联来说，必须接受党的领导、接受政府的领导。这一点是不容置疑的。但是，各级残联必须把残疾人的要求，如实反映给党政领导，在有关残疾人的问题上，要站出来替残疾人说话，取得党政领导的理解、支持。在很多情况下，不是党政领导不支持，而是我们残联没有汇报或汇报不够，没有去反映或反映不够，工作做得不到家，不到火候，产生了误会，这时候，做好工作是可以解决问题的。但是，当党政领导做出不正确的决定时，做出对残疾人不利的决定时，恰恰是各级残联最为难的时候，各级残联应当敢于以正确的方式、正当的途径，表达我们的意见和建议。我想，这里不论是残疾人，还是健全人，都可以把意见表达出来。我们的残联理事长，不一定是残疾人，但你是残疾人的代表，那么你就要勇敢地代表残疾人讲话。要从残疾人的利益出发，当然也是从大局出发。那些对残疾人不利的、对残疾人事业不利的，我们必须提出不同意见，必要的话，向上级残联反映。你既然是残疾人的代表，在关键时刻就要拿出勇气来，拿出智慧来。

第二,在思想上体现代表功能。

就是要树立全心全意为残疾人服务的思想。为什么人服务的问题,是一个根本的问题。残联的性质决定了你就是残疾人的代表组织,是为残疾人服务的。我们应该强调,所有残疾人工作者,不论是老同志,还是新同志,不论是残疾人,还是健全人,都要树立全心全意为残疾人服务的思想。这就要求我们,以代表残疾人的根本利益,作为我们工作的目的,不可有须臾偏离。我们和残疾人是鱼和水的关系,作为残疾人工作者,心里就要时刻想着残疾人,学会从残疾人的角度来看问题。当然,首先要有国家的角度、大局的角度,但我们是残联,必须有残疾人的角度,反映残疾人的呼声,没有残疾人的角度,你算是什么残联?这就是我们残联存在的价值。所以,我们一定要牢固树立全心全意为残疾人服务的思想。有了这个意识,就有了好的精神状态,就有了代表残疾人利益的思想基础。

第三,在人事结构上体现代表功能。

就是要有一定数量的残疾人加入各级残联机关里面来。我们的干部队伍中,要更多地充实残疾人,不仅各级残联领导班子中要有,工作队伍中也要有。“九五”计划纲要的实施方案,对此提出了要求和措施,要在实施中逐步落实。

我们要求安排残疾人进入残联,提拔优秀的残疾人进入领导班子,这是一种人事结构的保证。当然,某个残疾人并不一定是残疾人利益的当然的代表。这次来开会的有一半是残疾人,你们都是进入了领导班子的。我也得提个醒:你虽然进来了,你虽然是残疾人,你是不是就是残疾人的当然代表呢?不一定。不是残疾人进来了就代表残疾人利益,而健全人在残联里面也不能说他不代表残疾人利益。但是,有一定人事制度的保证是必需的,而且从长远看来,残疾人代表组织要发挥三种功能,残疾人和健全人共同工作的局面是长期存在的。也可能残疾人当主要领导,也可能健全人当主要领导,并不是现在提拔了一些残疾人做理事长,将来都是清一色残疾人。我看将来也不会。我认为,残疾人、健全人同样都在为残疾人工作,同样都可以代表残疾人,同样可以为残疾人服务。我认为合起来干比单干好。所以,我们残疾人不要盲目地以为你就行了,我们健全人也不要以为我就不行,将来早晚要走。不要有临时思想。但是,作为一定的组织保证,这总是要的。增加残疾人干部数量,提拔残疾人做领导干部,不是摆样子,而是要发挥特殊的作用,更好地体现代表功能。在这个问题上,我们要防止两种倾向:一种是不尊重、不理解残疾人干部,不注意发挥他们的作用,这是不可取的;一种是认为残疾人工作只能由残疾人自己来干,这也是不可取的。

第四,在组织安排上体现代表功能。

要使各类残疾人能够更加积极、主动地参与到残疾人事务中来。目前可以做的是,要逐步加强各专门协会和评议委员会的工作,使其更好地发挥作用。联合国《关于残疾人的世界行动纲领》指出:"残疾人并不是一个单纯的同类体";各类残疾人"所遭遇的阻碍性质不一,必须以不同方式加以克服"。这说明,不同类别的残疾人有着不同的特点,这就有不同的需求,肢残人、盲人、聋人、弱智人、精神残疾人,需求是不相同的,要针对不同特性去做工作。

为各类残疾人服务,一个重要的方面,就是各专门协会发挥作用,做好工作。专门协会作用发挥得好,各类残疾人不同的要求就容易反映到残联来,也容易引起重视。比如盲童接受义务教育的问题、弱智人康复训练的问题等等。专门协会活动要逐步加强,要一步一步走稳。要使专门协会活跃起来,在经费上、活动范围上给它一个比较宽松的环境。原先中国残联之所以没有做,或做得不够,是因为当初条件不成熟。现在应当做这个工作了,再不做就晚了,广大残疾人有这个要求,有这个积极性,组织上也应做适当安排。在开展专门协会工作时,应当先注意把城市的专门协会活动组织起来,如北京、天津、上海等,还有省会城市等一些大城市,可以作为第一步,作为试点,量力而为,一年提供给它一定的活动经费,让它有机会、有条件去组织活动。

做好评议委员会的工作,也是在组织上体现代表功能的一个方面。十几年来,评议会工作总的来说是好的,是有成绩的。既支持了执行理事会的工作,又对执行理事会的一些重大问题加以关心,组织了调查、研讨等,起到了积极作用。现在,大家都认识到,评议会的监督咨询也是联系残疾人群众、代表残疾人利益的一种方式。今后,要逐步加强评议会的工作。

第五,在作风上体现代表功能。

就是要密切联系广大残疾人群众,把广大残疾人紧密地团结在我们的周围。要做到这一点,必须深入实际,调查研究,掌握第一手资料,苦干实干,使广大残疾人在康复、教育、就业、扶贫、文化生活、法律服务等方面得到实惠。要发扬党的艰苦朴素、密切联系群众的优良传统,把密切联系残疾人群众,代表残疾人的利益,替残疾人讲话,满足残疾人的需求,作为我们工作的出发点和落脚点。

同时,要广泛团结各个类别的残疾人,要继续开展好"建家做友"、领导干部与残疾人交朋友等活动,通过主动、有效的工作去团结残疾人,与残疾人融为一体。这次调整领导班子,很多理事长、副理事长是新上来的。希望大家特别要注意,在工作中密切联系残疾人,一开始就要树立和发扬这种良好工作作风。各位党组书记、理事长,不仅你们要如此,也要把市县残联这种作风带起来。

以上五个方面,不是孤立的,它们是有机地联系为一体的,这几个方面都做好了,才能体现残联的代表功能。

三、关于社会化工作方式

社会化工作方式是残疾人事业的特点决定的，是我们的基本工作方法。残疾人群体的特殊性，构成的复杂性，分布的普遍性，需求的多样性，参与社会生活的全面性，涉及工作领域的广泛性，这诸多的因素都决定了残疾人事业有很强的社会性。因此，残疾人工作必须坚持社会化工作方式，不能走封闭的、孤立的、一家包揽的路子。

残联“亦官亦民”的性质有利于社会化工作方式的运用。残联是改革的产物，集“代表、服务、管理”三种职能于一体，是“亦官亦民”性质的事业团体。一方面，接受政府赋予的行政管理职能；另一方面，可以民间的灵活多样的方式开展工作，更具有活力。这就利于我们把政府的和社会的力量都动员起来，更好地发展残疾人事业。

从十多年的实践看，我们在以政府为主导方面做得还是不错的，政府将残疾人工作纳入工作职责，制定实施残疾人事业的三个五年计划和残疾人扶贫攻坚计划，残疾人工作协调委员会充分发挥作用。同时，我们也在一定程度上发挥了利用社会资源、发动社会力量的社会团体的特点。如成立新闻促进会，广泛开展社会宣传；组织和开展志愿者助残活动等等。

社会化管理本身就包括动员“官”和动员“民”。整体来看，在运用社会化工作方式方面的问题是，残联“民”的优势发挥得不够充分。在动员和组织社会力量、开发社会潜能为残疾人服务方面，我们的知识、经验以及努力都还不够。比如我们的基金会这几年不够活跃，康复协会这几年基本上没有开展什么活动。

随着政府机构改革的深入，国家简政放权，“小政府、大社会”，“社会事业社会办”，社会团体、中介组织等的作用越来越重要。我们的社会将会越来越开放,人们的生活会越来越好,人们对残疾人事业的认识也会越来越提高,民间团体会发展,民间经济也会壮大。可以预见,各种社会力量将愈来愈大,各种社会组织也将日益发挥重要作用。这就为我们推进社会化工作方式提供了新的广阔的前景,提出了更高的要求。但现在我们还没有形成一个接纳社会力量的机制和能力。我们的不少同志,还只习惯于用行政的工作方式,还只想往政府那儿靠,不知道如何用社会化方式开展工作,不想往"民"那儿靠,还不能很好地动员、接纳社会力量,甚至不敢接纳社会力量。我自己就深感接受社会力量十分困难。我们残联就是要动员社会服务残疾人,结果却怕接纳社会力量,这怎么行呢!

要看到,随着我国各个方面社会化程度的不断提高,从民间汲取的力量很可能成为我们的主要力量。我看,在这个问题上,大家还要解放思想,拓宽思路,放开手脚,大胆地实践。要努力争取和支持各种社会力量共同为残疾人服务,要创造和发掘好经验。要总结,要学习,使我们不断提高。我们也要调整自己的工作方法和组织形式,建立更有利于接纳社会力量的机制。

看来,这个问题还要通过不断的实践才能有所改进。希望大家共同努力,共同探索,走出一个新局面来。

四、有关残联自身建设的几个问题

(一)切实加强基层残联建设

全国残联十二次工作会议上,我曾重点讲过这个问题。我还到北京、天津、云南等地做过一些调研。一方面加深了我对加强基层残联重要性的认识,一方面也坚定了信心。切实加强基层残联,就要继续抓好县残联的建设,特别是乡、镇残联的建设,是我们的事业发展提出的客观要求，也仍然是我们目前的重点工作。

加强基层残联建设的重要性，大家都明白，问题在于推动十分艰难。诚然，加强基层残联涉及干部编制问题，这个问题本来就敏感，本来就难碰，加之现在新一轮机构改革开始，精简幅度十分大，再提专干问题，自己就心虚，觉得理不直，气不壮，更难说服别人。

我看，这里面有个认识问题。我国干部队伍确实过大，管理范围过宽，改革是必然的，精简也是必然的，我们拥护，双手拥护。但大家是否注意到，这次机构改革是特别强调转变职能精简机构，对于政府来说，不该管的不要去管，该管的要好好管。企业的事，政府不要多管，人民生存的事，政府要更多地负起责任，特别是困难人群的事，政府要给予特别关注，这已在多个文件中体现出来。特别是朱总理政府工作报告提出要关心和加强残疾人事业，这说明残疾人工作还弱，要加强。我们弱在哪里？我们弱在基层。要加强哪里？当然要加强基层。这与中央机构改革的部署不是一致的吗？这点大家要理直，要气壮。理直以喻人，气壮以励己，气壮可不要对别人。

这里也有决心问题。加强基层是真需要，不是假需要。我们推动工作不能软，不能退，一软一退，不仅一步也走不动，而且已有的成绩也会丧失。另外，大家也看到几年来我们基层建设的成绩，也有许多好的经验。各地情况不尽一致，可以互相交流，互相学习，互相鼓励。不是没办法，不能增加编制就在现有编制中调剂，不能编内的就编外，不能编外就设法聘任，多种方式，争取最好的结果。无论什么结果，我们的原则都是要把基层残联建起来而且建好，把基层残疾人工作搞实搞活。

现在各级政府冗员太多，乡镇更是冗员太多，老百姓不堪重负，要裁下来。裁减的人下来到哪里去？干什么？我看要干点有意义的事，干残疾人工作就很好，冗员不一定不优秀，择其优秀者，用到残疾人事业上不是很好吗?

总之要理直气壮,要坚定不移,也要注意工作方法,千方百计把这件大事完成。

(二)严防官僚主义

残联是“亦官亦民”的事业团体。“亦官亦民”中有“官”,我们的干部大多数来自党政机关,加之“官本位”思想和行为还在社会中存在,行政构架是管理的需要,其负面影响是有了产生官僚主义的土壤。

我们这里讲严防官僚主义,并不是要通过拆掉行政体系来防止官僚主义,而是要从思想上、认识上、工作和管理方法上克服官僚主义。咱们大家都是官,这是现实,但不能有当官做老爷的思想,特别是对残疾人,你不能认为他是被管理者,你是管理者,你是上级,他是下级,可以随意发号施令。

防止官僚主义就要端正思想。我们残联的干部是为残疾人服务的,我们应首先想到我们是“民”,应该平等地对待所有的人,特别是对待残疾人,要更加一层尊重,要将残疾人看成是衣食父母,为他们服务是我们的天职。其实,这是一个很低的要求,一个起码的要求。

防止官僚主义就要放下官架子。我在机构升格会上讲过,机构升格是好事,便于大家工作,但处理不好,也会产生官僚主义。机构升格了,官当大了,架子也大了,门难进了,脸难看了,事情也随之难办了。中国残联有没有这样的现象?有。地方残联的同志有意见,残疾人也有意见。地方同志来了,给人家打官腔,摆架子;残疾人咨询问题,教训人家。当然,有时也有客观原因,比如说工作忙、任务紧,有时也免不了发火。但我们应从思想认识上找原因,问题出在哪?就出在官僚主义上。我们有些干部实在是很骄横呀,到下面去很牛气啊,有的还打领导的旗号。这些都要引以为戒。地方残联是否也有类似问题?请大家切记,我们的事业还只是在打基础,来不得半点自满,任何时候我们都应谦虚、谨慎、戒骄、戒躁!

防止官僚主义就要联系群众。"水能载舟,亦能覆舟",这句话就是告诫当政者要居安思危。我们残联组织和各级干部是"舟",广大残疾人就是"水"。你为残疾人服务,代表他们的利益,残疾人就拥护你,否则就不拥护你。我们的干部应该密切联系残疾人,与残疾人打成一片。领导干部要多交几个残疾人朋友,要倾听他们的意见,反映他们的意志,帮助他们解决实际生活中的问题,要与残疾人融为一体。

防止官僚主义,就要始终保持活跃的思想和活跃的工作。我们的干部,特别是领导干部,要善于独立思考,要解放思想,不能把自己置于封闭状态和孤立地位。规矩要守,但思想和工作一定要活跃。有些人是非官僚的事不会干,会做官不会办事,只会坐、等、要、靠。会做官不反对,但不会办事不好。不能为残疾人办事,不会为残疾人办事,当什么官?也当不好。所以,大家要活跃起来,思想要活跃,工作也要活跃,勇于开拓,勇于实践,才能防止官僚主义,在残疾人事业发展的广阔天地里大显身手。

防止官僚主义,就要建立健全监督机制。我们的党和政府有一整套组织人事管理制度,其中也包括监督机制。我们的干部也是在这套制度的监督之下。我现在提出的是我们的群众监督机制不完善,也就是讲广大残疾人的监督机制不完善,要让广大残疾人来监督我们的工作。我们虽然有评议会这样的监督咨询机构,但发挥作用不够,理事会听取评议委员的意见更不够。评议委员会的委员对此也有意见。这种局面应逐步改善。我还是这样的看法,评议会的监督作用应当发挥,重点是监督执行理事会的大政方针,是否站在残疾人的立场上,从残疾人的角度监督理事会是不是维护了残疾人的利益。

(三)防止腐败

我们所从事的事业是人道的事业,是高尚的事业。残疾人事业本身就要求我们的干部必须高度廉洁。“人道廉洁”是我们的职业道德,我们每一个从事残疾人工作的干部都要恪守这一准则。

防止腐败的问题以前讲得不少。我们残联系统发生的腐败现象并不太多,这是因为残联系统较少有腐败产生的土壤,也与我们要求严有关,我们是警钟长鸣的。随着时间的推移,业务逐渐走上轨道;也随着官越做越大,容易消极、守旧,不思进取;再加之我们的事业已经有了一定的基础,我们手中有了康复扶贫贷款,各地还有些经济活动,手中的钱掌握得多了,权也大了,腐败赖以生存的条件就有了。诚然,事业发展了,手中的权大了,钱多了,物多了,并不意味着腐败必然就会产生,但滋生腐败的土壤在增加。我只是在这里给大家提个醒,要管好自己,管好队伍。

这个问题,我不准备全面讲,只想引述几个故事。在中华民族的精神宝库中,值得世人借鉴的东西很多,“廉正”便是其一。历朝历代出现过许多甘于清贫、为官廉洁的廉吏,出现过不少明君,他们留名青史,令后人景仰。但也有不少奢侈浪费、生活腐败的典型。唐明皇就是一个。他曾是一个贤明的君主,开元年间,治理国家井井有条,使唐朝达到鼎盛,十分发达。到了后期天宝年间,他沉湎酒色,不理朝政,奢侈浪费,致使天下大乱。“历览前贤国与家,成由勤俭败由奢”,唐代诗人李商隐的这一名句,道出了历朝历代的一个带有规律性的法则。

中国革命胜利前夕,中央进驻西柏坡时,毛泽东并未被解放战争的节节胜利所陶醉,却一次次想到了明末农民起义领袖李自成。李自成及其将领进京后,居功自傲,贪污腐化,结果一支能征善战的大军，占领北京仅四十三天就垮掉了。为此，毛泽东在西柏坡时多次讲："我们不当李自成。"黄炎培先生一九四五年到过延安，后来做《延安归来》一文，希望中共党人找出一条新路，跳出兴亡"周期率"的支配①。这个问题难道不能令我们警觉吗？

我们在这里重温黄炎培"周期率"那段话的目的，就是想提醒大家，要大家警惕。我们的事业从一开始，在"其兴也勃焉"的时候，就要想到要防止"其亡也忽焉"，防止"政怠宦成"，防止"人亡政息"，防止"求荣取辱"。特别是在事业有了一定基础的时候，绝不可放下精神，惰性发作，控制力下降，产生腐败。

我们虽然做了一些事情，但与残疾人的要求相比，也只是九牛之一毛，万里长征也才迈出了第一步。全国目前还有上千万残疾人的温饱未解决，我们没有理由奢侈浪费，没有理由搞腐败，没有理由放松自己，于情、于理、于法都不行！

（四）加强学习

当前全党和全国各族人民正高举邓小平理论伟大旗帜，认真贯彻落实党的"十五大"精神，满怀信心地为实现我国跨世纪发展的宏伟目标而努力奋斗。我国的改革已进入了攻坚阶段，经济发展正处于关键时期，国际局势出现了种种新的变动。我国经济发展形势总的情况是好的。但是，必须清醒地看到，摆在我们面前亟待解决的矛盾和问题还很多，任务繁重而又艰巨。在迈向新世纪的征途上，我们既面临难得的机遇，又面临严峻的挑战，还可能遇到这样那样的风险和困难。新的形势和任务，对我们各级领导干部的素质，特别是思想政治素质和驾驭复杂局面、解决现实问题的能力，都提出了新的更高

① 黄炎培先生关于"周期率"的文字参见本书四十页。

的要求。党中央决定,今年要在全党尤其是处级以上党员干部中开展以“讲学习,讲政治,讲正气”为重要内容的党性党风教育活动。我们应按中央的要求,把“三讲”活动作为提高残联干部政治素质和改进残联队伍工作作风的重要举措,抓出成效。努力做到思想上有明显提高,政治上有明显进步,作风上有明显转变,纪律上有明显增强。通过“三讲”,提高学习邓小平理论的自觉性;提高政治素质,树立正气;坚持残联多年来倡导的“人道廉洁”的职业道德,更好地团结带领广大残疾人参加现代化建设,为实现我国跨世纪的宏伟目标和残疾人事业的持续发展而奋斗。

讲学习问题,首先要学好邓小平理论。去年,中央号召全党掀起学习邓小平理论的新高潮。邓小平理论是马克思主义和当代中国实践相结合的最新发展。改革开放以来经济繁荣,社会发展,人民生活水平提高,综合国力增强,国际地位提高。所有这些成就,都是在邓小平理论指导下取得的。毫无疑问,残疾人事业也是在这个理论指导下发展的,我们一定要学好邓小平理论,并自觉地用于指导我们的各项工作。

讲学习问题,要讲学习文化和专业知识。我们队伍中一些同志文化程度还偏低,知识面有局限;近几年,新来的同志学历高了,但对残疾人事业的 ABC 知之不多。残疾人事业是一项新兴的事业。事业的发展要求建设一支高素质的残疾人工作者队伍,需要高素质的人才。今后的竞争,是知识科技的竞争,是人才的竞争,人才可贵啊!

讲学习问题,要向实践学习,要结合工作的实际,实事求是。实事求是是我们事业的基本指导思想,也是邓小平理论的精髓。做任何事情必须从实际出发,坚持实践是检验真理的唯一标准,不能搞本本主义,也不能搞经验主义。我们的干部不能总坐在办公室里,要经常到基层走走,要深入实际调查研究。不然的话,我们就会脱离实际,上面制定的政策、规划在下面就行不通。各级残联今后都要注意这个问题。

学习使人知识增多,学习使人头脑清醒,学习增智慧,学习养志气。从事残疾人工作的同志要养成学习的习惯,包括读书的习惯。各位党组书记、理事长要给干部创造条件,使大家有机会学习。中国残联要加强干部培训工作,各省市残联也应加强干部培训工作。培训有政治方面的,也有业务方面的。残联系统的同志都要有爱学习的习惯,残联系统要形成爱学习的风气。

关于“讲学习”①

（一九九九年四月十九日）

我会正在开展“三讲”。我希望，通过“三讲”，我们能达到中央的各项要求，同时使我会各级干部对学习的认识有所提高，全会形成良好的学习风气。现在我就“讲学习”问题谈点看法。

一、学习是人类生存、发展的需要

什么是学习？“学”的意思包括：学习、仿效、学问、学科、学校。“习”就是学过后再温熟，反复地学使之熟悉。

学习这个词在先秦就已出现了。《礼记·月令》就有“鹰乃学习”的话。习，是指小鸟频频起飞，反复学飞。孔子《论语》讲：“学而时习之，不亦说乎？”《现代汉语词典》解释：学习是从阅读、听讲、研究、实践中获得知识和技能。

我以为，学习就是人们主动地以某种方式来接受知识并反复地练习，它是个接受的过程、思维的过程、认知的过程。

人和动物的一个很重要的区别，就是人能学习而且能思维。王充《论衡》讲：“倮虫②三百，人为之长，天地之性，人为贵，贵其识知

---

① 这是邓朴方同志在中国残疾人联合会机关“三讲”教育动员大会上的讲话。

② 倮，同裸，即无羽毛鳞甲蔽身。古人总称动物为虫，分毛虫、羽虫、倮虫、介虫、鳞虫五类，人类是倮虫之一种。

也。”

实际上，我们每个人都在自觉或不自觉地学习。但是，是不是人人都能主动地学习呢？我看并不是这样。

古今中外，凡是要生存、要发展、要有所作为，都必须学习。

我国古代刻苦学习的事例比比皆是。

一如“韦编三绝”。韦，熟牛皮。古时用竹简写书，竹简用牛皮带编连起来，称“韦编”。三绝，多次断绝。《史记·孔子世家》：“孔子晚而喜《易》……读《易》，韦编三绝。”意谓孔子晚年反复研读《周易》，以致编联竹简的皮带因经久摩挲而多次断开。后来用以形容读书刻苦勤奋。

再如“悬梁刺股”。挂头于梁，用锥刺股，形容发奋学习。《战国策·秦策一》：“苏秦读书欲睡，引锥自刺其股，血流至足。”《汉书》：“孙敬字文宝，好学，晨夕不休。及至眠睡疲寝，以绳系头，悬屋梁。”后为当世大儒。

三如“囊萤映雪”。《晋阳春秋》：“车胤，字武子，学而不倦，贫不常得油，夏月则练囊盛数十萤火，以夜继日焉。”《孙氏世录》：“孙康家贫，常映雪读书，清介，交游不杂。”后用囊萤映雪作为刻苦读书、勤奋学习的典范。

四如“行万里路，读万卷书”。司马迁二十岁时，为详尽收集史料，开始游历名山大川，实地考察，足迹遍及大半个中国。他南到长江、汨罗江，登九嶷山、庐山，至会稽山，探禹穴，了解大禹治水和越王勾践奋发图强的故事。游历江南后，又北渡长江，过淮阴（汉初名将韩信家乡），奔曲阜（孔子家乡），游临淄（齐国故都），历彭城（西楚霸王项羽的都城），穿沛县（刘邦家乡），经大梁回长安。经过实地考察，广泛接触人民，调查民情风俗，采访遗闻轶事，对历史事件和人物有了更深刻的认识，为撰写《史记》打下了基础。

外国也有许多刻苦学习的事例。

古希腊哲学家亚里士多德,十七岁到雅典,在柏拉图学园学习研究二十年之久,一生著述很多:《哲学》《物理学》《逻辑学》《美学》《修辞学》《形而上学》《政治学》等。

提出“知识就是力量”名言的英国著名哲学家培根,从小酷爱学习,十二岁入剑桥大学,十五岁当英驻法大使随员,经过长期学习研究,成就为著名学者,是近代经验论和归纳逻辑的创始人,英国唯物主义和整个现代实验科学的真正始祖。

本世纪最伟大的科学家、现代物理学的创始者和奠基人爱因斯坦,善于钻研,他完全从实验事实出发,大胆设想,一九〇五年提出狭义相对论,之后又提出广义相对论,为相对论宇宙学的创立奠定了基础。

无产阶级革命家更重视学习。

马克思、恩格斯本人就是伟大的学者,马克思主义就是他们在研究了英国的政治经济学、德国的哲学、法国的空想社会主义基础上建立的。

列宁也是学者,他根据俄国国情及欧洲共运的情况,创立了列宁主义,建立了世界上第一个社会主义国家。学习学习再学习,就是列宁的名言,讲的是大道理。

毛泽东同志不但熟读经史,而且在革命战争实践中不断学习,创立了毛泽东思想,领导人民建立了新中国。

邓小平同志大力提倡实事求是的学风,而且他始终坚持学习前人及当代国内外最先进的科学思想,把中国引向了现代化之路。据我眼见,马列著作,二十四史,《资治通鉴》,从来没有离开过他的身边。

江泽民同志不但大力提倡全党特别是领导干部要讲学习,而且身体力行，读书研究向专家请教，我去见他时，他讲到，每当有重要讲话，他都要找出原著仔细核对材料，研究材料，从中获益匪浅。

二、为什么现在要强调学习？

（一）按一般原则，所有执政集团都需要学习。

春秋战国时诸子百家各种思想学说非常活跃，出现了中国历史上少有的思想文化的活跃局面，这是当时政治、军事形势和社会发展的需求。老子、庄子、孔丘、孟轲、管仲、晏婴、商鞅、苏秦、张仪、李斯、韩非，大家辈出，学说林立，统治者招贤纳士，春秋五霸、战国七雄先后成就了自己的霸业。最后秦始皇在前代重用法家的基础上，横扫六国，成就了统一大业，但是秦始皇后来焚书坑儒，致使秦国很快灭亡。

汉初，吸收秦的教训，统治者采用黄老思想，无为而治，与民休养生息，出现了“文景之治”，与过去的战乱相比，社会安定，老百姓生活比较好。到汉武帝独尊儒术，影响了以后历朝历代。

隋唐以后历代实行科举制度，打破门第界限，扩大了政权的社会基础，也使社会重视教育、文化、学习。科举制度为形成比较好的文官制度打下基础，使中国封建社会又延续了一千多年。

明以后，西方各国经过文艺复兴陆续进行工业革命、资产阶级革命，而我们还是闭关锁国，以天朝自居，老子天下第一。从那时起我们逐渐落伍了。清代是元代之后又一个少数民族统治的朝代，他们善于学习汉民族的优秀传统，出现了康乾盛世。

一八六八年，日本“明治维新”，学习西方长处，很快强大起来。一八九八年我国“百日维新”失败，说明统治者不肯学习，不肯变革。最终导致一九〇〇年八国联军打进北京。落后就挨打呀！

可见,能不能主动地学习理论、学习历史、学习新鲜经验,关系到国家的命运、民族的前途、人民的福祉。

(二)中国共产党的历史,从某种角度看,也是一个不断学习实践、不断总结经验汲取教训、不断寻找正确的道路、不断丰富发展自己的历史。

建党前期,当时社会上各种思潮活跃,如君主立宪、无政府主义、激进主义、实业救国等。以李大钊、陈独秀为代表的一批先进知识分子选择了马克思主义,建立了中国共产党,从此中国革命的面貌焕然一新。

大革命失败后,我党及时召开"八七"会议,总结革命失败的教训,批判、纠正陈独秀右倾投降主义,确立了开展土地革命和武装斗争的总方针。

遵义会议,批判了王明"左"倾教条主义,开始确立毛泽东同志在全党、全军的领导地位,中国革命从此实现了历史性的转折。

一九四二年开始的整风运动,反对主观主义、宗派主义、党八股,使全党的思想达到空前统一,为取得抗日战争的胜利奠定了思想基础。七大确立毛泽东思想为全党的指导思想,在这一思想指导下,我党取得了新民主主义革命的胜利,建立了新中国。

新中国成立前后,毛主席又号召全党开展新的学习,学习历史,以史为鉴,学习城市工业,学习商业,学习农业,学习科技,学习文化等等,使我国的社会主义建设在五十年代初期实现了健康的、高速的发展。

但后来,我们党特别是毛泽东同志开始骄傲了,学风变坏,理论脱离实际,民主作风丧失,知识分子受到压制,思想不够活跃,搞个人崇拜、个人迷信,直到林彪把学习毛主席著作庸俗化,最终发生了"文化大革命”。

“文革”后，中国又面临向何处去的大问题。这时，全党在以邓小平同志为代表的一批老同志的支持下，展开了“实践是检验真理的唯一标准”的大讨论，思想空前活跃，在此基础上形成思想的高度一致，全党思想统一到党的十一届三中全会正确路线上来，这为此后十几年我国改革开放和社会主义现代化建设大发展奠定了思想理论基础。

党的历史表明，我们党是善于学习、总结经验、纠正错误、不断成熟的党。

(三)加强学习是适应新的国际国内形势的要求。

现在，我们又面临着新的形势。近几年来，国际形势的变化主要有四个特点：第一，苏联解体，东欧剧变，社会主义出现严重挫折；第二，冷战结束，旧格局打破，新格局尚未完全建立，世界走向多极化；第三，现代科技、知识爆炸，对人类社会发展的巨大影响不可估量；第四，经济全球化越来越明显，给发展中国家带来严峻考验。从国内看，改革正以空前的广度、深度进行，如国企改革、机构改革、金融和财税改革等，都到了攻坚阶段，一些深层次的矛盾开始显现。这些是区别于前几年甚至前十几年的大变化，这种变化非常剧烈。面对这样的局面，如果没有积极的思维、活跃的思想、解放的精神，就不能正视现实，跟上时代发展的步伐。如果不学习马列主义、毛泽东思想，特别是不学习邓小平理论，就不可能有正确的认识。如果没有全党的努力学习，充实自己，就不能适应新形势的变化。

(四)加强学习是提高干部素质，防微杜渐、反腐拒变的要求。

在新的形势下,要承担起历史赋予的重任,必须提高干部素质。

政治上,要提高政治敏感性、政治判断力,特别是领导干部更要这样做。要和以江泽民同志为核心的党中央在政治上、思想上保持一致。理想和信念很重要,必须牢固树立共产主义理想,坚定走有中国特色的社会主义道路的信念。

思想上,要坚持全心全意为人民服务的宗旨。共产党没有自己的特殊利益,一切从人民的利益出发。我们残联也是这样,全心全意为残疾人服务是我们的出发点和根本归宿。过去我们坚持了"人道、廉洁"的职业道德,今后更要如此。同时,还要提高科学文化素质、领导能力、决策水平等。

不学习危害很大。不学习,国家就落后、挨打;单位就庸俗、松懈;个人就低级趣味、浑浑噩噩;领导干部就走弯路、犯错误。一些党员干部犯错误,包括以权谋私、违法乱纪,同思想上懒惰、不注意学习、不注意修养密切相关。因此,一定要加强思想道德修养,反腐拒变。

三、要学习理论,学习各种新知识

学什么,我认为不能一概而论,对不同的人,在不同的时间、不同的环境要有不同的要求。比如讲,现在全党学习理论,提高理论水平,这是时代的要求、现实的需要,关系到我党能否经受各种严峻考验,带领全国人民实现跨世纪宏伟蓝图,但对不同的人要有不同的要求。对党的高级干部,应有很高的要求,要求对理论完整、准确、深入地理解;对一般干部,我认为没有必要要求大家都有很高水平;对一般群众,只要有个基本立场、懂些基本知识就可以了。例如,司机同志,学习技术开好车,学习职业道德搞好服务,不一定要学很多理论。

如果个人有兴趣学一些,当然要鼓励。要求人人都成为政治家,就脱离实际了,就搞假了。而对处级以上干部特别是司局以上干部,就要严格要求,要真学、真学懂、真的能运用,现在“三讲”强调的正是这一点。

(一)加强学习,就要学习马列主义、毛泽东思想,特别是邓小平理论。

邓小平理论是当代中国的马克思主义,是马克思主义在中国发展的新阶段,是指导中国人民在改革开放中胜利实现社会主义现代化的正确的理论。

邓小平同志继承马克思列宁主义,继承毛泽东思想,他不否定老祖宗,不另起炉灶。当许多人怀疑马列、否定毛泽东时,他肯定了毛泽东思想的历史地位。作为我国主要领导人,他有机会接触到社会主义实践中最前沿的问题。他从不排斥外来的有益文化,他始终关注国际经济、科技的发展,把握着时代的脉搏。他以最前沿、最优秀的文化成果武装自己的头脑,他站在了巨人的肩上,并以这个高度为基点继续攀登。他站在时代的前沿、科技的前沿、实践的前沿,发展了马列主义、毛泽东思想。

他总是在直接面对各种尖锐复杂的矛盾时,能运用马列主义、毛泽东思想,运用他几十年的经验、他的洞察力、他的实事求是的思想作风,来分析问题解决问题。他总是能最快触及问题的核心,做出客观分析,直截了当地点出问题的实质,用最朴实的语言表达出最明白的真理。

他对马列主义毛泽东思想有深刻的理解,他熟知我国历史文化,但很少引经据典。他不是从文字概念出发来研究问题的,他只是掌握真实材料,实事求是地分析问题、解决问题。

面对“两个凡是”,他提出解放思想、实事求是;他抛弃了“以阶级斗争为纲”,提出以经济建设为中心;面对僵化与封闭,他首倡改革开放,推动农村实行家庭联产承包责任制,推动经济体制、教育体制、科技体制等各个领域的改革,推动特区的建立,从各种禁锢中杀出一条血路;面对否定社会主义的思潮,他提出坚持四项基本原则;面对祖国统一大业,他提出“一国两制”;面对复杂的国际环境,他提出了东西南北和平与发展的两大主题。

在这个过程中,他又对在中国如何发展和巩固社会主义的问题,特别是什么是社会主义、怎样建设社会主义的问题,进行了深入的思考。他认为我们以前对这个问题没有完全搞清楚。他陆续在社会主义的发展道路、发展阶段、根本任务等一系列根本问题上提出了创造性的见解。

直至一九九二年,他还以八十八岁高龄视察南方,发表了重要讲话。到这时,他才说:“改革开放以来,我们立的章程并不少,而且是全方位的。经济、政治、科技、教育、文化、军事、外交各个方面都有明确的方针和政策,而且有准确的表述。”一九九三年,八十九岁的小平同志还逐篇审定了他的三卷文选,为我们留下了珍贵的文献。

读他的书,看不到着意构建理论体系的痕迹,但由于他站在实践前沿,运用辩证唯物主义和历史唯物主义,就中国现代化建设的一系列重大问题做出科学论断,最后形成了完整的理论体系。这就是邓小平理论,正是我们大家要下功夫学习的。

学习邓小平理论,最根本的还是要认真学习小平同志运用马克思主义立场、观点和方法研究新情况、解决新问题的创造精神;学习他实现共产主义事业崇高理想的使命感;学习他解放思想、实事求是,以实践为检验真理的唯一标准的科学态度;学习他时刻关注最广大人民群众的利益和愿望,看人民“拥护不拥护”、“赞成不赞成”、

"高兴不高兴"、"答应不答应";学习他文风朴实不讲空话,学习他对理论、对事业、对人民的真诚。

(二)要进行理想、道德、人生观、世界观的再学习、再锻炼,在改造客观世界的过程中,不断改造主观世界。

作为党员,共产主义理想要坚定,永远不要丧失信心,要坚持为人民服务的宗旨,对自身的道德品质要有高的追求。党性锻炼要自觉,要有反腐拒变的能力。古人尚且讲"修身,齐家,治国,平天下",何况共产党员!

要做到上述要求,不只是个下定决心的问题,还要不断学习,充实自己;要通过学习,开阔视野,宽广胸怀。在一九七八年中央工作会议上,小平同志说:"实现四个现代化是一场深刻的伟大的革命。在这场伟大的革命中,我们是在不断地解决新的矛盾中前进的。因此,全党同志一定要善于学习,善于重新学习。根本的是要学习马列主义、毛泽东思想,要努力把马克思主义的普遍原则同我国实现四个现代化的具体实践相结合起来。还要着重抓紧三个方面的学习:一个是学经济学,一个是学科学技术,一个是学管理。"

学以明事理,学以养志气。我国古代就提倡学习。我有时想,中国人为什么喜欢关羽,到处都有关帝庙,是因为他忠义双全,武艺超群,除此之外还在于他爱学习,夜夜读《春秋》。有副对联是这样的:"赤面秉赤心,跨赤兔追风;青灯读青史,仗青龙偃月。"关云长的忠义,可以说来自不断学习,不断学习也是他不断自勉的一个过程。

关于理想,我们从年轻时起就读《共产党宣言》《自然辩证法》等著作,我们不但从感性而且从理性上都坚信共产主义理想,我们相信社会主义优于资本主义。当时苏联的强大,中国的进步,民族解放运动在世界的发展,这些都坚定着我们的信心。

但后来,中国发生了“文化大革命”,资本主义世界有了新的发展,四小龙崛起,苏联因僵化而解体,资本主义世界,特别是美国反而拥有了世界上最强大的经济与军事力量,为什么?这就值得我们深思了。

首先看我们自己,搞了几十年,我们并没有搞明白,什么是社会主义,导致犯了许多的错误。

再研究资本主义,我们发现,它虽然有许多不可克服的矛盾,但它也有许多调节方式,还有自我调节能力,资本主义顶峰时期还没有过去,什么时候过去,不知道。

现在的问题是,苏联为什么解体?资本主义为什么富?社会主义为什么穷?既然资本主义还有生机,社会主义还弱小,为什么中国不能走资本主义道路呢?

从中国近现代史看,中国不是没有试图走资本主义道路……康有为、孙中山都试图走过,但结果是根本走不通。我们现在走社会主义道路是历史的选择,对此不能有历史虚无主义。为什么走不通?资本主义是排他的,先发达的资本主义国家绝不允许发展中国家强大,特别是对中国这样一个大国,这是外部因素。内部因素就更复杂,如民族资本不强大、封建势力根深蒂固、社会长期动荡等等,总之,中国不存在由封建制度转向资本主义制度的内在条件。中国要振兴,只能打破旧社会,建立新社会,用革命的方法,走社会主义道路,才能强大起来。包括孙中山也要联俄联共,扶助农工。如果我们搞资本主义,现在连印度也不如。

那么,以前走不通,现在再转向行不行?我看,一走上这个路,再要变,就很难。戈尔巴乔夫想变,不是想走资本主义,而是想走民主社会主义,按第二国际的做法,结果一变就垮了。北欧好,你学?一学,就是苏联的局面。再看我们自己,如果当年不搞反右,如果合作化不搞那么快，会好得多，但现在没有“如果”了。我们历经磨炼，才形成邓小平理论。讲理想、信念，必须对邓小平理论、对建设有中国特色的社会主义有充分的认识和理解，否则就不可能有坚定的信念。

我国处于社会主义的初级阶段，多种经济形式并存，必须承认私人资本，承认私人资本的活力。现阶段我国私人资本对社会主义有好处。要承认国有企业的弱点，国企要改革。毛泽东同志对社会主义的表述太表面化，小平同志的表述涉及本质。小平同志提出社会主义的本质是解放生产力，发展生产力，消灭剥削，消除两极分化，最终达到共同富裕。只有用社会主义初级阶段的理论来指导，才能坚定共产主义信念。社会主义初级阶段是个长过程，只有认识这一点，我们的理想才能建立在合理的基础上，才能站得住脚。

小平同志在南巡谈话中深刻指出：“我们搞社会主义才几十年，还处在初级阶段，巩固和发展社会主义制度，还需要一个很长的历史阶段，需要我们几代人、十几代人，甚至几十代人坚持不懈地努力奋斗，决不能掉以轻心。”

（三）要学习人类发展所创造的一切优秀文化成果，要学习当代世界新发展的各种新知识。

时至二十世纪末，人类文明发展几千年，给我们留下了丰富的文化遗产，有自然科学，有人文科学，我们现在就生存在这样一个大文化背景之下，其中许多优秀文化成果，是我们研究现在问题的基础，是我们迈出新步伐的起点，对这些宝贵财富占有多少，将会影响我们在新的世界性竞争中的能力。落后就要挨打，无知就要衰败，我们还生活在资本主义力量比较强大的国际环境中，弱肉强食的法则还有相当的支配力，你不想去吃他，但他回过头来想吃你，这是一个残酷的现实。

现今世界上新的科技发展、知识爆炸,已经使我们目不暇接,它还将更迅猛地发展。跟上时代步伐的发展已属不易,要走在世界前列,就需要我们更多地努力。接受新成果,运用新成果,研究、创造更新的成果,这将是一个长期的课题。

我们的起点并不高,老祖宗曾有过辉煌的年代,但后来落后了,给我们留下的家底太薄,我们缺少物质基础,更缺乏现代科技文化的武装。对这一点,小平同志、江泽民同志都有着十分的紧迫感。

我赞成江泽民同志倡导的除了精通本职外还要广泛地学习各种知识文化,特别是高级干部应当更加丰富一些,要学点历史,学点经济,学点现代科学技术知识,学点法律。对我们来说,做残疾人工作还要学残疾人事业的ABC。

选择学习内容,要根据需要,大局的需要、个人工作和生活的需要,也要从实际出发,要考虑自己的基础、能力,也要考虑个人兴趣。

四、要善于思考,理论联系实际

(一)要注意学习能力的培养和提高

学习方式多种多样,读书、听讲、讨论、观察、实验等都是,到现代,看报、听广播、看电视、上网等一切能接受信息的方式都可以成为学习的手段。

海伦·凯勒的学习手段是触摸。

学习中要注意学习能力的培养。人们从小学、中学到大学,学习十几年,学到的知识多少是有用的呢?其实并不那么多。但是当你形成你的知识体系,形成你的学习与研究的能力,形成你运用知识解决问题的能力时,以前所学习的一切都会使你终身受益。

当你在工作和生活中遇到不能解决的问题时,就要重新学习。

这种再学习的过程会贯穿你的一生。

不要把学习看成高不可攀的事，也不要把学习看成一种负担，而应当把它看作自己的工作与生活中始终伴随着的基本需要。

当然，要得到系统的知识，就必须系统地学习，要想使自己的知识水平、文化水平、理论水平有所提高，就必须刻苦地学习。

提倡普遍的学习，我认为是非常必要的。我们不是要提高全民族的文化素质吗？就是要有更多的人参与学习、喜欢学习、善于学习。一个善于学习的民族才能兴旺发达。

对党的干部，特别是高级干部，就要有较强的学习能力，要有自觉性，要有学习习惯，要有学以致用的真才实学。

（二）要善于思考

读书不是唯一的学习方式，但读书是重要的学习方式，要想系统地、深入地学习必须读书。不是人人都是天才，就是天才，没有一个高的起点，也不可能有高的成就。

书籍是前人和现在的人的学习研究成果，吸收他人成果，才能丰富自己。

读书要静下心来，不要躁，要养成习惯。也可以大家坐在一起读书，讨论研究，互相启发，共同提高。

读书要有选择，有的浏览，有的通读，有的精读，有的放在案头随时使用。

读书不要死读书，读死书，要会思考，要会独立思考。

“思”和“读”的关系。“俯而读、仰而思”，“学而不思则罔，思而不学则殆”。只读不思就成了书呆子、书架子、书橱。“死人把活书读死，活人把死书读活。”

思，就是要理解、消化、吸收。

思,就是要质疑。一些学者搞研究提出要怀疑一切,我想一般人不必那么绝对,但要多问几个为什么,才能开动脑筋。

思,就是分析、研究、批判、总结、归纳,要进得去,出得来。由薄到厚,再由厚到薄。要联系实际,把自己摆进去。

对领导干部来说,更要注意"思"。中央强调要进行理论思考。学习理论要全面、准确理解,不能断章取义,搞实用主义。要通过思考,掌握立场、观点、方法,真正弄懂弄通。

读书要形成风气,残联机关里的读书学习风气并不浓。我们不是书读多了,而是书读少了。爱读书的人还不够多,要鼓励大家读书。只要能拿起书本,就应受到尊重。

(三)要坚持理论联系实际的马克思主义学风

毛泽东讲:"要用马克思主义的'矢',射中国革命这个'的'。"

邓小平讲:"马列主义要精,要管用,长篇的东西是少数搞专业的人读的,群众怎么读?都要求读大本子,那是形式主义的,办不到。我的入门老师是《共产党宣言》和《共产主义 ABC》。"

江泽民讲:"学习理论要以我国的改革开放和现代化建设的实际问题,以我们正在做的事为中心,着眼于对马克思主义理论的运用,着眼于对实际问题的理论思考,着眼于新的实践和新发展。"

理论联系实际是实实在在的真理,谈多了好像又成了套话了。其实,学习理论真能用是很难的。这既是一个基本要求,又是一个很高的标准。要真正做到,必须对问题的来龙去脉有所了解,对问题的各方面有所探讨,对问题的本质与核心有所钻研,反复思考,反复研究,反复实践,在这样艰苦的学习实践过程中,才能得到真知、见到实效,才能完成理论联系实际的过程。

(四)要学以致用

学以致用,是学习一种主动的要求,从认知过程来讲,它是必然的因果。学是为了用,不用,学习就是盲目的,就没有意义了。古人讲:知难行易,我看知难行也难。

其实毛主席已经讲过读书是学习,使用也是学习,而且是更重要的学习。也就是讲,学习是为了使用,使用过程中也有学习,在认识与实践中它们是密不可分的。

用就是运用学来的知识、技能、原理指导实践,解决问题。实际和你学的东西不可能完全一样,不是说学了马上就能用,就能立竿见影,用也有个过程。所以用要从具体情况出发,具体问题具体分析,本本主义、教条主义不行。从战国的赵括,到三国的马谡,到我们党内的王明,都是因为本本主义、教条主义误事误国的。

用的过程也是检验和发展的过程,是学习的继续和深入。从牛顿力学到爱因斯坦相对论,从马列主义、毛泽东思想到邓小平理论,莫不如此。邓小平理论也要发展,实践是检验真理的唯一标准。

为开创基金会工作的新局面而努力奋斗[①]

（一九九九年五月十二日）

我受理事长办公会议的委托，向理事会报告残疾人事业一年来的发展情况和基金会一九九八年工作总结及一九九九年工作安排。

一、残疾人事业一九九八年发展情况及一九九九年工作安排

一九九八年，中国残联第三次全国代表大会胜利召开，确定了残疾人事业跨世纪发展的蓝图；全面完成了“九五”计划纲要规定的年度指标，各项业务稳步推进，难点工作有所突破。

（一）党和政府重视残疾人事业、关怀广大残疾人。

经党中央、国务院批准，中国残联第三次全国代表大会于一九九八年十月举行。江泽民总书记等党和国家领导人亲切接见会议全体代表并出席开幕式；李岚清副总理代表党中央、国务院致祝词。全国政协主席李瑞环、国务委员司马义·艾买提接受大会聘请，分别担任中国残联名誉主席、名誉副主席。

党中央、国务院的祝词阐述了党的第三代领导集体、特别是江泽民总书记关于残疾人问题的一系列重要思想，概括了现代文明社会

---

① 这是邓朴方同志在中国残疾人福利基金会第十五次理事会议上的报告。

的残疾人观，为残疾人事业提供了理论基础，是我们认识、解决残疾人问题的行动指南。

采取措施，保护残疾人权益，改善残疾人状况。国家继续将残疾人扶贫纳入扶贫攻坚大局统筹规划、统一实施，同时开展残疾人专项康复扶贫，大幅度增加了康复扶贫贷款规模。国务院扶贫开发领导小组、中国人民银行、财政部、中国农业银行会同中国残疾人联合会，共同制定《残疾人扶贫攻坚计划（1998—2000年）》，经国务院领导同志同意下发实施。去年六月，党中央、国务院发出《关于切实做好国有企业下岗职工基本生活保障和再就业工作的通知》，要求尽量避免残疾人下岗，体现了对残疾人的特殊照顾。八月，组派国家医疗队赴西藏实施白内障复明手术，为西藏盲人送去光明和温暖，李岚清副总理亲自给医疗队打电话，表示关怀，给予赞扬。

（二）全面完成“九五”计划纲要规定的年度任务

康复。残疾人康复工作体系基本形成。白内障复明手术、肢体残疾人矫治手术、聋儿语训、残疾人特殊用品和辅助用具供应服务、精神病防治康复等工作超额完成年度指标任务。社区和家庭康复训练广泛开展，众多智残儿童和肢体残疾人得到系统康复训练，效果明显。

教育。特教学校和普通学校附设特教班数增加，大量残疾儿童随班就读，残疾儿童少年入学率稳步提高。高级中等以上教育稳中有进，职业教育与培训深入发展。“希望工程”、“春蕾计划”救助一大批贫困残疾失学儿童入学。

盲人按摩。全国盲人按摩指导服务网络基本建立，行业管理得到了规范和加强，培训盲人按摩人员六千余人。

法制建设。全国人大内务司法委员会对安徽、内蒙古执行残疾人保障法的情况进行检查。全国绝大部分县(市、区)和大部分乡(镇)制定实施扶助残疾人的规定。召开全国部分省市残疾人法律援助工作经验交流会。一些地方建立了残疾人法律服务和法律援助网络,二十六个省、一百五十九个市、二百四十个县建立法律援助中心,两千多个法律服务机构接受指定或委托,为残疾人提供多种形式的法律服务和法律援助。

无障碍建设。广泛宣传亚太经社理事会关于建立残疾人无障碍环境的指导原则,开展无障碍设施建设的检查和宣传,大中城市推行《方便残疾人使用的城市道路和建筑物设计规范》工作力度加大。

(三)难点工作有所突破。

残疾人扶贫攻坚大规模展开。一九九八年通过扶贫开发和专项康复扶贫,共使一百八十万贫困残疾人解决温饱。一九九八年新增五亿元贷款。其中百分之五十七用于小额信贷,覆盖二十九个省的六百五十个县,二百零七万贫困残疾人直接受益。建立最低生活保障制度的城市普遍将特困残疾人纳入其中,予以保障;两千五百多个县(市、区)分别实行特困残疾人"专项补助"、"统筹扶持"或建立"扶贫解困基金",共使一百三十二万特困残疾人解决温饱。

按比例就业工作全面推开。各省、自治区、直辖市政府相继出台了残疾人按比例就业办法,发布了按比例就业的政府令;二十六个省、五百三十九个市(地)、一千三百七十四个县(区)实施按比例就业。一九九八年,共有十七万残疾人就业,其中分散按比例就业十一万六千人。

(四)一九九九年残疾人工作重点

一九九九年残疾人工作要以邓小平理论为指导,贯彻党的十五大精神,要适应国情,分阶段发展,坚持“讲求实效,打好基础”的方针。全面完成“九五”计划纲要规定的年度任务,要集中力量做好三项重点工作:

加大扶贫攻坚力度。《残疾人扶贫攻坚计划(1998—2000年)》要求:经过三年左右的努力,通过扶贫开发和社会保障,基本解决贫困残疾人的温饱。实现这个目标,事关国家扶贫攻坚全局和广大贫困残疾人的基本生存,意义重大。

集中与分散相结合,以按比例就业为重点推进残疾人劳动就业。一九九九年要进一步健全完善残疾人就业服务机构,加强职业培训,做好下岗残疾人职工的再就业工作;继续稳定福利企业;扶持残疾人个体从业和组织起来就业。

加强基层残联建设,增强服务能力。今年,要继续加强基层残疾人工作,健全完善县、乡镇残疾人组织,创造必要的工作条件,增强服务能力,密切联系残疾人,调动社会各方面力量,为残疾人提供直接、有效的服务。

二、基金会一九九八年工作总结和一九九九年工作安排

基金会第十四次理事会议后,我们遵照会议精神,以邓小平理论为指导,认真贯彻党和政府的方针政策,以实事求是的精神进一步解放思想,转变观念,充实基金会工作力量,制订基金募捐工作大纲,广泛联系理事,动员社会力量,积极探索新的筹款方式,努力克服东南亚金融危机和特大洪涝灾害带来的不利影响,大家齐心协力为完成年度工作任务而奋斗,取得了较好成绩。

(一)基金募集

一九九八年,我会共筹集款物折合人民币九百九十一万元,其中捐款四百三十一万元,捐赠物资折合人民币五百六十万元。主要募捐活动有:

第一,为第七届远南运动会中国残疾人体育代表团开展专项募捐。第七届远东及南太平洋地区残疾人运动会于一九九九年一月在泰国曼谷举行,我国派出了由二百六十一名运动员的工作人员组成的体育代表团,这是我国派往境外参加残疾人体育赛事规模最大的代表团。由于财政拨款不足,代表团在物质装备和训练经费等方面都存在相当大的缺口,我会会同中国残疾人体协开展了远南运动会专项募捐。我们邀请理事与数十家体育用品厂商和曾经赞助过残疾人体育的企业进行联系和沟通,并派专人参加了在福州举行的体育用品博览会,扩大交往,争取援助。经过努力,共为中国残疾人体育代表团筹集资金、运动服装、机票等折合人民币一百零八万元,为代表团顺利完成集训和参赛任务提供了重要的物质援助,社会各界无私的助残爱心也成为激励残疾人运动员奋勇拼搏,为国争光的精神力量。中国残疾人体育代表团共夺得金牌二百零五枚、银牌九十枚、铜牌四十五枚;共有十四人二十二次破十八项世界纪录,金牌数和奖牌数均高居金牌榜和奖牌榜之首,实现了竞赛成绩和精神文明双丰收的奋斗目标。

第二,为遭受严重水灾地区的残疾人开展主题筹募。一九九八年夏季,我国长江,松花江、嫩江流域遭受严重洪涝灾害。为帮助灾区的残疾人抗灾防疫,恢复生产,在基金会理事的直接支持帮助下,我会在海内外广泛开展了赈灾助残主题筹募。以援助全球处境不利儿童为宗旨的美国世界儿童基金会向我会捐赠了包括医疗器械、残疾人用品用具、衣物等在内的两集装箱价值四百七十万元人民币的救灾物资。在海关总署和民政部门的大力协助下，这批物资迅速运抵湖南灾区，为当地残疾人战胜洪水，重建家园发挥了积极的作用。在人民大会堂简朴隆重的捐赠仪式和新闻发布会上，湖南省副省长庞道沐同志代表灾区人民诚挚感谢美国世界儿童基金会对中国人民的人道主义援助，感谢中国残疾人福利基金会对湖南人民抗洪斗争的深切关注和大力支持。世界儿童基金会主席约瑟夫·林先生在讲话中高度评价了中国人民伟大的抗洪精神，高度评价了中国残疾人福利基金会为促进中国人权保障和社会进步所做出的积极和富有成效的努力，他表示愿意在残疾人事业领域继续与中国开展合作。

第三，为援助灾区的残疾儿童募捐。我会与十三个阿拉伯国家驻华大使夫人共同举办了赈灾助残慈善晚宴，共筹集善款十五万元，钱其琛副总理夫人周寒琼女士和十三个阿拉伯国家大使及夫人参加了晚宴。

此外，中国烟草总公司、云南省烟草公司、云南红塔集团、湖南衡阳浩洋房地产公司等单位也向我会捐款，香港烟草有限公司连续第十二年向我会捐款，泰籍爱国华侨陈敬仁先生将多年来在国内投资所得全部捐赠我会。

为扩大基金来源渠道，我们还对发行附捐邮品、户外广告等多种方式进行了积极的探讨，与美国 CA 公司、IBM 中国公司等企业进行意向性接触，结交了朋友。

（二）基金支出

一九九八年，我会共计支出人民币一千四百八十三万五千八百元，主要用于：

第一，为《中国残疾人事业“九五”计划纲要》提供专项资助经费一千四百万元。主要用于残疾人康复等国家财政拨款不足或超计划任务部分。

第二,颁发第二届“奋发文明进步奖”专项资金。“奋发文明进步奖”是厦门奋发(FUN)企业有限公司于一九九二年与我会共同设立的专项奖励基金,第一届“奋发文明进步奖”于当年颁发。为表彰和奖励近年来在残疾人事业文化艺术领域做出突出贡献的文化艺术工作者,我会与文化部、广电总局、新闻出版署和中国残联共同举办了第二届“奋发文明进步奖”评选活动,共评出电影、电视、文艺、图书奖一百一十个奖项,奖金支出共计三十三万五千八百元。这次评奖活动引起了广泛的社会反响,对于弘扬人道主义精神,推动社会主义精神文明建设和残疾人事业发展起到了积极的作用。

第三,向遭受水灾地区资助五十万元。此外,我会还接受委托,对中国残联与挪威人民援助组织等外国政府和慈善机构之间的国际合作项目进行了财务管理和审计。

(三)理事作用增强

一年来,我们走访慰问了二十多位名誉理事、理事,征询理事对基金会工作的意见和建议。各位理事积极踊跃参加基金会活动,为基金筹集出谋划策。理事共一百二十五人次参加了中国残联第三次全国代表大会开幕式、视察北京方庄小区残疾人无障碍设施、世界儿童基金会向我会捐赠仪式等活动。理事们在会议发言中、参加活动中,或口头发言,或书面表述,还有的理事专门打电话,对基金会在市场经济日益发展的条件下,如何加强自身宣传,扩大基金会的影响,开拓募集资金渠道提出了很好的意见和建议。

胡祖荣理事积极帮助开拓海外募捐渠道,抱病四方奔走,积极联络,为促成世界儿童基金会向我会物资捐赠一事做出了重要贡献;周瑞增理事积极协助我会扩大在烟草行业的募捐,并全力动员昆明卷烟厂、枣阳卷烟厂出资赞助第七届远南运动会中国残疾人体育代表团,令狐完成理事为基金募集提出了许多宝贵的意见和建议,并全力支持基金会的宣传工作;赵朴初名誉理事抱病为我会编写的《拳拳爱心——李嘉诚捐款一亿元助残纪实》题写书名。

在此,我代表理事会和广大残疾人,向关心、支持残疾人事业的各位名誉理事、理事表示衷心的感谢和崇高的敬意。

(四)政策研究和交流

去年开始,国家逐步加强了对基金会的宏观规范管理。国务院颁布了新修订的《社团管理条例》,全国人大法工委开始讨论制订《中华人民共和国公益事业捐赠法(草案)》,国家税务总局重新规范了基金会税收征管办法,我会积极参与了上述法规的修改和讨论。

一年来,我们走访了中国青少年基金会、宋庆龄基金会、中华慈善总会、见义勇为基金会、环境保护基金会等近年比较活跃的基金会和许多社会公益机构,进行了广泛的经验交流和业务研讨。为学习海外基金会的先进经验,我们组团赴香港,考察了香港公益金和东华三院等慈善机构的组织架构、运行方式和动员社会募集资金的方法,进一步解放了思想、开拓了思路,为今后基金会的完善和发展做了大量积极的准备工作。

(五)基金会的改革与发展

一九九九年是中国残疾人福利基金会成立十五周年。十五年来,基金会接收了来自海内外社会各界的慷慨捐助,为中国残疾人事业的发展和残疾人状况的改善提供了巨大的资金和道义支持,做出了不可磨灭的贡献。

一九八四年三月基金会成立时,我国还处在计划经济开始向社会主义市场经济转变的阶段,新时期残疾人工作刚刚起步,政府残疾人工作协调机构和残疾人组织尚不健全,基金会担负了管理发展残疾人事业和筹募事业经费的多种职能,形成了适应当时经济体制的和政府主导的组织与运行体制。应当说,这个架构在当时的历史条件下,是合理的,残疾人福利基金会是本着精简、效能的原则成立的,是改革的产物,推动了残疾人事业和基金会工作的全面发展。

但是十五年来,我国的经济体制和社会结构发生了深刻的变革,残疾人事业取得了历史性成就,从中央到地方普遍建立了政府残疾人工作协调委员会和兼具"代表、服务、管理"职能的残疾人联合会,形成了以政府残疾人工作协调机构为主导、各政府部门和残疾人联合会各司其职、密切协作的新型事业管理格局和运行体制,基金会逐步演变成为一个专门的基金募集和管理机构,基金会的组织结构和运行体制如何更加适应残疾人事业发展和社会主义市场经济体制的要求,成为我们必须回答的问题。

我想,我们应该从以下几个方面深入研究,探索基金会的改革与发展。

第一,加强力量,进一步发挥理事作用。

继续聘请党和国家领导及关怀支持残疾人事业的老同志担任名誉理事;增补部分年富力强、有一定影响力和活动能力的社会各界人士担任理事。

研究和探索聘请为基金募集做出重要贡献的企业和组织为团体理事,推举具有较高社会威望、对残疾人事业有过较大贡献的海内外贤达人士担任荣誉理事,推选热心慈善,对基金筹募工作做出过重要贡献、具有一定的社会影响和活动能力的海内外人士担任特邀理事的问题。

学习、借鉴其他公益组织的经验，探索基金会适应社会主义市场经济体制的组织、运行结构，提高效率、增强活力。

第二，增强基金会工作活力，多渠道、多形式开展筹募活动。

加强基金会工作力量，充实办事机构，要适应社会主义市场经济体制对基金工作提出的新要求。

研究推出一些受益面广、效益好、具有一定社会影响的募捐项目，开展主题筹募。

将社会公众的广泛参与作为稳定持久的基金来源渠道，考虑推出一些适合公众和企业参与的经常性的募捐项目和筹款活动。

加强与地方残疾人福利基金会的协作，调动中央和地方两个积极性，群策群力，加强面向企业的重点劝募，沟通渠道，争取资金。

继续拓展海外募捐渠道。

中国残疾人福利基金会已经走过了十五年的光辉历程，不仅有力地支持了残疾人事业的发展，也为开创当代中国的社会福利和社会公益事业进行了积极有益的探索，赢得了全国残疾人的衷心拥戴，赢得了广泛的社会赞誉和崇高的国际声望。社会主义市场经济的发展向社会公益事业提出了新的要求，也为基金会的发展开创了前所未有的广阔前景。希望各位理事积极为基金会的改革和发展提出意见和建议。基金会大有可为，我们对此充满信心。

各位名誉理事、理事，一九九九年是跨世纪的一年，我们即将迎来新中国成立五十周年和澳门回归的盛大庆典。让我们高举邓小平理论的伟大旗帜，紧密团结在以江泽民同志为核心的党中央周围，为实现跨世纪的宏伟蓝图，为开创基金会工作的新局面而努力奋斗。

播撒光明的天使[①]

（一九九九年六月三十日）

国际狮子会，作为世界最大的服务组织，为世人关注。一九二五年，海伦·凯勒呼吁国际狮子会成为“战胜失明的武士”。半个多世纪来，国际狮子会将帮助盲人作为主要任务，并于一九九〇年在全球发起了“视觉第一”行动。今天，我荣幸地应邀来到你们中间，在国际狮子会第八十二届世界大会开幕式这个庄严的讲坛上，介绍“视觉第一·中国行动”，与大家分享历史性的喜悦，并表达我和我的同胞对国际狮子会的崇高敬意。

眼居五官之首，是心灵之窗。人人渴望拥有良好的视力、健康的眼睛——视觉第一。

全世界近半数人患有各种不同程度的眼疾，其中四千多万人失明，白内障为首要致盲因素。世界卫生组织警告：如不采取有效措施，受眼疾侵害的人群将进一步扩大，盲人数量会成倍增长——眼疾威胁着每一个人。

全球五分之一的眼疾患者和九百万盲人的生活在中国。狮友情、人间爱，“我们服务”无国界。国际狮子会做出战略性抉择，与中国政府合作开展全球最大规模挑战失明的壮举——“视觉第一·中国行动”。

这是一项集流行病学调查、医疗条件保障、预防教育、治愈失明、

---

① 这是邓朴方同志在国际狮子会第八十二届世界大会上的致辞。

统计管理为一体的宏大社会系统工程,旨在一九九七至二〇〇一年的五年内,有效预防眼疾,施行一百七十五万例白内障复明手术,实现白内障致盲人数的负增长。

该项目已实施了四年。我欣慰地告诉大家,已圆满完成了预定的各项阶段性任务:

组派了二百一十九批医疗队赴一千七百个贫困、边远和技术力量薄弱的县,为农村患者实施复明手术。

为农村培训了一万零四百八十二名眼科医务人员,在九十四个县新建了农村眼科诊所;完善了三千四百五十九个城市手术复明机构。

引进人工晶体生产线,提供质优价廉的产品,使人工晶体在中国的售价降低五分之一,植入率提高近三倍。

在各地省地市县进行眼病筛查,建立了全国联网的眼病防治数据库,录入了全国眼科技术资源情况、各种眼疾病源情况及患者手术复明情况。被世界卫生组织专家誉为全球唯一的国家级眼病防治数据库,对人类眼疾的研究和防治具有重要作用。

施行了一百六十万九千例白内障复明手术,患者最小的四个月,最大的一百零三岁,告别黑暗,摆脱贫困,走向新生活。

编制了防盲治盲科普丛书、音像制品、公益广告、农村张贴画、城市公交车载宣传画,并通过报刊、广播、电视普及眼保健知识,唤起防盲意识。

形成了覆盖全国的"视觉第一·中国行动"宣传网络,全国性和省级公共媒体播发图文资料和广播、电视节目万余篇(条),上千名记者对重要活动进行跟踪报道。为感谢和回应"一九九九国际狮子会中国视觉年",中国将一九九九年五月的第三个星期日——法定"全国助残日"的活动主题定为"视觉第一",国家领导人发表电视讲话,全国城乡举行报告会、座谈会,开展街头宣传、咨询、义诊,探视患者,慰问医生,参与者数千万。国际狮子会及其港澳三〇三区派出二百一十名狮友、眼科专家参加了各省会城市的活动。

国际狮子会在华夏大地播下的挑战失明的种子,结出了丰硕的果实,既造福千家万户,又提高了中国眼科技术能力和管理服务水平,同时传播了人类友爱。在日本、中国、菲律宾分别召开的国际眼科大会对此给予高度评价。这粒种子不仅仅是一千五百三十八万美元的捐助,还饱含着一百四十五万狮友的爱心、智慧与奉献。四年间,国际狮子会会长和前会长、副会长九次率团访华,国际狮子会及其港澳三〇三区还组派一百多个团组,一千多人次直接参与“视觉第一·中国行动”,从首都北京到西藏高原,从内蒙古大草原到海南岛,踏遍神州大地的每一个省份,实践着狮子精神与“我们服务”的真谛。我谨向你们——播撒光明的天使,致以衷心的感谢!

女士们、先生们:

当我们分享成功喜悦的时刻,不能忘记全球仍有数千万盲人生活在黑暗之中。新世纪即将到来,我们希望更多的盲人与我们一道看到新世纪的曙光。神圣的责任感和使命感油然而生。

在世界盲人总数中,中国占较大比重,我们深知自己的责任和可以发挥的作用。中国在经济迅速发展和社会深刻变革的历史进程中,将进一步为防盲治盲做出不懈努力。

国际狮子会在全球发起“视觉第一”行动的义举和成功实践,是人道主义合作的典范,给世人以启迪:人类有能力战胜黑暗。今年九月,世纪之交的世界防盲大会将在北京举行。我期待国际狮子会和与会代表一道,为人类挑战失明做出更大贡献。

让我们齐心协力,不辱使命,共创光明!

建立一个人人共享的社会①

（一九九九年九月四日）

我非常荣幸地被“一家纪念财团”评选为一九九九年度“一家纪念奖”获奖者并亲赴汉城出席今天的颁奖仪式，我想，这不仅仅是我个人的光荣，也是中国六千万残疾人的光荣，是中韩两国人民的友谊与合作的体现。

金容基先生一生致力于韩国农村改革和社会福利事业，为韩国农村及农业现代化做出了积极贡献。他所倡导的“福民主义”鼓励处于社会不利地位的人们通过自身的努力，实现自身价值，走向富裕生活，主张实现社会公平与公正和全民福利。他的理论与实践对韩国的经济和社会发展具有积极的意义。

中国、韩国及亚太地区绝大多数国家同属发展中国家，面临着进一步发展经济、完善社会结构、实现人民富裕的目标，在经济发展的同时，我们不应忽视社会问题，特别是处于不利地位的脆弱群体。实现经济与社会的协调发展，建立一个人人共享的社会是各国政府在新的世纪中应承担的重要使命。“一家纪念奖”的设立，有助于激励亚太地区各国在重视经济发展的同时对社会发展问题给予更多的关注。

中国是一个人口众多的发展中国家，十余年来，伴随着改革开放和经济、社会的飞速发展，在残疾人事业领域也采取一系列重要举

---

① 这是邓朴方同志在汉城“一家纪念奖”颁奖仪式上的讲话。

措,使残疾人的状况得到了显著改善。

中韩两国是近邻,同属东亚地区重要国家,对亚太地区的全面发展负有重要责任。两国在各个领域的交往日益频繁,在残疾人领域的交流与合作也不断扩大。我希望,此次颁奖活动能进一步促进中韩两国和两国人民的了解和友谊,特别是两国在残疾人领域的合作。

我谨向"一家纪念财团"以及韩国各界对发展中韩友好合作给予的支持,对社会福利事业给予的关注表示衷心的感谢。

齐心协力，夺取残疾人扶贫攻坚决战阶段的胜利[①]

（一九九九年九月十一日）

这次会议是一次十分重要的会议，目的是全面贯彻落实中央扶贫开发工作会议精神，以中共中央、国务院《关于进一步加强扶贫开发工作的决定》为指导，分析形势，统一认识，明确措施，加大力度，切实做好今明两年的残疾人扶贫工作。刚才，国务院扶贫办张磊副主任、中国农业银行信贷三部总经理姜尚君同志代表杨明生副行长讲了话，这两个讲话都很重要。在此，我对国务院扶贫办和中国农业银行给予残疾人扶贫工作的理解和支持，表示衷心的感谢！王成金同志已经代表中国残联党组、理事会做了工作报告，我完全同意，希望大家按照要求，扎扎实实地把残疾人扶贫工作做好。下面，我讲几点意见。

一、残疾人扶贫是关系到国家大局和残疾人事业长远发展的大事

残疾人扶贫工作作为国家扶贫工作的重要组成部分，在党和国家的高度重视下，在有关部门和社会各界的大力支持下，取得了显著成效。贫困残疾人数量明显减少，生活状况有了明显改善。农村尚

① 这是邓朴方同志在全国残疾人扶贫开发工作会议上的讲话。

未解决温饱的贫困残疾人已经由一九九二年的两千万减少到一九九八年的一千零六十万。但是我们应该看到,全国四千二百万贫困人口中,还有一千零六十万是残疾人。当然,这一千零六十万只是一个统计数字,我想实际存在的贫困残疾人比这个数字要大,因为城市贫困残疾人和脱贫后又返贫的残疾人可能没有统计在内。现在距实现《残疾人扶贫攻坚计划(1998—2000年)》只剩下一年多时间,时间非常紧,难度也越来越大,任务十分繁重。残疾人扶贫攻坚已经进入决战阶段。

这三年来,中国残联先后在辽阳、烟台、北京、西安四次召开以残疾人扶贫为中心的全国会议,现在又在哈尔滨召开这次会议。从去年开始我们又明确提出把残疾人扶贫作为各级残联今后一段时期工作中的重中之重。我想,大家可以体会到中国残联党组和执行理事会对残疾人扶贫工作的重视以及我们内心的紧迫感。关于残疾人扶贫,我想要从两个方面来认识。

(一)残疾人扶贫攻坚是国家大局的一部分,是国家扶贫攻坚的一个重要组成部分。

我国从一九八六年开始大规模对农村贫困人口进行集中扶贫,到现在已经十几年了。一九九四年党中央国务院又下决心要在二〇〇〇年基本解决贫困人口的温饱问题。这个意义是非常重大的。大家要好好学习一下中共中央、国务院的决定和江泽民总书记、温家宝副总理在今年六月中央扶贫开发工作会议上的讲话,充分认识扶贫开发的重要意义。这个重要意义我想有以下几条:

第一,解决我们国家贫困人口的温饱问题,是党的全心全意为人民服务根本宗旨的体现,是我们社会主义国家消除两级分化、实现共同富裕的本质要求,也就是说这是社会主义制度本质的要求。我们讲，贫穷不是社会主义，两级分化也不是社会主义，解放生产力、发展生产力、消除两极分化，就要解决贫穷问题，达到共同富裕的目标，进而解决公平的问题。所以共同富裕应包括发展生产力和社会公平分配这两个方面。作为一个社会主义国家发展到一定程度，适时地解决中西部的问题，解决贫困的问题，正是我们党的根本宗旨和社会主义制度本质的要求。

第二，组织大规模开发式扶贫攻坚，只有在社会主义制度下才能做到。包括世界银行在内的国际组织和外国政府都承认我国扶贫开发的巨大成效。社会主义制度的优越性不单单在于我们将要摆脱贫困，西欧发达国家早就大面积摆脱了贫困，北欧现在已经没有贫困人口了。社会主义制度的优越性在于能够集中力量办大事，这就是我们的优势。

第三，扶贫攻坚的决心和行动反映着我国人权保障的水平。江总书记在今年中央扶贫开发工作会议讲话时已经强调指出：扶贫攻坚体现我们国家对人权的重视。他还特别论述了集体人权的重要性，并提出扶贫攻坚是解决我国人民群众的生存权、发展权的关键问题。我们必须从这样一个高度来认识扶贫工作。

第四，扶贫开发是安定团结的需要，是正确处理改革、发展、稳定关系的一个重要步骤。扶贫不但是我们社会内部的一种稳定措施，而且是关系到我国边疆地区、少数民族地区的稳定发展和民族团结等一系列的重大问题的关键因素。所以说，逐步消除贫困是我国改革、发展、稳定的一个重要课题，也是我们国家安定团结的要求。大家在这次会议上要充分学习和体会党中央、国务院领导同志针对扶贫开发工作重要意义所做的阐述，要结合实际，认真思考，深刻领会。

(二)要充分认识到残疾人扶贫攻坚的重要性

残疾人扶贫是国家扶贫攻坚的一个重要组成部分。全国今明两年通过扶贫开发将要解决温饱的两千万贫困人口中,残疾人就有七百万,大概占到将近三分之一,也就是说,残疾人扶贫攻坚的任务在国家扶贫攻坚任务里面有着相当大的比例,必须引起充分重视。

首先,做好残疾人扶贫攻坚,具有重要的政治意义。残疾人是社会中最困难的群体,贫困残疾人是贫困人口中最困难的一部分,也是最难以扶持的一部分。扶持他们解决温饱,使他们同全国人民一道共享社会物质文化成果,一道前进,一样拥有生存权和发展权,这是我们党、我们国家、我们社会的共同责任。做好残疾人扶贫工作是完成《国家八七扶贫攻坚计划》的重要组成部分,也是我国人权保障真实性、公平性、广泛性的体现。

其次,做好残疾人扶贫工作,是残联组织性质和我国残疾人现状所决定的根本性任务。残疾人的贫困现象,过去和现在一直都是残疾人面临的一个主要问题,即使到二〇〇〇年以后也还会有相当多的残疾人面临着贫困的问题。全国六千万残疾人中有近百分之八十生活在农村,贫困残疾人绝大多数也生活在农村,当然,城市也有贫困残疾人。不与广大农村残疾人建立血肉联系,不去努力解决他们最迫切的生存问题,就不能说我们的残联是尽职尽责的,也不能说我们的残联是代表残疾人并为残疾人提供了有效服务的,所以,抓好残疾人扶贫工作是残联组织性质和我们国家残疾人现状所共同决定的一项根本性任务。

第三,做好残疾人扶贫工作是残疾人事业上新台阶、上新水平的一个重要动力和标志。过去一年半的时间里,是残联工作变化比较大的时期,我们的残疾人工作深入到了基层,基层组织建设和其他各项业务工作开始走向基层。这正是因为我们紧紧抓住了扶贫工作，是以任务促建设、以建设保任务的结果。扶贫让广大农村的贫困残疾人求生存、图发展的愿望得以实现，使他们得到了实实在在的利益，也使残联代表和服务的功能得到了加强。继续这样抓下去，残疾人事业就可以深深扎根在基层，深深扎根在农村，根深才能叶茂。只有这样，我们才能和广大的残疾人建立血肉联系，才能为广大残疾人提供更多、更好的服务。

因此，各级残联必须顺应大局，从国家利益出发，从残疾人事业长远发展出发，从残疾人的切身利益出发，努力把残疾人扶贫工作抓好。

二、残疾人扶贫工作必须全面贯彻党中央、国务院的部署和要求

全国现在还有近七百万适合参加生产劳动的农村贫困残疾人没有解决温饱，今年要解决三百万，明年要解决四百万。这部分贫困残疾人的贫困程度是最重的，扶持难度也是最大的，要用一年多时间解决这个问题，时间十分紧迫，任务相当艰巨。

残疾人扶贫的高峰期实际上也就是这三年。大家想一想，从进度上讲，全国大规模扶贫是一九八六年开始的，当时全国的贫困人口是两亿五千万，一九九三年减少到八千万，一九九八年底又减少到四千二百万，可扶贫的既定目标是两千万。国家大规模扶贫已经十几年了，而康复扶贫开始实施是一九九二年，也就是说全国的扶贫工作要比我们残联开展扶贫工作早五六年，直到国家扶贫攻坚的后期，我们才着重提出了残疾人专项扶贫工作，所以在这个工作上，我们已经滞后了。从可扶持的人口来看，现在贫困残疾人有七百多万，占到今明两年全国两千万应解决温饱人数的三分之一。所以不论从人口总

数来讲,还是从可扶持人口来讲,残疾人扶贫工作的高峰期都滞后于全国的高峰期,越往后我们的工作就越艰巨。实际上残疾人扶贫攻坚任务在国家扶贫攻坚任务中的总比例也在上升。这是一种什么现象呢? 我认为,这是一种正常现象。全国存在两亿多贫困人口时,残疾人所占比例较低;全国贫困人口下降到八千万、四千二百万的时候,残疾人贫困人口所占比例相对而言就会逐步上升。在全国还普遍存在着贫困人口时,残疾人扶贫工作还没有被提到议事日程上来,当全国扶贫工作接近尾声的时候,沉底的贫困残疾人问题就会凸显出来,所以,大家要牢牢记住党中央国务院对于扶贫工作的部署,切实把残疾人的扶贫工作纳入政府的部署之中,坚决完成任务。这不单是完成残疾人的扶贫攻坚,也是完成全国扶贫攻坚计划的一个重要步骤。要把残疾人扶贫工作和我们国家的扶贫工作大局有机地结合起来。

中共中央、国务院《关于进一步加强扶贫开发工作的决定》,我觉得是一个非常好的文件,脉络非常清晰,问题提得切中要害。大家看,文件中在意义和目标之后,三、四、五、六、七,一共是五个大问题,讲了五个坚持:第一是坚持扶贫攻坚落实到贫困村、贫困户。第二是坚持集中力量发展种养业和改善基本生产条件。第三是坚持多渠道增加扶贫投入。第四是坚持动员和组织社会各界参与扶贫攻坚。第五是坚持党政一把手扶贫工作责任制。这五个问题讲得非常好,切中要害。这不但是全国扶贫工作的指导方针,也是我们残疾人扶贫攻坚的一个重要指导方针。残疾人扶贫,我看按照这五点办就行。

三、残疾人扶贫是一项长期艰巨的任务

党中央、国务院提出扶贫开发是建设有中国特色社会主义伟大事业的一项历史任务,解决贫困人口温饱问题是完成这项历史任务

的一个阶段性的胜利。今后,任务还很艰巨,对此,要有充分的思想准备。对残疾人来说,这个问题更为严重。到了二〇〇〇年末,还会有相当数量的贫困残疾人温饱问题不能完全解决,需要继续扶持;已经解决温饱的,有相当数量的还会返贫。我们国家正处于社会主义初级阶段并将长期处于这个阶段,虽然人民生活水平比改革开放之前有了很大的提高,但是生产力不发达的状况还不可能在短期内得到根本的改变,尤其是农村的生产力水平更低,多数农民还主要靠手工劳动,自给半自给经济仍占相当比重,科教文化水平也比较低。在这样一个历史的、现实的、社会的和自然的条件基础上,要彻底解决残疾人温饱问题需要一个相当长的历史过程。

各级残联特别是贫困残疾人口比例较大的地方,要有充分的思想准备,要长期把残疾人扶贫当成重中之重的工作来抓。要通过扶贫,培训锻炼我们的干部,提高素质,努力造就一支懂政策、会工作、能服务、善管理的基层残联干部队伍;要通过扶贫,强化社会化的工作方法,加强与农行、扶贫办等机构与相关部门的联系与合作;要通过扶贫,动员社会各界和广大残疾人的踊跃参与,把激发残疾人自尊、自信、自强、自立的“四自”精神贯彻于扶贫开发工作的始终。在典型材料里我看到小额信贷中“几贷、几不贷”,其中有一条是残疾人没有“四自”精神的不贷,我看这也对。但是残疾人没有“四自”精神,我们要努力使他成为有“四自”精神的人,然后再贷给他,那样就更好了。我们要努力创造出一种以政府为主导,社会各界广泛参与,残疾人踊跃参加,残联积极协调的残疾人扶贫工作局面。要通过长期的扶贫工作,完善我们的各项服务,激励广大残疾人自强不息,加强与广大残疾人的血肉联系,并以此推动残疾人各项事业稳步、健康、持续地发展。

四、必须把残疾人扶贫工作落到实处

具体要求,成金同志的报告都已讲过了,这里我再强调几点:

第一,继续把残疾人扶贫纳入政府扶贫攻坚的大局之中,统一安排,统一部署,同步实施。残联要通过调查摸底、及时汇报和积极协调,切实将残疾人扶贫纳入政府大扶贫中。要通过调查、统计、汇报、组织安排等经常性的工作,起到穿针引线的作用。各级残联组织要成为残疾人扶贫攻坚中的一支积极、活跃的力量,也要成为做好残疾人扶贫工作的一个主要的动力。

第二,要发挥党的政治优势,发扬中华民族团结互助、帮困济贫的美德,动员全社会的力量,采取多种形式开展扶贫。要动员、组织党员、干部包括领导干部、有实力的经济实体、志愿工作者,参加“帮包带扶”。同时,还要依靠最低生活保障等制度保证贫困残疾人最基本的生活。总之,一定要多渠道、全方位、千方百计、因地制宜地把残疾人扶贫工作全面做好。

第三,康复扶贫和其他方式的残疾人扶贫一定要坚持到户到人,重点扶持贫困残疾人发展有助于直接解决温饱的种植业、养殖业和家庭副业。从我们近一年来的扶贫实践来看,小额信贷不但还款率高,风险小,而且还可以消除很多腐败因素。我们还是要积极推广,还是要重点强调。同时,要把做好小额信贷工作作为锻炼、培养残疾人干部队伍一个重要方面的工作来抓。

第四,扶贫工作要和残联的组织建设紧密结合起来。要进一步加快基层残联的组织建设,县乡两级服务社必须建立完善,并做好服务工作。要加强对工作人员的培训,我想这种培训不只是业务培训,思想、作风的培训也非常重要。只有把扶贫工作和残疾人基层组织建设、思想建设结合起来抓，工作才能有成效，才能做得好。

第五，要和农业银行和政府负责部分做好配合工作。特别是康复扶贫贷款的使用，一定要和农行配合好。

刚才姜尚君同志讲，这两年来我们的合作基本上还是好的，合作还是愉快的。不是说我们所有的意见都是一致的，但是大家都能从大局出发，互相协调，共同把残疾人康复扶贫工作做好，大家愿望是一致的，大的政策也是一致的。

姜尚君同志也讲了，康复扶贫贷款是要还的。我在今年初拜访农业银行时，我首先提出来我们残联尊重农行，也尊重康复扶贫的商业贷款性质，尊重商业贷款的规律。康复扶贫贷款是否安全运转，这是检验康复扶贫贷款是否发挥有效作用的重要指标。大家想一想，只贷不还，再借就难。残联首先做出榜样，贷了款，还了，给农行的同志看了，农行的同志满意了，他就乐意再贷给你。举个例子，抵押贷款风险小，还是信用贷款风险小，当然是抵押贷款风险小；但是，如果抵押贷款你不认真工作风险就可能增加，信用贷款如果千方百计、十分周到地做好工作，这个风险仍然可以做到很小。

中央为什么提出来可以信用贷款，特别是小额贷款可以信用贷款，一是我们面对残疾人确实是没有什么可以抵押的，特别是他抵押的那点房产，我想农行也不会要，与其如此，还不如信用贷款。二是信用贷款，残联也好，贷款人也好，村委会也好，都是非常认真的，只要不存侥幸心理，只要路子方面对头，工作做得扎实，虽然是信用贷款，风险可能会做得比抵押贷款还小。所以任何事物都是矛盾的，都是对立统一的，都是有差别的，是相对的，不是绝对的。在这个问题上，我们残联要从认识上特别明确：这是一个商业行为，虽然有它的政策性，但为了防止金融风险，为了提高贷款的效益，为了残联系统在康复扶贫贷款上的信用，都要努力把还款的工作做好。

要把防范金融风险的要求和扶贫工作的政治要求结合起来、统一起来,不要把两者对立起来,既要做好作为政治任务的扶贫工作,同时也要按照商业贷款的要求使我们的资金安全运行。所以,这就要求有很高的工作水平,很认真的工作态度。我想在此特别要强调这一点,只有这样,我们才能够和农行密切合作。不但我们中国残联和农总行要密切合作,省残联和省行要密切配合,基层残联和县行也要密切配合,互相尊重,互相谅解,共同完成政治任务,共同保护资金安全运行,共同形成一个可持续发展的康复扶贫贷款运行机制。如果我们大家认真把这种机制保持下去了,即使将来没有康复扶贫贷款了,我们还可以和农行以其他形式合作。农行也已表示他们可以在其他形式上,通过各种途径来支持残联的工作。这方面大家要清醒,别一锤子买卖,眼光要放远点。当然,反过来说,如果因为有不可抗拒的因素如发生了自然灾害或瘟疫,产生了一些风险,我想农行是会理解的。这一点大家也要清醒。

第六,各级残联党组、执行理事会要把残疾人扶贫工作作为一项政治任务,高度重视,真正摆到各项工作重中之重的位置上来。一把手要亲自抓,并结合正在进行的"三讲"活动,下大力气,明确目标,落实责任,抓出成效。我们的扶贫实践和经验一再告诉我们,哪些地方的残联一把手亲自抓了扶贫工作,并把认识和行动正确统一到《残疾人扶贫攻坚计划(1998—2000年)》上面来了,那些地方的残疾人扶贫工作和其他基层工作就有明显的成效。

同志们,还有半个月,我们就要迎来中华人民共和国成立五十周年的大庆;再有三个多月我们就要进入二〇〇〇年。我们的任务是繁重的,但是,我们的信心是坚定的。让我们高举邓小平理论的伟大旗帜,紧密地团结在以江泽民同志为核心的党中央周围,齐心协力,努力夺取残疾人扶贫攻坚决战阶段的最后胜利!

积世纪功德，圆生命大爱[1]

（一九九九年十一月一日）

转眼，千禧年就要到了。在这个世纪交汇之际，请允许我本人并代表中国残疾人联合会和中国残疾人福利基金会，向海内外所有在本世纪内对中国残疾人事业给予过关心和帮助的社会贤达、企业家、慈善家以及百姓大众，向千千万万一直默默为残疾人做着各种奉献的无名英雄们，表示最诚挚的谢意！

承蒙社会各界人士的厚爱，在过去的岁月里，中国残疾人的生活状况有了明显改善，残疾人事业取得了有目共睹的成就。然而我们也非常明白，由于我国经济社会发展的总体水平还不高，残疾人事业仍滞后于经济与社会的发展，残疾人在康复、入学、就业、脱贫等方面面临的困难还相当突出。

根据国务院转发的《中国残疾人事业"九五"计划纲要》规定，到本世纪末，我国要进一步缩小残疾人在基本需求方面与经济社会发展水平的差距，改善残疾人平等参与社会生活的物质条件和精神环境……然而，距本世纪末我们所剩的时间已经不多了，而残疾人工作与《"九五"计划纲要》所规定的要求还有相当差距，我们深感肩上的责任重大。

中国现有六千多万残疾人，涉及全国近五分之一的家庭。残疾人不仅是残疾者的不幸，同时也是社会和人类的不幸。残疾人的现

---

① 这是邓朴方同志致世纪慈善募捐活动的劝募信。

状决定了残疾人事业是一项长期而艰巨的任务;残疾人事业的特点,又决定了这是一项有赖于全社会都来参与和援助的慈善事业。值此世纪之交,开展一个以"积世纪功德,圆生命大爱"为主题的"世纪慈善募捐活动",殷盼每一位有爱心的企业家、慈善家能够为改善残疾人的命运,慷慨解囊,义薄云天,光映世纪。

有道是"行善可以积德"。江泽民总书记指出:"对残疾人这个社会脆弱群体给予帮助,是社会文明进步的标志。"

我们祝福残疾人朋友的自立自强,我们感谢健全人朋友的倾情施爱,我们也相信本次世纪慈善募捐活动终会取得爱心圆满。

努力实现人人享有精神保健的崇高目标[①]

（一九九九年十一月十一日）

人人渴望拥有良好的体魄和健康的精神。然而，诸多因素造成的精神疾患已成为影响人类健康的最大危害之一。中国精神病患病率已从七十年代的千分之五点四上升到目前的千分之十三点四七，有精神病患者一千六百多万，其中一部分致残。受经济水平、医疗条件的制约，以及陈旧观念的影响和传统治疗方式的局限，大量精神病患者得不到及时有效的治疗，被隔离于正常社会生活之外。严峻的形势，受到中国政府的高度重视，也引起作为各类残疾人代表和服务组织的中国残疾人联合会的极大关注，促使我们探索新的途径和更有效的方法。

九十年代，伴随中国经济的迅速发展和社会的深刻变化，政府采取了更为积极的措施，制定实施中国残疾人事业的两个五年计划，在覆盖两亿人口的二百三十八个市县，推行“社会化、综合性、开放式”精神病防治康复工作模式，为一百一十多万重性精神病患者建档立卡，对其中一百零三万人进行监护，取得显著成效：监护率达到百分之九十三点二，显好率为百分之七十一点八，社会参与率为百分之六十二点六，肇事率由百分之十下降到百分之零点三七，人年均复发次数从零点三六次降到零点零九次。

十年的探索与大范围的实践，为我们提供了符合科学、体现人道、行之有效的途径、方式和方法。

新世纪即将到来，为响应世界卫生组织精神保健全球行动，进一

① 这是邓朴方同志在 China - WHO 精神卫生高层研讨会上的讲话。

步做好中国的工作,我提出如下建议:

明确对策。将精神保健纳入国家经济社会发展规划,实行"社会化、综合性、开放式"的工作方针,建立政府为主导、有关部门各尽其责、社会各界广泛参与的组织管理体系,完善医疗机构为骨干、社区为基础、家庭为依托的精神保健工作系统,宣传普及精神卫生知识,采取药物治疗、心理疏导、康复训练和社会服务等综合防治措施,推行体现人道、有利于患者参与社会生活的开放式管理,促进精神病患者康复,预防精神疾患。

确立目标:

到二〇一〇年基本实现人人享有精神保健,即占全国总人口百分之八十五的地区,使精神病患者得到治疗,重性精神病患者的监护率达到百分之九十、显好率百分之六十、社会参与率百分之五十、肇事率降到百分之零点五以下。分区规划,分步实施:

二〇〇一年到二〇〇五年,在占总人口百分之四十左右经济水平较高、医疗条件较好的地区,推行社会化、综合性、开放式精神保健工作模式,达到总目标规定的指标。

二〇〇六年到二〇一〇年,在占总人口百分之六十左右的其他地区,推行上述工作模式,其中占总人口百分之四十五的地区达到总目标规定的指标;其余占总人口百分之十五的条件较差的地区,精神保健状况也要有较大改善。

采取措施。要加快立法,制定实施国家计划,加强组织领导,设立跨部门的协调机构,增加投入,培养专业人员和社会工作者相结合的精神保健工作队伍,发挥医疗机构的资源中心和技术指导作用,大力开展社区精神保健服务,广泛进行公众教育,提高精神健康意识,反对歧视和偏见,为精神病患者融入社会创造良好的环境和条件。

让我们以神圣的责任感和使命感,努力实现人人享有精神保健的崇高目标!

联合国应当加强残疾人工作的力度①

（一九九九年十一月十七日）

首先，请允许我向安南秘书长表示感谢，您在去年来信致贺中国残联“三代会”的召开，您的贺信，使许多残疾人受到鼓励，使他们对未来充满希望。

第二，请允许我谈一谈残疾人问题。

联合国曾对残疾人权利保障有过许多重大举措：“联合国残疾人年、残疾人十年、《关于残疾人的世界行动纲领》的制定、《残疾人机会均等标准规则》的制定。”这些举措，我们并不过高地估计它的实际效果，但是它的历史贡献是显而易见的。

但是，随着残疾人十年的过去，与残疾人工作机构由维也纳迁往纽约，残疾人工作在联合国的力度大大减弱。这是一个十分令人担忧的现象，它使残疾人十年的良好势头逐年减弱。这种现象是应当被避免的。

因为残疾人是社会中最困难的群体。在老年人中，老年残疾人最困难；在妇女中，残疾妇女最困难；在未成年人中，残疾儿童最困难。

因此希望秘书长、社发机构、残疾人工作机构采取有力措施加强残疾人工作力度；希望即将结束的亚太残疾人十年和明年开始的非洲残疾人十年得到有效支持；希望在各种纪念千年的活动和明年联大社发会议对残疾人问题能充分反映。

---

① 这是邓朴方同志在与联合国秘书长安南座谈会上的发言。

最近,我到非洲访问并与一些国际残疾人组织领导人交换意见,我们认为,如有可能,希望进一步制定有约束机制的残疾人权益保护文件。例如,有可能是一个“残疾人权利公约”。

另外,中国残疾人艺术团将于明年十月访美,在纽约将有专场演出,招待联合国人员及各国使团,届时,请安南秘书长参加。

第三,二十世纪很快过去了,这个世纪创造了前所未有的科学技术,生产力和物质财富。但是,本世纪并非是一个光明的世纪,其中发生的丑恶行为并不亚于以前的任何一个世纪:本世纪发生了有史以来仅有的两次世界大战;物质财富的增加,并未导致一个公平的世界,贫富差距增大,有障碍者(包括残疾人)仍然被歧视;物质成果也未创造出相应的文化成果;直到本世纪末,现在我们并未看到一个和平稳定的国际环境。

而下世纪,不应再重复本世纪的错误。人类应当更加聪明,善于总结,趋利避害。

下世纪应当是一个和平的世纪。战争不只是人类最大的危害,也是产生残疾的主要原因之一。除了反对侵略战争以外,不应当有任何国与国之间战争的理由。假如有了一个,就会有两个、三个,就像大堤上的洞,会导致整个大堤的崩溃。这将是人类的灾难。

下世纪应当是一个合作的世纪,不应当是对抗的世纪。人类面临着许多的挑战,需要共同努力,而不是互相消耗。

下世纪应当是一个和谐的世纪:人与人、国与国、文明与文明之间都应相互尊重,和谐相处;人与自然,也应达到和谐。人类的自私会带来毁灭,而人与赖以生存的社会以及自然环境的和谐相处,才是人类的希望。

现在,世界正在一个十字路口上,走什么样的道路,需要我们选择,各国政府,特别是那些能影响历史进程的大国政府,应当敏锐地感觉到这种选择的重要性。

同样,作为联合国,也应负责地发挥作用,使下世纪成为充满希望的世纪。

我相信,安南秘书长作为跨世纪的联合国秘书长,会理解自身所负的历史责任。我相信,这不仅是一个坐在轮椅上的残疾人自我感觉,更是世界上千千万万人的愿望。

基金会任重而道远①

（一九九九年十一月二十六日）

今天召开中国残疾人福利基金会第十六次理事会议，此次会议主要议题是聘请我会新一任名誉理事长并增补名誉理事。

中国残疾人福利基金会自一九八四年成立以来，在党和政府的亲切关怀下，在名誉理事长王震、宋平等老一辈无产阶级革命家的大力支持下，在各位名誉理事、理事的具体指导下，高举爱国主义和人道主义旗帜，依靠政府，动员社会，开拓进取，为改善残疾人状况进行了不懈的努力，使我国残疾人事业取得了历史性的进展和举世瞩目的成就。这些成就，饱含着历任名誉理事长、名誉理事、理事的辛勤努力和亲切关爱。十五年来，王震名誉理事长和十八位名誉理事先后故去，他们为残疾人事业所做出的卓越贡献，将永远铭记在我们心中。

近来，宋平同志多次提出自己因年事已高，希望不再担任我会名誉理事长的职务。为此，我会和中组部、统战部协商，报请中央领导同志批准并征得本人同意，聘请刘华清同志担任我会新一任名誉理事长，聘请刘华清、迟浩田、布赫、何鲁丽、蒋正华、白立忱、经叔平、罗豪才、启功、厉以宁、江平、吴蔚然、王选等同志为我会名誉理事。

我国残疾人事业起点低、基础弱，仍然滞后于经济、社会的发展，残疾人的生活状况与社会平均水平还存在不小差距，贫困残疾人约

① 这是邓朴方同志在中国残疾人福利基金会第十六次理事会议上的讲话。

占全国贫困人口的三分之一,残疾人在基本需求方面仍面临相当多的困难和问题。在实现我国跨世纪宏伟目标的过程中,发展残疾人事业,改善残疾人状况,是摆在我们面前的艰巨任务。要完成这些任务,基金会任重而道远。

在第十五次基金会理事会议上,大家就基金会的组织结构和运行体制问题,如何更加适应残疾人事业发展和社会主义市场经济要求的问题,提出了很好的建议,现在这些建议正在逐步落实之中。我想,有那么多德高望重的老同志、社会知名人士担任我会的名誉理事长、名誉理事、理事,只要我们团结一致,齐心协力,充分发挥诸位名誉理事、理事的巨大作用,残疾人事业必将更加兴旺发达。我代表全国六千万残疾人及其两亿多亲属,向宋平同志,向刘华清同志,向各位名誉理事、理事,向一直关心残疾人、支持残疾人事业的朋友们,表示由衷的感谢和崇高的敬意。

同志们,残疾人事业生机勃勃,充满希望,让我们再接再厉,开拓前进,为实现我国跨世纪的宏伟目标和残疾人事业的持续发展而努力奋斗!

迎接新千年的机遇与挑战[①]

（一九九九年十二月十六日）

我十分高兴地应联合国开发计划署的邀请，出席“中国千年会议”，并有机会同大家一起探讨社会发展中的社会脆弱群体问题。在世纪之交和千年之交的历史时刻，人类以更加富于理智和感情的目光审视自身发展的过去和未来，由此关注人类多极存在之一极的社会脆弱群体的状况和命运，表现了人类的成熟和睿智，是非常有意义的。

我长期从事残疾人工作，本身又是残疾人，对残疾人这个特殊而困难的社会脆弱群体生存发展的状况，及其与经济社会发展的密切关系，有着自身的认识和理解，愿意与大家交换看法。

首先，一个无可回避和否认的事实是，残疾人是社会中最困难的群体。在老年人中，老年残疾人最困难；在妇女中，残疾妇女最困难；在未成年人中，残疾儿童最困难。这种困难既来自残疾自身的影响，更来自对残疾人的歧视、偏见、不公正的待遇、补偿条件的欠缺等社会物质、文化、精神方面的障碍。残疾人在社会生活中常常处于边缘状态，平等参与社会生活的机会和权利受到某种限制甚至被剥夺。这样的现象发展中国家有，发达国家也不同程度地存在。在讨论社会进步的时候，我们不能忘记人类所要追求的最根本目标，那就是每一个人都能够享受平等的权利并且得到充分的发展。我认为，这个目标应当适用于每一个人，社会应当保证所有人都能平等地实现这

① 这是邓朴方同志在香港“中国千年会议”上的讲话。

样的权利,残疾人等社会脆弱群体理所当然地包括在其中。我们要从人类所追求的最根本的目标出发,来认识和纠正上述不平等现象。新的世纪,人类应当为此做出更大的努力。

其次,我们在充分肯定和大力推进市场经济的同时,也必须对处于不利地位的社会脆弱群体受到的不利影响有清醒的认识。中国正在从计划经济向市场经济过渡,目标是建立社会主义市场经济体制。市场经济是我们必须要走的一条路。市场有利于合理地配置资源,提高效率,有效地促进经济增长。但是,市场运作本身并不会自然产生一种公平合理的社会现象。社会公平的实现,要求在遵从市场规律的同时,对国家的社会政策、法律和社会道德等各方面因素做出相应调整。比如,进入市场经济之后,一些人在道德上受到不良影响;另外,处于不利地位的社会脆弱群体在竞争的环境中,受到不公正的待遇和限制。这都需要从政策、制度及社会道德文化方面做出调整。我们并不反对竞争,我们要求的是公平的竞争、机会平等的竞争。公平竞争并不是自然产生的,而是需要社会的调整,经过社会的补偿才能逐步形成。由计划经济转向市场经济,是一个由低层次的、相对平均主义的社会,转向一个有一定贫富差距、有一定竞争、更具挑战性也更有活力的社会。这对许多中国人都是一个挑战,对残疾人来说是更大的挑战。当然,我们不怕这种挑战,同时也要求政府和社会对残疾人在市场经济的竞争环境中遇到的问题予以关注,并针对残疾人的不利地位给予充分的补偿。中国政府和社会在这方面做出了很大努力。我认为,市场经济给社会注入新的活力,也给人们以新的发展机会,同时也带来新的挑战;我们完全能够利用机会,应对挑战,在这一进程中促进残疾人和其他社会脆弱群体的充分平等参与,进一步改善他们的生存、发展状况。

第三,任何一个国家和政府,任何一种经济形态,都必须追求经济和社会的协调发展。只考虑经济增长而忽视社会发展,就如同车下的两个轮子,一个转得快,一个转得慢,结果车子或者在原地打转,或者不会向着一个目标前进。只有经济和社会这两个轮子同时、同速运转,车子才能向着一个既定的目标前进。八十年代以来,世界各国对片面追求经济增长的旧的发展理论进行了反思和修正,提出并逐步实施可持续发展的战略,强调经济、社会、环境、人口、资源的协调发展。这一发展观的变革,反映了人类对自身发展和社会发展认识的深化。尽管在这一大前提下存在不同的观点,但是所有观点都认为:可持续发展应特别关注、保护易受损害的社会群体;缩小贫富差距;促进资源、产品、服务公平分配。联合国开发计划署等联合国有关组织和其他国际组织,积极倡导可持续发展战略,在促进国际社会采取有效措施,保护社会脆弱群体利益方面,发挥了积极作用。我认为,各国政府和社会应该继续重视并大力推进经济社会协调发展和可持续发展,对社会脆弱群体保护方面存在的问题,给予充分的考虑,做出妥善的安排。

主席先生,各位朋友:

中国是一个残疾人最多的发展中国家。近十几年来,中国政府、社会和残疾人组织在经济快速发展和社会深刻变革的过程中,致力于发展残疾人事业,改善残疾人状况,促进残疾人与社会融合,取得了显著成绩。通过实施残疾人保障法和国家发展残疾人事业的三个五年计划等一系列重大措施,四百九十七万残疾人得到不同程度的康复,残疾儿童少年入学率由不足百分之六提高到百分之六十九点五,残疾人就业率由百分之五十提高到百分之七十三点三,八百多万贫困残疾人通过生产性扶贫解决温饱;六百万特困残疾人通过社会保障解决了基本生活问题。同时,社会对残疾人的观念也发生深刻变化,残疾人参与社会生活的环境大为改善,广大残疾人自强不息为社会做出了贡献。总的来看,我们的发展战略、目标选择是适合社会主义初级阶段这一基本国情的,残疾人事业逐步接近与经济社会发展相适应的水平。我们还积极响应、参与并推动“联合国残疾人十年”、“亚太残疾人十年”等国际行动,并从《关于残疾人的世界行动纲领》《残疾人机会均等标准规则》等国际文件中汲取有益的思想应用于中国的残疾人事业。

面对新世纪的机遇和挑战,我们依据国家的总体战略部署,从实际出发,大体勾画了中国残疾人事业的发展目标:到二〇一〇年,稳定解决残疾人的温饱,并使相当一部分人的生活达到小康水平,进一步改善残疾人平等参与社会生活的物质条件和精神环境,缩小残疾人事业与经济社会发展水平的差距;到下个世纪中叶,使残疾人事业与国家经济社会发展大体同步,残疾人“平等·参与·共享”的目标在政治、经济、文化等方面基本得到实现。我们对实现这一目标是有信心的。

主席先生,各位朋友:

即将过去的二十世纪,是人类历史上空前动荡剧变的世纪,又是空前发展进步的世纪。百年时光,人类创造了以往任何年代都难以比拟的巨大的物质财富和精神财富;同时,民族独立和解放、妇女解放,乃至以“平等·参与·共享”为标志的残疾人解放,展示并呼唤着人类对民主、自由、平等的理想和普遍价值的孜孜追求。本世纪,我们都感受到科学技术日新月异的重大突破和飞速发展对人类社会巨大而深刻影响。相对论和量子力学的创立、生物技术的革命、计算机和航天技术的奇迹等伟大的创造,极大地改变了世界的面貌和人类的生活。但是,本世纪并非是一个充满光明的世纪,其间发生的丑恶行为不亚于以往任何一个世纪。在本世纪人类遭受两次世界大战的浩劫;盲目的发展带来生态资源破坏、自然环境污染;道德文化并未随着经济增长而得到相应的提升;财富的增加并未导致一个公平的世界,贫富差距增大,残疾人等社会脆弱群体仍受到不公正的对待。直到现在,人们并未看到一个公正、和平、稳定的国际环境。

下个世纪,乃至下个千年,人类应当更加聪明,善于总结经验、教训,趋利而避害,不再重复过去的错误。

下个世纪应当是一个和平的世纪。战争不仅是人类最大的危害,也是残疾产生的重要原因。二十一世纪人类面临的最大课题就是如何减少乃至消除战争。人类完全可以控制政治的进程而避免发展为战争,有能力用和平的方式解决问题。和平,利国、利民、利于人类;和平,靠我们共同珍视和创造。

下个世纪应当是一个合作的世纪。现代科技使人类拥有极大的创造力或破坏力,合作将使创造力给人类带来巨大的福祉,而对抗带来的破坏力则是灾难性。日渐明显而强劲的经济全球化,需要多方面合作才能健康运行,政治对抗则与这种趋势背道而驰。冷战已经结束,不能把冷战的思维带入二十一世纪。在新的世纪,人类面临着许多挑战。我们坚信,未来需要合作而不是对抗,需要共同努力而不是互相消耗。

下个世纪应当是一个和谐的世纪。人与人、国与国、文明与文明之间都应相互尊重,加强沟通,和谐相处。不同的文明有各自的特点、长处,这是历史形成的,有它的稳定性。不同文明之间的相互尊重、沟通和借鉴,是人类文明丰富和发展所需要的。正是由于人类存在着文明的差异和多样性,因此和谐共处是重要的,也是必须的。中国古代先贤讲"天人合一",强调要顺乎自然,适应天道,追求人与人、人与社会、人与自然之间和谐统一的境界,这种思想说明世间万物和人类社会多样性、丰富性及其平衡统一是人类发展的根本所在这样一个真理。人类的短视、自私会带来自身的毁灭,而和谐相处才是人类的希望。

在下一个千年即将到来之际,面对和平与发展两大主题,世界正处在一个十字路上,走什么样的道路,需要我们理性的选择。毕竟,命运掌握在人类自己手中。我相信,在二十一世纪,人类将会获得比上个世纪更快、更好、更健康的发展。让我们从现在开始,就把这美好的愿望变为现实的行动,为世界的和平与发展,为人类的美好未来,做出自己的贡献。

致全国残联宣传文体工作会议的一封信

（一九九九年十二月二十日）

欣闻全国残联宣传文体工作会议在广州举行，谨对会议的召开表示热烈的祝贺。

中国残联党组和理事会历来十分关心和重视宣传、文化、艺术、体育工作，认为这既是保障残疾人事业可持续发展，培育良好社会舆论环境，满足广大残疾人日益增长的精神文化生活需求的基础性工作，也是党的宣传文化工作和社会主义精神文明建设的重要组成部分，是改革开放的中国社会文明进步的标志之一。

“九五”期间，残疾人事业宣传文体工作取得了令人瞩目的进展，在“八五”工作的基础上又迈上了一个新台阶。公共传媒积极反映残疾人生活，报道残疾人事业；新闻宣传促进会的成立和“中国残疾人事业好新闻奖”的成功评选，团结和激励了一大批理解残疾人、热爱残疾人事业的新闻界朋友。众多的编辑、记者投入了一九九七年“自强与助残”表彰宣传，江泽民总书记作序的报告文学集《自强之歌》入选“五个一工程”奖。中央及二十七个省级电视台开播了手语节目，近二百八十家省、市级广播电台开办了残疾人专题节目。参加“建国五十周年成就展”和组织中国残疾人艺术团国庆献礼演出，受到了党和国家领导人及一百五十余万海内外观众的赞誉和好评。基层残疾人文化生活日趋活跃，残疾人题材的文化、艺术、影视精品在社会上引起了广泛积极反响。残疾人运动员在国内外赛场上以乐观进取的精神和令人叹服的体育技能，赢得了全国人民及海内外朋友的由衷钦佩。社会对残疾人观念发生深刻变化，残疾人不再被称为“残废人”，一字之差反映了时代的变化。普遍开展“红领巾助残”、“青年志愿者助残”、“一助一送温暖”等多种形式的活动。“全国助残日”持续九年，各级领导和数以亿计的群众参加，形成了强劲的声势和规模，其影响超出了帮助残疾人的初衷，是广泛而深远的。残疾人参与社会生活的环境大为改善，一个有利于残疾人事业发展的舆论氛围在逐步形成。

所有这些，都饱含着党和政府的亲切关怀，饱含着社会各界的热情支持，饱含着广大残疾人自强不息的奋斗，也融入了广大残疾人工作者，特别是从事宣传文体工作的同志付出的努力和心血。借此机会，我向长年累月工作在基层一线的同志们表示亲切的慰问和诚挚的感谢，同时感谢各地残联党组和理事会对残疾人事业宣传、文化、艺术、体育的高度重视和卓有成效的工作。

回顾我们的工作，虽然已经取得了不小的成绩，但应该清醒地看到，残疾人事业的发展是一个相当长的历史过程，观念的改变和认识的深化也绝不是一朝一夕、一蹴而就之功；况且，随着事业的发展，广大残疾人对我们的期望值也越来越高，从这个意义上说，宣传工作者必须要有紧迫感，要有长期奋斗的思想准备。目前，残疾人在就业、教育、康复、生活等方面还面临许多困难，对残疾人的歧视和偏见仍然不同程度地存在，侵犯残疾人合法权益的问题也时有发生，有的甚至十分严重，社会对残疾人和残疾人事业仍然缺乏了解，存在着种种认识上的误区，人道主义思想的基础依然很薄弱。我曾经说过“不是不人道，而是不知道”，要让社会广为了解，让更多的人“知道”，就需要在宣传工作的深度和力度上花大力气，下真功夫。

人道主义是人类社会进步的产物，是人类共同的精神财富。处于世纪之交改革开放的中国，应该努力弘扬人道主义，使其成为人际关系的准则,成为我国社会的基础思想之一。做残疾人工作,帮助最困难的群体,就是最现实的人道主义。人道主义始终是残疾人事业的一面旗帜。大力宣传和弘扬人道主义,是每一个残疾人工作者,特别是宣传工作者义不容辞的使命。希望大家认真学习,善于学习,在工作实践中身体力行。要通过我们锲而不舍的努力和重在实践的工作,促使人道主义能够成为大多数人可以接受的观念和共识。

在即将到来的二〇〇〇年,我们将迎接新世纪的开篇,总结"九五"经验,制定"十五"规划,把一个充满生机和活力的残疾人事业全面推向二十一世纪。做好世纪开篇的各项工作,特别是宣传文体工作,对于推动残疾人事业可持续发展,有着极为重要的意义。新的一年,大事多,热点多,宣传任务重。我们面临良好机遇,也面临新的挑战,任务相当艰巨。我们要积极适应国家改革发展稳定的大局,牢牢把握发展机遇,迎接挑战,有所作为。

体育运动对残疾人具有重要意义[①]

（二〇〇〇年二月二十三日）

每当要开残运会的时候我都很激动，因为对残疾人来说参加体育运动不是一件容易的事情，对他自身来说是一种突破。很多残疾人平常在家不出门。人们经常说他残了，废了。但是一天人们告诉他，你残了，但是你不废。他知道，我虽然盲了，虽然聋了，虽然肢体残疾了，但是我不是不能，而是能。他参加了运动，他虽然没腿，但是他能跳；他虽然看不见，但是他能跑。这对他来说是一个新的天地，他克服了极大的心理障碍，他的人生有了一个新的突破。

残疾人运动给残疾人带来了精神上和意志上的突破，我想是难于言表的——向他展示了整个生命意义的新前景。他在参加体育运动、参加运动会的时候跟许许多多残疾人交往，共同竞技。在运动会上，他开始了社交，眼前展现出更广阔的天地。在运动会上，许许多多人关心他，爱护他，使他切身感受到了人道主义的精神，他感受到社会的温暖，他感到前途光明。在运动会上，运动员们自尊、自信、自强、自立，用最大的努力突破生命的局限，用最大的努力做到以前做不到的事情，体现了一种自强不息的精神。残疾人用自己的精神，用参与运动这种淋漓尽致展示生命力量的形式，向社会表述自己的心声，同时也向社会展示了新的精神面貌。

---

① 这是邓朴方同志在第五届全国残运会组委会成立揭牌仪式暨新闻发布会上的讲话。

这是残疾人群体与社会充分交流的机会,他是用肢体的语言、用意志的语言、用精神的语言和大家交流——我是自尊、自信、自立、自强的中国残疾人。各方面人士满怀爱心,参与运动会的各项工作,理解、尊重、关心、帮助残疾人。所有的展示,都是那么具体、生动,看得见的,摸得着的这样一种交汇。这种心灵间的碰撞所展现的火花非常辉煌,非常温馨。所以每当我参与这样一次运动会时,心情都非常激动。这不只是一个残疾人参加的运动会,也不只是残疾人群体的运动会和残疾人事业的运动会,而应当是我们共同的运动会。在上海市开这样一个运动会,就不只是上海残疾人的运动会,不只是上海残疾人事业的运动会,我想,是每个上海市民自己的运动会。所以我希望所有的上海市民,特别是中小学生,大家要积极充分地参与到这个运动会中来。能到现场就到现场,我想到现场的感觉是最好的。不能到现场的就看电视看新闻。能够直观地感受一次残疾人运动会的难忘盛况,这对于我们每个人的人生是有意义的。今天志愿者代表接了旗,我们几万名的志愿者将参与这一世纪之交的残疾人体育盛会,我相信对于我们所有的志愿者都是值得纪念的非常珍贵的人生经历。

残疾人运动会、残疾人体育体现出的自强不息的精神,体现出的人道主义精神、爱国主义精神,都是我们在振兴中华的过程当中,在建设有中国特色的社会主义的过程当中,最需要的和最可宝贵的精神。人道主义、爱国主义是我们始终要高举的旗帜;自强不息的精神,是五千年来我们中华民族生生不息、能够自立于世界民族之林的一个重要精神支柱,同时也是新时期我们要从落后赶上世界先进潮流的一种不可缺少的民族精神,所有这些都将在即将召开的第五届全国残疾人运动会上得到充分的体现。从这个意义上说,第五届全国残运会已超出了体育的范畴,而成为残疾人与健全人共同迈向新世纪的团结的盛会、欢乐的聚会和共铸辉煌的残疾人体育运动会。

一切生命都有尊严和潜能[①]

（二〇〇〇年三月一日）

在人类共同迈入具有历史意义的新千年、迎来第一个充满阳光的春天之际，中国特奥世纪行活动即将在北京、深圳和上海举行。这是由国际特奥会与我国合作举办的旨在宣传特奥精神，推动我国特奥事业发展的社会公益活动，也是一个充满真诚与挚爱的助残行动。就像新千年的春天给人们带来希望和光明一样，这一活动也定将进一步架起理解的桥梁，沟通残疾人与健全人的心灵，为广大弱智人士送去和煦的春风，因为这友谊的桥梁是由千万颗善良而热情的爱心凝聚而成。

在我们这个星球上，有近百分之三的人口是弱智人士，这是一个极其特殊的困难的群体。帮助弱智人提高生活质量，积极创造并改善他们全面参与社会生活的环境与条件，是政府和社会共同的责任和义务。国际特奥运动三十多年来，在为弱智人提供平等参与机会、使他们融入社会并得到应有的尊重等方面，做出了不懈的努力，特奥精神得到了广泛的认同和支持，这是人类文明进步的必然。帮助需

---

① 这是邓朴方同志在"中国特奥世纪行"活动新闻发布会上的讲话摘要。活动由中国残联与北京市政府、文化部、广电总局、体育总局和中国特奥会共同主办，主要包括中国特奥火炬长城跑、人民大会堂慈善晚宴及晚会、二〇〇〇年中国超级健美明星大赛、施瓦辛格电视电影周、中央电视台电影频道施瓦辛格中国特奥世纪行专题采访、中央电视台"五环夜话"栏目专题采访、施瓦辛格与影迷见面会等活动。

要帮助的人,实际上是帮助我们自己,这已成为大多数人的共识,因为我们共同生活在这个星球上,建设一个和谐美好的世界离不开所有的人,包括弱智人士。

一切生命,都有尊严和潜能。残疾人参与特奥运动,不仅展示了他们乐观进取、顽强拼搏的精神风貌,同时也是对生理和心理障碍的超越,是向生命潜能的挑战。在党和政府的亲切关怀和社会各界的真诚帮助下,我国自八十年代起开展的特殊奥林匹克运动实践证明了,生命的潜能是可以发掘的,只要多一份爱心、多一份理解、多一点支持与帮助,弱智人也能成为有益于社会的人,对社会有所贡献。因此,从这个意义上讲,特奥运动的开展,需要健全人和残疾人的共同参与,它体现了人的奋斗和创造力,体现了和谐温馨的新型人际关系,体现了人类美好的情感和人道主义精神。我相信"中国特奥世纪行"这一有意义的活动,将在大家的鼎力相助下,为我国一千一百八十二万智力残疾人和他们的家庭带来春天的气息,为残疾人事业的发展谱写新的篇章。

国际残疾人运动要面向二十一世纪[①]

（二〇〇〇年三月十日）

中国残疾人联合会十分荣幸地为此次重要研讨会提供东道，我谨代表中国残联和中国六千万残疾人对你们表示热烈的欢迎，对你们为国际残疾人运动做出的杰出贡献致以衷心的感谢！你们是世界各类残疾人组织的杰出领导人和优秀代表，大家共聚一堂，共商国际残疾人运动面向二十一世纪的发展战略，把握我们自身的前途与命运，这必将成为国际残疾人运动史上一次极具意义的盛事。

回顾二十世纪残疾人运动的历程，特别是二十世纪末二十年的发展，我们高兴地看到残疾人的觉醒和残疾人运动的崛起。“联合国残疾人十年”的开展以及《关于残疾人的世界行动纲领》和《残疾人机会均等标准规则》的制定与实施，唤起国际社会对残疾人问题的关注，提高了公众对残疾人问题的认识，在一定程度上改善了残疾人的状况。特别是“平等·参与·共享”目标的提出，为国际残疾人运动明确了方向，成为我们响亮的口号和追求的目标。这一时期，国际残疾人运动经历了前所未有的蓬勃发展，创造了良好的势头。

---

① 这是邓朴方同志在国际残疾人组织领导人研讨会上的致辞。该会议二〇〇〇年三月十日至十二日在北京举行，残疾人国际、康复国际、世界盲人联盟、世界聋人联合会、融合国际等残疾人组织领导人，以及部分国家残疾人机构高层代表出席会议。会议以“面向新世纪的国际残疾人运动发展战略”为主题，展开广泛研讨，并发表《新世纪残疾人权利北京宣言》，强烈呼吁国际社会制订《残疾人权利公约》。

然而,随着联合国残疾人十年的结束,国际社会关于残疾人问题的声音越来越小,所形成的发展势头未能有效保持下去,联合国对残疾人问题的重视程度也大幅下降,残疾人所面临的严峻问题远未从根本上得到解决。

残疾人状况的实质性改变要靠国际社会做出长期不懈的努力,不可能毕其功于一役。《关于残疾人的世界行动纲领》和《残疾人机会均等标准规则》确定了很好的原则和目标,在今后相当长的时间内依然是我们行动的准则和追求的目标。要实现这些原则与目标,国际社会必须做出更多的政治承诺和法律保障,各国政府应该使之成为义不容辞的责任与义务。我们清楚地认识到只有通过一个《国际残疾人权利公约》这一具备一定约束力的国际文件,才有可能促进我们追求的“平等·参与·共享”目标的全面实现。

人类已迈向二十一世纪。可以预言以社会发展、科技进步、文明提高为标志的新世纪,将为彻底改变残疾人现状,实现“平等·参与·共享”的目标提供有利机会和多种可能。世纪之交,国际社会在设计新世纪发展的蓝图,同时也为我们设计残疾人美好前景提供了一个历史性机遇。我们要充分认识并把握这一机遇,采取协调而有效的行动,使更多的残疾人跻身主流社会,成为新世纪平等的主人。

我欣慰地看到,世界各类残疾人组织领导人今天同聚于此,展示了我们空前的团结,团结的力量可以改变一切。我希望,全世界六亿残疾人能永远团结,为了我们共同的利益与目标,用同一个声音告诉世界:残疾人有人的尊严和价值,有参与社会的愿望和能力,同样是人类财富的创造者;我们需要的不是怜悯,而是平等的机会、充分的参与。

以二十一世纪的设计为主题,国际社会今年将举行若干重大活动,包括五月在纽约举行的以“二十一世纪的联合国”为主题的非政府组织千年研讨会和六月在日内瓦举行的“社发问题特别联大”和非政府组织会议。这些重要的国际活动，涉及新世纪人类经济、社会的发展，与残疾人问题密不可分，我们的声音应该响彻上述讲坛。

我衷心期望通过我们的努力，使二十一世纪成为人人共享的新时代。让我们携起手来，发挥我们的影响，为全世界残疾人共同追求的目标而奋斗，为人类的文明与进步做出贡献。

残疾人事业的健康持续发展问题[①]

（二〇〇〇年三月二十九日）

我今天和大家谈谈残疾人事业的健康持续发展问题。有的同志建议，残疾人事业“十五”计划就要制订了，是不是讲讲残疾人事业怎样才能健康持续发展。这个问题我们这几年经常考虑。前几年的出发点，多着眼于政治环境的变化，对可能产生的负面影响加以防范。这几年主要考虑的是，我们这一批人陆续退出一线后的情况，也就是说在努力推动现在事业发展的同时，我们给接班人留下什么，使他们能在一个好的基础上、高的起点上继续迈步。更近一点是我们如何为制订“十五”计划提供一个指导思想。

社会有一个可持续发展的问题。可持续发展也叫“持续发展”，最初是一九八七年挪威首相布伦特兰夫人在联合国世界环境与发展委员会的报告中提出来的，她把可持续发展定义为“既满足当代人的需要，又不对后代人满足其需要的能力构成危害的发展”。这一定义得到广泛的认同，并在一九九二年联合国环境与发展大会上取得共识。后来又扩展到人口、资源、环境、社会协调发展等方面。我国也把可持续发展作为治国的一个发展战略。我认为，二十世纪发达国家实际上发生了三个重大变革。第一个是凯恩斯主义的出现，在自由经济中引进了政府干预，使资本主义经济有了一个有约束的发展。

① 这是邓朴方同志在第十四次全国残联工作会议上的主题讲话。

第二个重大变革是二战后福利社会的形成和社会安全网的建立,把社会发展和经济发展协调起来。第三个重大变革是六十年代开始,七八十年代广泛施行的环保运动,强调人、社会、自然的和谐,不是孤立地看待社会发展、经济发展,而是把各种因素综合起来看。正是有这三个重大变革,才出现可持续发展的战略。我认为,它的核心是把各种因素协调起来考虑。

我们今天不是从可持续发展的本义,只是从这个视角、这个高度来审视残疾人事业。残疾人事业也有一个可持续发展问题。第一,我们不只要从今天的情况来看问题,也要从明天的发展来看问题。第二,我们不只要从一个领域来看问题,还要从多个领域来研究问题,无论是突破,还是均衡,都要联系起来考虑。第三,不仅要从残疾人事业的内部来安排工作,而且要考虑到外部条件、外部环境的影响。第四,不要单纯地、静止地看待事物,而要把事物看成动态的、发展的、变化的。

十几年来,在改革开放的大潮推动下,我国残疾人事业有了蓬勃的发展。我们有一个轰轰烈烈的年代,在座的许多同志都经历了那个年代。但是,任何一个大的发展阶段,任何一个轰轰烈烈的年代都会成为历史,那么之后是什么局面?是停滞、衰退、垮台,还是转化为一个稳定发展的阶段?这是我们不能不警惕、不得不思考的问题。我们这代人承上启下,是开拓的一代、奋斗的一代。我们开创了十几年,有了很大的成绩,这时就要考虑长远问题,研究残疾人事业健康持续发展需要哪些基本条件。现在我提出几方面的内容,跟大家讨论。我认为应包括一个好的路子、一个好的机制、一支好的队伍、一个好的外部环境,还要有一定的业务领域和基础设施。这些是我们要认真考虑并做出安排的。

一、要有一个好的路子

所谓路子,也可以说路数,涉及理论、方针、政策、目标、步骤等。

当我们开始大力推动残疾人事业的时候,就十分注意用先进的理论和思想武装自己。那正是一个思想解放的年代,“真理标准”的大讨论,使我们解除了思想禁锢。八十年代初,我们就接受了联合国《关于残疾人的世界行动纲领》,接受了“平等·参与·共享”的思想与目标。《关于残疾人的世界行动纲领》包含着丰富的思想内涵和处理残疾人事务的基本原则。应该说,这些思想和原则对各个国家、各种社会制度是普遍适用的。最重要的是提出残疾人“机会平等”和“充分参与”的思想,后来又丰富发展为“平等·参与·共享”。

一九八四年六月我国政府庄严承诺接受了这个行动纲领,此后,才有了我国残疾人事业十多年的大发展。现在回头看,说这个行动纲领“一声炮响”给我们送来了残疾人事业的新思想、新观点也不过分。与此同时,我们高举人道主义的旗帜,大力提倡全心全意为人民服务的思想,研究残疾人问题、残疾人与社会的问题,不断地喊出共同富裕的声音,坚持经济与社会均衡发展的观点,直到提出“残疾人解放”,赋予“人类解放”的新的含意。这些在江泽民同志为《自强之歌》所作的序言中有着充分的体现。这一切都使我们在工作中有着强大的理论基础和思想武器,它使我们始终保持清醒的头脑,不迷失方向。

有了好的思想和理论,还必须付诸行动和实践,还必须切实地提出问题,研究问题,解决问题。在中国发展残疾人事业,就要深深地扎根在中国的土地上,一切从国情出发。什么是我们的国情呢?人口多,底子薄,这是我们的基本国情;传统文化与外来文化长期并存并互相交融，也是一个特点；旧体制走向新体制，经济高速发展贯穿整个改革开放进程；建设有中国特色的社会主义是我们长期的奋斗目标。这就是中国的国情，是国家大局，我们要适应国情，始终沿着国家发展的大方向，主动顺应国家经济社会发展的大局，走出一条有中国特色的残疾人事业发展之路。这些年我们一直在这方面努力。

基于这种国情，我们提出了“讲求实效、打好基础”的发展方针。有了目标，有了方针，怎么干？要有轻重缓急，要分步实施。刚开始那几年，我们主要着眼于残疾人迫切需要而又可能满足的基本需求，重点抓了抢救性的康复工程、扶贫解困、教育、就业等一些受益面广、花钱少、见效快的工作，给残疾人带来切实的、看得见的利益。我们做了很多实事，好事，同时，在残疾人事业的业务体系、组织工作体系、政策法规体系和环境条件等方面打了基础。现在看来，这种做法和安排是完全正确的。残疾人事业之所以有较快的发展，残疾人之所以得到较大的利益，我们之所以得到群众和国际社会的承认，无不得益于这八字方针。我看今后相当长的一段时间内还是要坚持这八字方针，因为基本国情还是穷啊。

那么会不会有变化啊？也会有。比如，随着经济的发展，一些经济发达地区如上海、深圳和其他一些沿海城市可以在这个基础上再前进一步，做一点前瞻性的工作，有些方面、有些领域向国际水平看齐，我看应该这么做。现在国家正进行“西部大开发”，这也是大局，我们残疾人事业也有一个参加西部大开发的问题，也有个加大西部工作力度的问题。不管怎么变化，总的来说主要是做“雪中送炭”的工作，但也要有“锦上添花”的工作。

回过头来看，经过十多年来的发展，残疾人事业有了很好的理论、方针、政策和适当的发展步骤，从很低的起点、在比较薄弱的基础上走出了一条适合国情、具有特色的路子。不能说没有问题、没有失误、没有偏差,但总的来说,大路子是正确的,今后支持走下去,不会错。当然还要解放思想,发挥创造性,进一步开拓发展这个路子。

二、要有一个运转良好的机制

所谓机制,是指构成一个系统的要素或部分之间的联系和相互作用,它既是一个过程,又是一种方式。任何一项事业实现健康持续发展,不仅要有必备的要素,比如人、财、物、规章制度等,更要有一个良好的运行机制,就是使这些要素有机地结合起来、联系起来,协调地运转起来。那么残疾人事业应该有一种什么样的机制呢?

我们残疾人事业的机制是政府、社会、残疾人及其组织密切配合、协调动作的机制。在这其中政府起主导作用、社会广泛参与、残疾人及其组织发挥重要作用。大家可以看看我在中国残联"三大"的讲话,工作机制题目下是讲政府和社会的作用,下一个题目讲残疾人和残疾人组织。那时是分开讲,现在合起来讲。

首先是政府主导。政府是社会事务的管理者,负有保障社会公平、维护社会正常运转的责任。政府又掌握着相应的资源和手段,比如财政政策、税收政策、社会保障、社会资源的二次分配等。残疾人事业是一项社会事业,残疾人是社会弱势群体,对残疾人和残疾人事业,政府负有义不容辞的责任。《关于残疾人的世界行动纲领》指出:"残疾人的处境必须根据不同的经济和社会发展水平和不同的文化来进行具体分析。但无论在什么地方,对产生缺陷的条件进行弥补以及对致残后的种种后果进行处理的最终责任都要由各国政府来承担。"我国政府对残疾人事业一贯重视,特别是改革开放以来,随着国家经济形势的好转、发展,政府对残疾人事业的投入逐年加大。政府将残疾人事业纳入国民经济和社会发展计划，兼顾特性，统筹安排，同步实施，协调发展。国家还成立了政府残疾人工作协调委员会，由一位国务委员担任主任，几十个部门参加，有明确的职责分工和工作制度。地方政府也相应成立了协调机构。整个来看，运转越来越好，发挥了重要作用。许多国家羡慕我们，对我们国家残疾人工作协调机构的重要地位和它发挥的有效作用评价很高。

其次，是社会广泛参与。残疾人事业为什么需要社会广泛参与，这个道理大家都明白。简单说，残疾人就生活在社会里，残疾人是社会人，残疾人问题是社会问题，残疾人问题的解决要依靠社会，这就产生了残疾人问题的社会性质。因此，无论从解决认识问题来说，还是从解决资源问题来说，残疾人事业都离不开社会。社会是蕴涵丰富的汪洋大海，残疾人事业是一支河流。残疾人事业要在社会的海洋里汲取营养，获得力量，发掘可利用的资源，积累可持续发展的能力。

是不是因为残疾人事业是社会事业，社会力量就会自动参与呢？恐怕没有这么容易的事情。要靠呼吁、宣传、组织、发动，还要有一些制度化的东西。那么谁去做这些事情？当然少不了政府，政府要发挥主导作用。但是光靠政府也不行。还要靠我们自己去做，积极、主动去做，磨破嘴、跑断腿，通过各种方式，利用各种机会，这就产生了“社会化工作方式”。在一定意义上说，政府也是我们做工作的对象，要争取政府的重视、支持。当然，更多的还是要面向社会。这些年来，我们一直努力探索社会化工作方式，有的干得很漂亮，有的也不尽如人意。比如一九九四年远南运动会，干得就很漂亮。但有些事情我们也干不动啊。更多的工作是在省市、在县区、在基层，我们广大残疾人工作者特别是基层残疾人工作者的工作既艰辛又得法，富于创造性，对残疾人事业的发展，对发动社会起到了重要的作用。很明显，社会的广泛参与很大程度上要靠我们的社会化工作方式来实现。随着市场经济的发展、民间的力量壮大,“小政府、大社会”的趋势越来越明显。“小政府”就是政府该管好的要管好,要强有力,比如说社会事务、残疾人事务政府要加强管理,而不该管的就不要管。“大社会”就是许许多多事情都要交给社会去办,这种趋势越来越明显。随着社会活力大大增强,残疾人事业可资利用的资源会越来越丰富,社会化工作方式也会越来越有用武之地。在以往工作成绩、经验的基础上,我们要探讨如何形成接纳社会力量的机制和能力。这个问题我在第十三次工作会上讲了,我讲我们现在还没有形成一个好的能够接纳社会力量的机制。现在也不能说已经形成了,这就是说,动员社会以及社会化工作方式仍然是我们今后要大力加强的。

再次,是残疾人及其组织发挥重要作用。残疾人是残疾人事业的主体。残疾人的积极参与是事业健康持续发展的重要保证。在目前情况下,这种参与作用的发挥,很重要的是通过残疾人组织来实现。中国残联当初成立的时候,从中国国情出发,确定了“半官半民”的性质。做出了融代表、服务、管理三种职能于一体的定位。现在我们把它改成“亦官亦民”,意思是一样的,只是用了一个相对贴切的说法。“亦官”,就是残联受政府委托,协助政府研究制订和实施残疾人事业的法规、政策、规划和计划,承担政府残工委日常工作,发挥综合协调作用,具有相应的只有政府才具有的工作条件和手段;“亦民”,就是残联作为残疾人的代表组织,代表残疾人的利益,联系团结残疾人,反映残疾人的意见和需求,以民间的灵活多样的方式开展工作,动员和组织社会力量发展残疾人事业。

实践证明,这种性质和职能的定位是完全正确的。这些年来,正是在残联的积极努力下,既推动政府,又动员社会,才有了事业的成就,有了残疾人状况的明显改善,有了社会对残疾人的观念的深刻变化。可以想象,如果当初我们不做这种性质和职能的定位,片面地定位为“官”或定位为“民”，残疾人事业都不可能发展到现在这种局面。当时组建残联的时候，许多人说不要搞什么残联了，就搞一个国家残疾人局吧，这种声音非常盛，而且在残联成立后的一次工作会议上，还有大批的省残联理事长要求改成残疾人局，在当时看来提出这种要求也不是一件奇怪的事情。如果当初定位为“官”，建一个残疾人事务管理局，那么我们的路子就会越走越窄，也许在哪次政府机构改革中被裁并掉了。如果当初只定位为“民”，成立一个单纯的民间残疾人代表组织，就不可能具备今天这样的工作条件、工作手段，不可能有现在这种资源和协调能力，也不可能像今天这样开展工作。

那么，这些年来是不是机制运转得很好了，一点问题也没有呢？我看也还是有不足的。总体上看，我们在发挥“官”的作用方面做得还是不错的，当然也不是十全十美。但“民”的作用的发挥在某些方面还存在着明显的不足，主要表现在代表性的发挥，组织和动员社会力量、开发社会潜能来为残疾人服务等方面。我们要高度重视这一问题，加强这方面的工作。

为更好地发挥残联的作用，我们还设立了评议委员会和各类残疾人的专门协会。评议委员会是监督、咨询机构，监督执行理事会的工作，对有关重大问题提出建议和意见。五个专门协会分别联系本类残疾人，代表他们的利益，反映其特殊需求，使他们活跃起来。现在回头看，评议委员会、专门协会都发挥了积极的作用，对执行理事会的工作有着很好的促进和补充作用。但是，必须看到，随着残疾人事业的发展，评议委员会和专门协会有待进一步加强，这几年来已经提出这个问题了，从这两年已经开始加强了。还要加强！特别是专门协会，要进一步调动残疾人积极参与，使之更加生动活泼。这次我到上海看到，上海的专门协会就活动得很好，有稳定的经费，他们还要增加，我鼓励他们。一个专门协会五万元，他们还要加，我赞成。

让大家活跃起来,积极起来,残疾人组织嘛!这样就能够把残疾人团结在我们周围了。现在个别地方残疾人是我们残联的对立面。如果专门协会活跃起来了,能够团结残疾人,就没有这个问题了。

一个合理的机制非常重要,可以发挥长久的作用,它不会因人而变,也不会因人而断。这样一个机制现在已经初步形成,当然还有许多不足之处。今后在实践中要坚持这个机制,发展、完善这个机制,使机制的各个组成部分(政府、社会、残疾人及其组织)之间更加协调运转,发挥更大的效能。随着情况的变化,这种机制的内容也会有相应的变化,这是活的,不是死的。

三、要有一定的业务领域和相应的基础设施

有了好的路子、好的机制,还要干工作,也就是在业务方面我们要有自己的一套东西,这就是康复、教育、就业、扶贫、宣传文体、法制建设、国际工作等基本业务领域以及相应的基础设施。没有这些业务,残联就站不住脚。更重要的是,就谈不到为残疾人服务。开拓业务领域也好,建设基础设施也好,归根结底都是要为残疾人服务。

广而言之,国家残疾人事业的业务体系是一个大的系统,在这个大系统中有许许多多的方面,比如立法、执法、政府工作、社会方面的工作、残疾人和残疾人组织的工作,这些都是在国家残疾人事业这个大体系之内。这个大体系是相对完整的,而残疾人联合会的业务体系是国家残疾人事业大体系的一个子系统,与大体系相互联系、相互渗透、不可分割,同时又在大体系中起着核心作用,作为一个最活跃的因素存在。残联的业务体系也是一个综合的业务体系,我们的业务体系这些年来逐渐地形成和发展,已包含多个方面、不同层次的业务领域,每个业务领域都有自己的业务范围和内容、目标规划和方针

政策、实施步骤和操作方法,各业务领域之间相互联系,相辅相成,共同发展,形成了残联系统的业务格局。

实际上残联业务领域的开拓,是从小到大,从一个领域到多个领域,逐步开拓,直到形成现在的体系。最早我们是筹建康复中心,然后又抓儿麻矫治和白内障复明两项业务,后来变成“三项康复”,再后来发展到八项康复。教育工作,开始最突出的问题是招收残疾大学生,随后发现最主要的是义务教育、职业教育。我们开设了长春大学特教学院、天津理工大学聋人工学院,一项一项地开展起来。随着工作的开展,就业、教育、无障碍设施建设等各种问题都来了,解决残疾人的其他需求的任务也摆在了我们面前。加上国家能够提供的条件越来越好,这样我们的业务领域就从康复拓展到教育、就业、扶贫解困、宣传文体、法制建设等各个方面,形成了一个初步的体系,有了一定的规模。在这个过程中,各级残联组织也逐渐发展壮大,有了一些基础设施,必要的工作条件和工作手段也逐步得到改善。

现在各省都有了自己的康复中心或培训中心,一部分县有了为残疾人服务的基础设施,一些乡镇残联也有了“窝”,有了电话这些基本工作条件。当然,经济条件比较好的地方,领导重视的地方,基础设施就好一点,反之则差一些。总的来说,基础设施大体上逐步地建立了。近几年来,中央和地方政府在比较紧张的情况下投了一些钱,计委专门拨了几千万元支持县残联的基础设施建设,陆陆续续有三百多个县得到帮助,有一百多个已经建成。我看投入还是少,以后再向计委多要点,不知能不能要下来?(郭建模:今年已往上报预算了,李嘉诚项目再加一点。)我们中国残联要钱,并不是都装在自己兜里了,也不是都装在你们省残联兜里了,要给基层,基层确实困难。特别困难的地方,要重点倾斜。

这些年来我们对业务领域的开拓始终遵循几个原则,那就是:一是群众最需要的;二是可能实现的;三是社会影响大的;四是效益好的、效率高的;五是有长远意义的、带基础性的。我们的基础设施不搞大而无当、不切实际的花架子,而搞切实需要的、实用的基础设施。我们着眼于起码的、必要的工作条件和手段。中国残联的指导方针是克制的,我们一直在让大家不要超面积,不要超标。这里我要说一下,可能有些省市县盲目追求规模,一盖就盖几千平方米,最后完不成任务,这种情况是有的。从中国残联和整个残联系统来说,这个问题我们是要把关的,要有能力承担,要有实效。我看这些年来基础设施建设原则大家都是认可的,在实际工作中也起到良好的作用。

在业务领域的开拓上,我们是有选择性的,在基础设施建设上我们是非常实际的。那么说,我们的业务领域是不是就不能变了?当然不是。业务领域不是一成不变的,业务工作更不是一成不变的,在每一个业务领域,我们残联的投入也不都是相同的,也是有重点的。业务领域虽有相对的稳定性,但也要因时而变,因地而易。该巩固提高的就得巩固和提高,该调整的就得调整,该拓展的就得拓展。

首先讲巩固提高。许多事情,我们以前做了,但是来不及做完、做好,现在要继续做下去。已经有成果的,如果不巩固,成果就会消失。我们要把相当的注意力放到业务领域的巩固、完善、提高上来。比如,宣传文体、基层建设、按比例就业、社区工作等要加大力度。在十三次工作会上我还提出,没有特别的原因,不做大规模的开拓,意思是把大部分力量用在巩固提高现有业务领域,把它切实做好,见到实效,干一件事情就要把它干好。

其次讲调整。有些业务也需要做些调整,已基本完成任务的,比如儿麻矫治,就不再做了;该交给有关业务主管部门做的,比如补碘,就交出去。这样我们可以集中精力做好别的事。

第三,虽然不做大规模的拓展,但是开拓进取是不能放弃的。根据事业发展的需要又必须以我们为主来做的事，在条件许可（有时需要创造条件）时，我们还要适当开拓一些新的业务，比如我们的队伍已有八万多人，开展对各级干部的培训包括思想教育已经刻不容缓；对原有的业务有些也要做一些适当拓展，如无障碍设施建设、残疾人维权工作。我再举个例子，互联网，将来互联网的作用非常大。这项工作中国残联已开始考虑了。残联系统最早建立网站的是浙江省上虞市残联，后来北京市宣武区残联上网了，郑州市残联上了网，然后是上海市残联。上海市残联的网站办得不错，上网的同志可以看一看。中国残联的网站正在建立之中。与此同时，有七八个残疾人建立了个人网站，办得很活跃，我看个人网站比机关网站办得要好。（郭建模：深圳办了"中华残疾人服务网"。）类似这样的工作该做的还是要做，不做就要落后啊！

当然，这只是就全国总体而言，各地情况千差万别，大家可以有自己的安排，东中西部地区可以有自己的特点，按照自己特点和发展水平研究安排。

总之，一定的业务领域和基础设施是我们"安身立命"的基础，更是残疾人事业的载体，它是我们为残疾人服务的基本要求和落脚点。就我国残疾人事业而言，就国家残疾人工作体系而言，凡涉及残疾人的，我们当然也要管，要持积极态度，发挥桥梁纽带作用，反映残疾人的需求和呼声，协助政府有关部门做好工作。我们不能只孤立在我们的小系统里，中国残联既是国务院残疾人工作协调委员会的成员，又是残工委的秘书处单位，当然要协助政府统筹规划好全面工作，推动全国残疾人事业的发展，当然要为全国的残疾人事业负起自己应尽的责任。就是说，大系统与子系统相互联系，密切不可分割，我们的子系统又要发挥积极的、活跃的、核心的作用。

四、要有一支好的队伍

事情是人干出来的,没有人什么也谈不到,人是事业最活跃的因素。也就是说,首先要有人干事,其次这些人不是乌合之众,而要组织起来,通过一定的组织形式把力量凝聚放大,这样才能把事情干起来,进而把事情干好。残疾人事业之所以取得这么大的成绩,从“星星之火”走向现在的“燎原之势”(有人说现在还不是“燎原”,还只是“燎原之势”)。原因很多,其中最重要的、不可或缺的一条,就是我们有一支在各方面比较过得硬的队伍和一个从上到下基本成形的组织。

回过头看这十几年我们的队伍和组织,变化真是很大,变化的过程中既有艰辛,也有喜悦。当初,不仅人少,人员结构和素质也没法跟今天比;组织是两摊,盲聋哑协会和基金会。基金会只是省级有,盲聋哑协会在三分之一的县有,但工作起来都相当困难。后来两会合并,建立了全新的残疾人组织,又经过这么多年,从上往下建,一步步走到现在。省一级残联早就建完了,又解决了计划单列、机构规格和级别等问题;地市一级(三百九十二个)和县一级(两千六百六十九个)陆续建起了残联;乡、镇、街道也建了组织、有了专干,当然还是初步的,是比较薄弱的,但总算有了一个基础,接触到了残疾人,能够直接为残疾人服务了,这也是件大事,是根上的事情。有这么个数字,全国有四万零一百六十二个乡镇建了残联,百分之八十八配了专职理事长,也就是专干。一九九六年机构改革,我们按照国务院的精神没有被削弱,还得到加强。从中央到地方再到基层,我们现在已经有了一支八万多人的队伍。这在过去想也不敢想,前两年达到两三万的时候,我就高兴极了,现在有八万,真不简单呀!从根本上说,残联的产生、发展符合社会发展方向,适应国家改革开放和现代化建设大局,也离不开同志们这些年在极其困难的条件下拼搏奋斗和开拓进取。

我们有了一个组织和队伍，那么这个组织和队伍怎样建设呢？需要什么样的队伍呢？这是一个经常性的话题，每次工作会议都要讲，这次换个简单的说法，我看有这么几条：一是愿意干，二是能够干，三是有朝气，四是肯奉献，五是能自律。

所谓愿意干，就是对残疾人事业的认识，对残疾人有感情。再好的干部，不爱这一行，也不可能干好残疾人工作。这里有认识问题，有感情问题，也有个人志趣、意愿的问题。有些人不愿意来做残疾人工作，不能说他们不是好干部，也是好干部啊。但在残联工作却不愿意做残疾人工作，就不是好干部。我们尊重个人的志趣、意愿。凡是来残联工作的，他的志趣、意愿就是愿意干。愿意干，才能全心全意为残疾人服务。

所谓能够干，就是要有一定的政治素质，业务素质。

所谓有朝气，就是积极向上，有活力，有创造性，有主动精神、进取精神。为什么这要作为一条呢？可能在别的单位，别的系统这样的要求不多，但在残联系统要强调这条，这是我们残联工作的特点。

所谓肯奉献，就是肯打肯拼，有牺牲精神，有献身精神；就是要顽强，要不屈不挠，要不图名，不图利，踏踏实实来做。

所谓能自律，就是要有追求，自尊、自爱，清正廉洁，对自己的要求要有高标准。

我们现有的这支队伍，我看是很好的队伍，在思想、作风、素质和精神状态等方面都是比较过硬的，是能战斗、能打硬仗、有活力的队伍。我清楚，残联的活真是难干，残联的工作队伍真是一支可爱的队伍。过去说志愿军是最可爱的人，我想残联的干部也是很可爱的。我们有些老同志（现在退休了），兢兢业业，尽心竭力，把工作生涯的最后一段时光完全奉献给残疾人事业，起到了重大作用。现在更多同志还在默默无闻地在这块事业上奉献着自己的青春年华。条件十分艰苦,没有钱,没有权,有的是工作,有的是困难。

就中国残联而言,我觉得我就对不起我们的干部,中国残联职工工资收入在一百三十多个中央单位中排在倒数第四,一些补贴项目发不出钱。地方残联就更困难一些。也有的地方残联自己创造条件,情况可能好一点。但到基层,一些县的工作非常困难。我到云南一看,残联的同志不但工资不高,而且还要贴钱。有个理事长,一年贴了一千多元,残疾人来了,请吃顿饭、买张车票,零敲碎打,都是自己掏钱。贵州铜仁有个县残联理事长用自己的家产抵押为残疾人贫困户贷款。这不是个别现象,我见过许多省的县残联全体干部以家产抵押,搞康复扶贫贷款。(郭建模:山西有个理事长拿自己所有的财产为残疾人康复扶贫贷款作抵押,后来得了癌症住进医院,公费医疗报销不了,拿不出钱治疗。)山西朔州的曹巨宝为残疾人事业操劳,以身殉职,死在工作岗位上。这种现象不是个别的。前几年湖南的一个理事长同志就死在工作岗位上①。我们这支队伍真是好队伍,大家要珍惜这支队伍,要多关心、爱护这支队伍,特别要关心、爱护基层的同志,要给他们以更多的帮助,为他们创造更好的条件。当然,力所不及是我们的痛苦。

现在这支队伍扩大得很快。队伍的教育和提高是个大问题、紧迫的问题。特别是新来的同志,对我们的事业还不够熟悉。到残联工作的同志多数来自党政机关,还不适应残联的定位。残联工作与其他党政机关工作不完全一样,有自己的特点,有开创性的一面,是

① 邓朴方同志一九九〇年春赴湖南进行调研,湖南省县残联建设还未开始。湖南省残联理事长胡盛穆同志在随后的一年多时间里,不顾有病在身,跑遍了大部分县区,极大地推动了县级残联的建设,取得了突破性进展。

亦官亦民的,既要政府的运转,又要民间的运转,同时它有三种功能,不光要管理残疾人事业,还要代表残疾人。如果不适应这个角色,就不适应社会化的工作方式,就不适应做残疾人的代表,这就有个转化的问题。

加强干部培训工作,不仅要提高政治业务素质,思想建设也要紧紧跟上,今后一个时期廉政建设也要加强。我觉得几万人的队伍,目前定位的问题还是大问题。比较突出的是山西省大同市的例子,残疾人为机动三轮车的问题两次集体上访。事情的大体过程是,现在中等城市都在整顿交通,大同市残联知道市里要整顿残疾人机动车,于是就跑公安、交通部门,跑市委、市政府,各方面疏通,跑了半年,搞了个方案。方案是按中国残联的要求来安排的。后来"三讲",市领导要拿出成绩,要落实整改方案,要立见成效。市委、市政府突然下了道命令,把残疾人机动三轮车一律取消,连代步也不允许了,这一下就炸了锅!残疾人就不干了,到北京上访。大同市残联这时候不知道该干什么,非常被动。政府的命令要不要服从?要服从。党委的决定要不要执行?要执行。残疾人找到残联,残联无法回答,残疾人群众就不信任你,就到北京上访。我提出严厉的批评,说你大同市残联为什么不维护残疾人利益,为什么不贯彻有关方针政策,不维护残疾人利益就不能干这个理事长。与此同时,市委、市政府也批评市残联贯彻政府决定不力。市残联感到非常委屈。这时中国残联、省残联派人下去做工作,大家统一思想,同时做市领导的工作,最后把这个方案改过来,让残疾人群众平静下来。

这件事说明什么呢?在处理这种问题的时候,残联自我定位把握得不好。在党和政府与残疾人之间起桥梁作用,就是残联的政治作用,讲政治就要起好这个桥梁作用,不发挥这个作用就是不讲政治。对于残联来说,既然代表残疾人,无论如何要维护残疾人的利益,如果政府做出不正确的决定,这就是你要把乌纱帽摘下来拿到一边的时候。维护残疾人的利益要力争啊!残联和政府是一致的,总的目标一致,工作步骤一致,但会不会在个别问题上产生不一致?也会有的呀!这个时候,就要看我们残联干部的勇气和智慧。

当时也有个别残联干部说政府不让开机动三轮车,那么咱们还是用手摇三轮车吧。我听了这话,火冒三丈。我现在跟大家检讨一下,当时我骂娘了,说他“混账”。我说我在“文化大革命”的时候,就是用手摇三轮车的。三十年以后,残疾人早就坐了十几年、二十几年的机动三轮车了,倒说不能开机动车了,要用手摇三轮车了。当然,有人愿意用手摇三轮车,那是另外一回事。残联的干部说出这样的话来,确实不应该。什么立场?什么感情?什么觉悟?我认为大同市残联的干部总体上是好的,但是面对这样一个相对复杂的环境,没有找准自己的定位,不知道如何应付,束手无策。残疾人的一些代表人物,确实是有缺点的,不易沟通,但市残联不敢去接触,怎么为残疾人工作呢?后来大同市残联认识提高了,做法改进了,做了各方面工作,把事情做好了。山西省残联就此专门向我和建模同志写了报告。我在报告上批了几句话:“基层工作十分艰难,摆好位置既要思想到位,又要有一个过程,有一定典型性。”我们对基层的同志还是爱护的。

这件事所反映的问题我觉得不是个别的现象,在其他一些地方也不同程度地存在,值得我们深思:怎样树立代表残疾人的思想,怎样沟通政府和残疾人之间的联系,怎样发挥好政治作用,怎样联系残疾人群众,怎样争取残疾人的领袖人物,怎样把残疾人团结在自己周围?我看上海解决机动三轮车问题的做法就很好。上海残疾人机动车也存在许多问题,机动三轮车要管理,要置换,有没有反对的残疾人,有没有反对的残疾人领袖?也有。但上海市残联把反对的那些人找来座谈,共同商量问题,解决问题,跟他们讲清楚道理,整个工作“以人为本”进行，充分考虑维护残疾人的利益，问题解决得非常漂亮。

所以说，残联队伍的素质还要大幅度提高才能适应事业发展的需要，这是今后一个重要的工作。

五、要有一个好的外部环境

残疾人事业要健康持续发展，除了以上所说的几个方面，还必须有一个好的外部环境。残疾人事业作为一项社会事业，不是孤立地存在于真空中的，而是处在一定的社会环境之中，并受到环境的作用和影响。良好的环境，可以促进事业的发展。反之，则对事业发展起限制和制约作用。

这些年来事业快速发展，残疾人状况明显改善，正是在我国改革开放、经济发展、社会进步的大环境中实现的。大家试想一下，假如现在还搞“以阶级斗争为纲”，今天的残疾人事业会是什么样子？当然，我们也要看到，在具备良好环境的同时，也要主动适应环境，抓住并充分利用环境所提供的条件、机遇，创造性地开展工作。如果不发挥人的主动性、创造性，无所作为，坐等天上掉馅饼，那么再好的环境也没有用。另一方面，还要主动改变环境。当环境中存在着对事业不利的因素时，我们要积极努力去加以改变，变不利为有利。

外部环境包括哪些呢？我看大体可以包括政治环境、经济环境、文化环境、法律环境和群众环境。我想的这几条不一定很全，大家还可以讨论。

首先是政治环境。

从政治上看，我们是有优势的。我国是社会主义国家，共产党是执政党，党的宗旨就是全心全意为人民服务。我们高举邓小平理论伟大旗帜,建设有中国特色的社会主义,就是要通过发展生产力,逐步满足人民日益增长的物质文化需求,提高人民生活水平,最终实现共同富裕。我们发展残疾人事业,就是要改善残疾人状况,促进残疾人"平等·参与·共享"。可以说,残疾人事业的目标与党的宗旨、社会主义的本质是完全一致的。残疾人作为公民所享有的平等的权利包括选举权、被选举权等政治权利,受到法律保障。残疾人及其亲属的代表进入人大、政协,参政议政,并代表残疾人利益,反映残疾人的需求和呼声。总之,社会主义制度特别是这个制度的政治优越性,为残疾人事业的发展提供了根本的保证。政治优势非常重要,实际上中国的残疾人事业与同等发展水平的资本主义国家相比,比它们强得多。没有这个政治优势,就做不到。

改革开放二十多年来,我国政治稳定,经济发展,社会安定团结,又争取到一个相对和平的国际环境,从而保持了一个良好的发展态势。这为残疾人事业的崛起和发展提供了极其难得的历史机遇。残疾人事业正是抓住了这个机遇,乘势而起,发展壮大的。我相信,只要这样一个良好的政治环境能够继续保持下去,残疾人事业就会发展得更好。

根本目标一致,社会安定团结,党和政府支持残疾人事业,这些都是好的政治环境。

当然,也不排除受到某种偶然性的、意外的政治社会因素影响的可能。偶然性就是打仗。比如最近台湾选举,陈水扁当选,使两岸关系复杂化。假如台独势力一意孤行,挑动战争,那我们就要受到影响。当然,我们不希望看到这样的事情。

我们有一个好的政治环境,大家往往不注意。反过来回头认真看一看,假如没有这样好的政治环境,我们不可能把残疾人事业发展得这么好。

第二是经济环境。

二十多年来,我国经济快速发展,GDP 年均增长率百分之九点七,经济总量现已跃居世界第七,综合国力大大增强。目前我们正在建立社会主义市场经济体制,经济结构调整,国有企业改革,建立、完善社会保障制度,还要加入 WTO,还要进行西部大开发。总之,我们面临的是一个复杂、活跃、快速发展的经济环境。发展的经济环境对残疾人事业的发展是有利的。

经济是基础,经济发展是残疾人事业发展的重要保障。经济发展了,国家财政收入增加了,对残疾人事业的投入才会加大。首先是把蛋糕做大,然后切得才可能多。随着国家经济的发展,财政收入的增加,财政政策的变化,我们还要继续把蛋糕多切一点。总的来说,蛋糕大了,我们就可以多切。现在中央财政给残联的事业费和专项经费,每年是几千万元,这些钱多数是拨到地方,用于各项业务。地方财政的投入不会像中国残联这么大,但加起来远远不止这个数。钱多了,我们就可以为残疾人做更多的事,残疾人事业就可以发展得更好。另一方面,残疾人事业的发展也受到经济基础的制约。我们希望蛋糕大,但是现在我们的蛋糕确实还小,回旋余地还不大,量入而出、过紧日子恐怕还是长期的,不可能很快地改变。

当前我国经济生活的最大课题是要建立社会主义市场经济。面对这样一个环境,残疾人事业如何应对,这是个大课题。去年我在全国省级残联理事长研讨班上谈了这个问题,我是抛砖引玉。我明确地讲,既有有利的方面,也有不利的方面,堂堂正正地说,有不利的因素,而且不利的因素还相当多。我们残联怎么办,在理事长研讨班上我提出九条,给大家一个靶子,希望大家来讨论。今天我不详细论述,只把题再点一下:

1. 残疾人要积极参与竞争;

2. 强调政府和社会对残疾人的保护作用;

3. 着眼于分配环节的两次分配;

4. 搞好资金市场与劳动力市场的政策性运作;

5. 残联要旗帜鲜明地保护残疾人;

6. 注重社会化工作方法;

7. 要越来越学会运用法律手段;

8. 努力创造好的文化环境;

9. 发挥共产党的政治优势。

经济环境的一个大问题主要是走向社会主义市场经济,对这一问题的研究,我希望同志们积极起来,对这个问题的实践,也是我们当前面临的紧迫的课题。

第三是文化环境。

文化是个比较宽泛的概念,广义上的文化无所不包。我们这里所说的文化环境大致说的是社会的精神文明方面的内容。好的文化环境,是社会文明进步的标志和体现,同时又可以为社会发展提供有力的支持。残疾人事业的发展离不开一个好的文化环境。实践证明,正是由于有了一个好的文化环境,我们的社会才会比较正确地看待残疾人、认识残疾人问题,才能做到对残疾人事业的关心和支持。

一个好的文化环境,它的社会成员,有着自己的理想与追求,整个社会有着良好的道德基础、友爱和谐的社会风尚等,在此我不多说了。今天想说的一点是,在今后,我们应该继续把人道主义旗帜高高举起来。所谓人道主义,就是要讲人道,以人为本,把每个人当作人来看,尊重人的权利、价值。我国长期处于封建社会,封建主义的思想意识积淀很深,渗透到许许多多人的思想之中。“文化大革命”为什么发生?没有封建主义在人们心底的沉淀,不可能搞出个人崇拜,更不可能出现“文革”。我认为在中国人道主义不是多了,而是少了;不是强了,过头了,而是弱了,很不够。这些年来,我们在人道主义的宣传和实践上做了很多工作。尽管我们没在理论上做出很重大的突破,但是日积月累,人道主义逐渐开始深入人心,人道主义思想也逐渐为社会所接受。现在我们说一个人不人道,那是对他非常严厉的谴责。江泽民总书记在《自强之歌》序言中倡导人道主义,这在推进人道主义的进程中是有历史意义的贡献,它为我们高举人道主义的大旗开辟了新的道路。人道主义是一种道德规范,是一个思想体系,它应当成为我国社会主义社会的基础思想之一,这些方面都需要我们继续做工作。今后我们残联系统还是要高高地把人道主义大旗举起来,这是我们工作中的一个重要内容。

第四是法律环境。

党的“十五大”提出了“依法治国,建设社会主义法治国家”的方略,这些年来,国家法治化的步伐明显加快。现在我们是不是已经进入一个法治社会呢?我看还远远不是如此,但我们是在这个过程中。我以前多次跟大家讲过,中国从传统社会走过来,法家从来不是占主导地位的,儒家从来都是占主导地位的,不是“法治社会”,而是“情理社会”。西方在希腊时期就是法治社会,东西文化沿革不同,但是我们要走向法治社会。现在看来,中国走向法治社会的趋势是不可逆转的。这对维护残疾人的合法权益是有利的因素。

首先,目前我们已经初步形成一个维护残疾人合法权益、发展残疾人事业的法律法规体系。国家的根本大法《宪法》,规定了公民的权利和义务,并且有保护残疾人合法权益的专门规定。《刑法》《民法通则》《婚姻法》等数十部重要法律也有保护残疾人权益的规定。更重要的是,我们还有残疾人保障法这样一部专门法。从残疾人领域来说,这是一部专门法;对于我国的法律系统来说,残疾人保障法也是一部重要的法律。保障法的出台是我国残疾人事业发展史上的一个里程碑。接着,各省都制定了保障法的实施办法,国务院又颁布了《残疾人教育条例》。最近,八部门共同制定了《关于进一步做好残疾人劳动就业工作的若干意见》。这也很重要,本来想搞一个就业条例,但是,因为劳动力市场等方面的问题还在变化之中,所以就先搞了个"若干意见"。它同教育条例有着相同的重要性。很多市县乡(镇)村,针对残疾人的需求,根据本地实际,制定了优惠政策和扶助规定。当然,还有执法检查,政府部分依法行政等。这样,从上到下,从宪法到村里的村规民约、扶助规定,构成了一个初步的法律法规体系。这是一个宝贵的成果,还要继续建立、继续落实。

其次要使残疾人懂法、守法并学会运用法律手段、维护自身权益,要使群众懂得依法维护残疾人合法权益。这就要进行教育、宣传。这些年来,国家开展了"二五"、"三五"普法活动,将残疾人保障法也纳入其中,进行广泛宣传,形式多样,内容丰富,越来越多的群众了解、知道了保障法,维护残疾人合法权益的观念增强,广大残疾人的维权意识也增强。我们的法治宣传教育在面向社会的同时,也要积极面向广大残疾人。残疾人组织要做好这项工作,专门协会也要做些这方面的事情,特别是聋人协会,要把聋人组织起来学习法律;还有学校,特别是聋校、盲校要加强法治教育。总之,要增强广大残疾人的法律意识,使残疾人既守法又懂得依法维权。

三要依托社会建立残疾人法律援助体系。现在大约有近一千三百个县司法部门建立了法律援助中心,将残疾人列为重点援助对象;律师事务所、公证处、司法所,基层法律服务所等法律服务机构,积极为残疾人提供法律服务和法律援助，对权益受到侵害又没钱打官司的残疾人免费咨询、免费代写法律文书、减免代理费等，受到残疾人的欢迎。各地从实际出发，创造了许多非常好的做法和经验。市场经济就是法治经济，用法律手段解决问题，这种方式将来可能越来越多地成为我们残联的一种工作方式。现在主要是通过政府行政手段解决，偶尔可以通过传媒解决，将来可能更多地要诉诸法律解决。一个地区只要有一件震动人心的诉讼案件，能够解决残疾人问题，就会震动一片，发挥教育作用。光靠正面教育不行，打赢一两场官司，大家就会明白是怎么回事！所以各省、各市可以有计划地打一两场维权的胜仗，这也可以说是普法。

四要严厉打击侵犯残疾人权益的犯罪行为，特别是以残疾人为对象、利用残疾人弱点的犯罪行为。这次召开第八次国务院残工委会议的时候，公安部的同志就提出这个问题。现在出现了一些新的苗头，就是针对残疾人、以残疾人为对象、利用残疾人弱点的犯罪行为，如针对聋人听不见的弱点进行犯罪等。还有犯罪团伙行为，这更要严厉打击。在这方面，各省同志要注意，发现苗头，及时掐住。中国残联要和公安部协调起来，个人犯罪要严厉打击，更重要的是绝不能让那些针对残疾人弱点的犯罪团伙存在。

总之，我们相信，随着国家法治建设的进一步推进，这些问题会逐步解决，残疾人事业的外部法律环境会越来越好。我们残联的同志也将越来越学会运用法律手段、维护残疾人权益，推动事业发展。

第五是群众环境。

残疾人事业的发展离不开广大群众的参与。在一定意义上讲残疾人事业是“人心工程”。没有群众的理解、支持，脱离了社会力量，残疾人事业就没了基础，成了“孤家寡人”。群众理解、参与的程度是衡量残疾人事业发展水平的一个重要尺度。只有广大群众充分参与,才能树立起理解、尊重、关心、帮助残疾人的社会风尚,创造文明进步的社会环境。

好的群众环境的形成,不是一朝一夕的事情,要有一个发展过程。这就要我们努力去创造,简单地讲,一是宣传群众,争取同情支持,争取人心;二是组织群众,开展助残活动,形成风尚。

首先是宣传群众,有这么几点:一是给群众正确的残疾人观。这方面内容很广泛,要把残疾人当人看,尊重残疾人的人格,不把残疾人看成“瞎子”、“聋子”、“拐子”,要有爱心。二是用优秀残疾人的自强不息精神教育群众。我们的报告团对残疾人自强模范的宣传,就引起了强烈的社会反响。张海迪这样的榜样,作用和影响都是很大的。三是用残疾人工作自身的形象争取群众。残联干得好,群众就信任,干得不好,群众就不信任,就不会帮助你。这是非常重要的。当然,有时候,我们干得非常好,群众一时却不理解。比如一九八八年残联刚成立时,社会上一些人不理解我们,那时候工作非常艰难,很多老理事长都知道,但那是个别情况。只要我们努力工作,发扬奉献精神,全心全意为残疾人服务,就能够争取社会的支持,争取社会的同情,争取人心。四是用残疾人文化体育感染群众,这个我们做了很多,在这就不多说了。

其次是动员群众,组织群众,开展助残活动,形成风尚。这些年来我们开展多种方式的群众扶残助残活动,如“志愿者助残”、“手拉手红领巾助残”、“一帮一、众帮一”、“帮包带扶”、“文化助残”、“科技助残”、“法律助残”等等,为残疾人解决了大量的实际困难,改善了他们的状况,增强了他们参与社会的信心和勇气,效果好,影响大。从众多扶残助残先进人物和集体的事迹中,我们可以真切地看到理解、尊重、关心、帮助残疾人正在成为一种新的社会风尚,看到中华民族传统美德和人道主义思想的巨大力量。

总的来看，这些年来，我们残疾人事业所处的群众环境越来越好，全社会越来越理解和支持残疾人事业。数以亿计的群众参加了各种形式的扶残助残活动，残疾人参与社会生活的环境大为改善。社会对残疾人的观念发生深刻变化。这是一个持续的、渐进的积累过程，也许一年两年感觉不明显，但是十年八年下来就会有明显的感觉。现在社会上对残疾人的歧视与偏见大大减少，一个新的良好的群众环境正在形成。

残疾人事业健康持续发展是个大课题，希望大家解放思想，畅所欲言，集思广益，为我们这个事业贡献智慧和力量。

要高度重视妥善处理残疾人专用机动车的问题[①]

（二○○○年三月三十一日）

残疾人专用机动车问题是近几年残疾人工作中遇到的比较突出的问题，也是一个影响安定的因素。这个问题涉及许多大中城市，包括省会城市、省辖市。这是相当复杂的问题，涉及面非常广，既是交通问题，又涉及残疾人的权益、残疾人的素质，也涉及残联的工作、政府工作以及法律法规等问题。对我们残联、对残疾人来说，这是一个痛苦的问题，并且困扰着交通干警、政府官员。西安、大同、贵州等一些地方相继发生了激烈的冲突。最初是沈阳的冲突，重庆堵塞长江大桥，武汉也堵过长江大桥。这个问题有历史原因，又涉及政治、经济、文化等多方面的问题，非常复杂。各位理事长千万不可掉以轻心，要高度重视，妥善处理。

这个问题的出现，是我们国家从贫穷到小康再到富裕过程当中不可避免的一种社会现象。人们在一个贫穷的环境里面，怎么谋生，怎么生活；社会逐渐进步了，又怎么样生活，怎么样要求；最后富裕了又怎么样。在这种变化当中所产生的矛盾和冲突，涉及各个方面，所以这个问题是个深层次的问题，不仅是表面的交通管理问题，不仅是表面几个残疾人表现不好的问题，也不仅是表面混乱问题和表面的吃饭问题，它反映了社会整个进步过程当中必不可免的痛苦和代价。

---

① 这是邓朴方同志在第十四次全国残联工作会议上的专题讲话。

代步问题今天不谈。大同市发生的事情有特殊性，跟别的地方不完全一样。我估计其他城市不会都做出取消机动三轮车代步的规定。代步问题主要是一些具体问题。允不允许带人，残疾人带家属、孩子？夫妻均为残疾人，可不可以同时代步？代步问题、营运问题的产生和解决是一个过程。残疾人机动三轮车代步是在社会不发达阶段的特殊现象：从手摇三轮车到机动轮椅车，最后到汽车。在还没有普及汽车之前，残疾人用三轮车代步是必然的。靠公交解决残疾人的代步，公共汽车可以上轮椅，在其他国家我只看到纽约有，此外没有任何一个城市是这样做的，一般的公共汽车重度肢残人都上不去，因为没有乘轮椅上下的升降机。也有的城市用康复巴士解决，香港就是这样。在残疾人群众还买不起汽车之前，这个代步车就要保留。

现在的矛盾不是集中在代步而是集中在营运。营运的问题是什么呢？就是因为中国穷，如果我们国家富了，残疾人也富了，就用不着靠这个营运。残疾人和其他人相比，在谋生上有更多困难，于是一些残疾人把机动三轮车营运作为一个谋生手段。在处理这个问题上，我觉得上海的认识是正确的，把它的产生发展看作一个历史过程，也就是说，残疾人使用机动二轮车营运，在一定时期，缓解就业压力，解决了一部分社会问题，同时它还是残疾人自强不息精神的体现。我认为应该这样来看，不应该有歧视性的看法。说句老实话，老百姓要活命，就是说到哪里，共产党也不会说不答应，人民政府也不会说不答应，群众也不会歧视。那么，营运有没有问题？问题很多。第一就是安全，载人对客人来说不安全，对残疾人来说，拉货载人于自己也是不安全的。还有，营运对整个交通是一个不利的因素，机动三轮车与自行车争道，和其他机动车争道，和行人争道，对别人是个妨碍，对交通是个妨碍，加上它的噪声和排气，对环保也不利。有的不遵守交通秩序，交警反感，行人反感，汽车反感，自行车反感，包括家里睡觉需要安静的人也反感,这样一来群众就有意见,整治交通中,这个问题就显得比较突出。

为一部分残疾人营运所付出的代价是大的,产生不少负面效应,这个代价是痛苦的,从一定意义上看,发展中国家的痛苦就在这些方面。我们很多年以前就注意到这个问题,一九九五年公安部等六部委下发了六十六号文件。在此之前,我们就跟公安部协商了两三年,在这个问题上,不少同志觉得很难坚持了,但我没有退。我坚持无论如何把营运这条保留下来,哪怕是限时间、限地域、限制车型。残疾人要生存,咱们是个发展中国家,是个穷国家,政府如果能把残疾人都包养起来,那就统统取消营运,否则就得开口子。是不是所有残疾人都靠这个活命?也不是。但是,有一部分残疾人确实要靠它活命,让他搞别的确实困难。再换一个角度想,搞营运如果城市不让走,农村让不让走?城市的郊区让不让走?近郊让不让走?这是一个活的问题,如果一刀切下来,会造成很多的矛盾。

我跟大家交个心,我也曾经生活在一个非常困苦的环境里。"文革"时,我在福利院,还有点生活费,棉衣棉裤给发,饭也有的吃,但是还要靠每天编织铁丝纸篓补助生活。残疾人生存比别人要困难得多,我不知道我在这个问题上是不是有点偏激,我是咬定了不让步的,取消了营运不行。后来下发了六部委文件,限车型、限地域、限时间,做了一些限制,开了个口子,现在想起来,我十分感谢公安部,做出这样的决定对他们讲太不容易了。尽管在营运上出了这么多问题,但是,为最困难的残疾人兄弟争口饭吃,我不后悔。当然,由于这件事顶下来也给我们各级残联造成了一些工作上的困难,在这里向大家道个歉,但我不后悔!

我们是个穷国家,残疾人就业不仅要依靠政府,也要依靠社会,依靠残疾人自己,在这种情况下,残疾人机动车是禁止不了的。有疏导才能有管理。大禹治水,他父亲治不好,他就治好了,就是方法不同嘛,一个是堵,一个是疏导嘛。如果不看透这一点,是不可能从根本上解决这个问题的。我觉得上海全面解决机动三轮车代步与营运问题处理得就比较好。非常感谢上海市委、市政府。要看到,全面解决需要以经济社会发展为条件。哪个城市能跟上海比?也许深圳的生活水平能够比一比,北京大概差些吧。上海残联的同志刚才也讲了,没有上海市人民生活水平的提高,没有上海市的财力支持,也做不了这些工作。上海解决它是以经济社会发展作为后盾的。从全国来看,机动三轮车营运问题迟早要解决,但同时大家也应认识到,解决这个问题并不那么简单,需要条件成熟,要有经济社会的发展作后盾,这是一个大的系统工程。

当然,指导思想是全心全意为残疾人服务,以人为本,要把残疾人当人看。对残联来说,要把维护残疾人的合法权益当作最根本的职责。作为政府来说,要十分尊重残疾人,如果对他们的人生价值、他们的人格、他们的生存权利、他们的发展权利都十分尊重,这件事情就能办下来。

换个角度看,假如经济发展起来了,人民生活水平大大提高了,谁愿开个三轮车风餐露宿去街上跑?这个问题反映了经济社会发展程度,有一个时代背景,在这个大背景之下,残疾人的痛苦、残联的痛苦、公安交通管理部门的痛苦,包括市民的一些痛苦,喜、怒、哀、乐都在这里边。对这个问题,大家心里有个数,适当时候,有条件解决了,经过周密安排,解决这个问题。如果没有一个正确的指导思想和周密细致的安排,蛮干,非出事不可。作为各级政府,心里更应该有这个底。残联的同志也应该把这种思想时常地向政府的领导做宣传,给他们通通气,使大家都了解这个问题,要知道这个问题的复杂性,它的社会基础,它的深层次的因素,做到心里有数。

有关机动三轮车的矛盾一出现,马上反映出了一个残疾人组织和残疾人的关系问题。残疾人组织要代表残疾人,那么残疾人中有没有个别表现不好的?当然有,有的残疾人不但自己不好,还欺负别的残疾人。上海市残联的同志讲他们也有对头,就是指那些不愿意合作的特别顽强的残疾人,这些人大部分是好的,他们能团结一部分残疾人,有影响力。上海市为做这部分人的思想工作登门拜访,一次、两次、八次、十次,结果精诚所至,金石为开。残联就是要做这方面工作。上海市肢残人协会在整个过程当中发挥了重大作用,如果上海市没有一个比较好的专门协会工作,没有肢残人协会团结这么一批肢残人,这项工作也难得做下来。大同市残联为残疾群众办了很多实事,但是后来与一部分残疾人对立起来,残联理事长就是不愿意见那个对头,说什么也不见。这个人也是早期残疾人领袖,现在却作为残联的对立面出现,很不好啊!他是有缺点有错误的,但是这么长时间,十几年了,我们怎么去团结他的,怎么去教育他的?我不相信不能把他团结教育过来。他可以争取许多残疾人群众,他一打招呼,少则十几人,多则上百人就跟他走了,不但肢残人跟他走,聋哑人也跟他走,他怎么能影响这么多人?

所以,我担心的就是残联成立以后,怎样和残疾人群众建立密切的血肉关系,既代表他们的利益,同时要团结教育他们,把他们聚拢在我们周围,成为残疾人群众和政府之间的桥梁和纽带,这就是残联的政治作用。讲政治就是讲这个。残疾人群众与政府对立,残疾人群众与公安机关冲突,引起了社会的不安定,就是残联的政治没有讲好!

关于机动三轮车问题,从残疾人组织自身来说,首先应该检讨我们的代表性够不够,是不是为残疾人服务了,是不是密切联系残疾人群众,是不是争取了残疾人群众的支持,是不是得到了广大残疾人群众的认同了,在关键的时候是不是能够坚决维护残疾人的合法权益。今天跟大家谈这个问题,就是因为这是当前很迫切的一个问题。残联不能老是当“救火队”。大家要早期预防,要重视这个问题,看到这个事情的历史背景,它的深层次原因以及在现实中产生的种种矛盾;同时,也要教育残疾人、残联的干部,通过处理这个问题使我们的工作水平有所提高。残联与残疾人的关系是鱼水关系,是一家人不是两家人。如果机动车的问题解决得好,可以使我们的工作向前迈进一步,使残联的组织建设和思想建设进一步加强,使整个残疾人事业向前推进一步。

还需要大家注意的是,近一时期中央在整顿交通秩序问题上,发了好几个文件,我这里有两份,一份是一九九九年十一月国务院关于转发建设部、交通部等部门关于清理整顿城市出租汽车等公共客运交通意见的通知,一份是二〇〇〇年二月国务院办公厅转发公安部、建设部关于实施全国城市道路交通管理畅通工程意见的通知。对于整顿交通、整治环境,中国残联坚决支持和拥护,各级残联也要积极热情地支持和拥护,态度要诚恳要坚决。交通搞好了,对每个人都有好处,对健全人有好处,对残疾人也有好处。

各级残联对整顿交通秩序第一要支持;第二要积极地参与进去,争取参与到管理机构中去。这次贵州就参与进去了。贵州省残联拿到文件就通知了贵阳市残联,让他们参与到这个机构里边去,同时把我对大同的批示,还有六部委的文件都交给了市残联,市残联也向主管的副市长汇报了。贵阳市给六百个残疾人发了机动三轮车临时的行车执照,先整治两轮摩托车,然后再解决残疾人机动三轮车问题。从三月二日发布政府令,到三月二十八日,这中间有二十多天,时间确实不多,工作也很难做得很充分。二十多天,怎么能一下子就把残疾人的工作都做通了?而且这个政府令的一些内容与残疾人的合法权益是不是一致?到了二十八日,执法小组上街,与残疾人发生了冲突。贵阳发了六百个执照,实际行驶的有两千多辆,也就是说有执照的残疾人三轮车只占百分之三十,百分之七十是非残疾人的无照营运车。残疾人三轮车不是整天都上街,可是健全人黑天白夜地跑,实际上是大量的无照健全人侵犯了残疾人的权益,造成了很坏的社会影响。残疾人被当了枪,给违法乱纪的人打了冲锋,亏不亏呀!沈阳、大同也是这样。那些人自己不敢出来,就鼓动残疾人出来。所以,在这个问题上,残联要积极参与,做好残疾人的工作。

第三,特别注意要坚决维护残疾人合法权益,要疏通好,疏导好。不但疏导群众,还要疏通好政府,主要还是政府。大同市的问题解决以后,残疾人说这下好了,把健全人的全取消了,只留下我们的了,这说明党和政府对残疾人是关心和爱护的。大同市只有九十六辆残疾人机动车营运,怎么能影响大同的交通呢?九十六辆车整天在马路上跑,也影响不了多少大同的交通。可是现在大家都把气撒在残疾人身上,咱们残疾人还傻乎乎地给人家打头炮。取缔了营运,残疾人是最着急的,因为这样一来他没饭吃呀,他家里有老婆孩子等着呢。当然,这样的人不是很多,但总还是有这么一批人,他着急了就往前冲。所以残联一定要做好工作,要给残疾人讲清道理,要跟政府讲清楚,给残疾人讲清楚。这个问题要解决好,对残疾人是有好处的。拿大同来说,两千多辆健全人开的机动三轮车都取消了,就留下九十六辆营运,残疾人收入比以前有保证。残疾人也支持治理整顿交通,这样,残联、政府和残疾人就走在了一起。我讲得比较容易,大家具体做起来可能比较难。代步还有那么多问题,营运的问题就更复杂了。这个问题处理好,对残联的工作和建设有好处,若处理不当,会使我们处于很被动的地位。

机动车问题不只是交通问题,不只是残疾人和交警的关系问题,也不仅仅是一个城市管理的问题,它还是个人权形象的问题。贵阳市三月二十八日出事,二十九日外电就已经报道了,上了互联网,大家不能不警惕!

大家还要注意,一九九九年十一月发的那个通知说,打击非法营运,维护客运秩序,在非法营运车辆活动猖獗的机场、码头、车站、公交线路沿线,大型客流集散点和城乡接合部,对非法营运摩托车、客货两用车、残疾人专用车、通勤车、伪造营运证照的小客车、驻点营运的异地出租车和其他社会车辆,要从严查处,坚决取缔。注意"非法"这个词,打击非法,我们赞成,但这里点到残疾人专用车了,我们就要负起责任,打击非法,维护合法。大家回去注意看一看这个文件。

传播人道主义需要坚持不懈的努力[①]

（二〇〇〇年四月二十八日）

在这个划转仪式上，我非常激动，因为中国残联一直希望有一张自己的报纸。在国家内贸局的关心、支持下，这个愿望得以实现。无论是贸易系统还是物资系统，一直对残疾人事业有着积极的支持。五十年代在周总理关怀下，做了一批盲人写字板，卖了几十年，到八十年代盲人写字板缺货，小学生没有写字板用。经与当时的物资部联系，支持了一批铜材，才做出了新的盲人写字板。商业部也不断有所支持，内贸局还是这一次“全国助残日”活动文件的会签单位。例子很多，我不一一列举。《物资报》社在物资系统是立过功的，得过很多奖。对于这样一支队伍，内贸局能采取非常开明的方针，让这支队伍到残联来并能让大家过来以后没有后顾之忧，这才叫仁至义尽，这也使《华夏时报》工作的开展有了好的基础。我们在接触过程中，不但把事情办了下来，而且也成了朋友。非常感谢内贸局的各级领导和同志们。

大家来到残联系统我表示热烈欢迎。十几年来，中国残疾人事业在改革开放的大环境中有了蓬勃发展。中国有六千万残疾人，可办的事情很多，应该办的事情就更多，但我们能办的事情还非常少，大有用武之地。这些年，我们做了不少事，也名声在外，因为我们办事也要追求社会效益，总是找那些需要的、能够办的事情来做，也在

---

① 这是邓朴方同志在《中国物资报》划转交接仪式上的讲话。

宣传上做了努力。中国很大,每做成一件事情都可以出很多数字,比如白内障复明工作,已经使二百八十六万人复明。但比起六千万残疾人的需要,还是微乎其微。进入市场经济以后,全国人民生活水平都在提高,但对残疾人这个群体来说,他们的相对生活水平、相对处境却在下降。全国贫困人口中,残疾人的比例越来越大。而我们残联的队伍很小,原来只有两千人,后来发展到两万人,现在达到八万人。八万人是个虚数,其中有很多不是专职的,所以力量比较弱,真的为残疾人服务还差得远。现在全国都已达到小康了,我们还在提为解决残疾人的温饱而努力,只是在东部沿海地区才提一部分残疾人达到小康水平。

目前,中国残联有《三月风》《中国残疾人》《盲人月刊》等杂志,有华夏出版社、康艺音像出版社,还有中国残疾人事业新闻宣传促进会,我们尽量在扩大宣传。很多人都希望有一张报纸为残疾人服务,为残疾人事业服务,为残疾人和残疾人所处环境的改变进行宣传,但始终没有能力,也没有钱。这次趁机构改革和报纸结构调整之机,在国家内贸局的大力支持下,我们得到了一个完整建制的报社,这是一笔宝贵的财富,为残疾人事业开辟了一个新的领域,增加了一支新的生力军,我为此感到非常高兴,并对所有的同志表示热烈的欢迎。《物资报》从一九八九年开始创办,经过金戈铁马创业的历程,创造过非常了不起的业绩。大家在《物资报》工作多年,很有感情,刚才张宝林讲既高兴又伤感,我很能理解,这是非常正常的。杨树德同志讲要乐观一些,我也赞成。人都是有感情的,如果诸位都是没有感情的人,来残联以后合作也不会愉快。对物资系统有留恋之情,这本身就是一笔财富,希望大家与内贸局继续保持良好的关系,是娘家嘛。中国残联是个穷婆婆,可提供的资金少,各方面的条件比较差,残联成立以来,一直本着“先治坡,后治窝”的原则干事,内部待遇不高,当然也在逐步改善。我想,大家能到我们这里来,看重的不是钱,不是优越的条件,我们为大家提供不了物质上的东西,但是这份事业是有吸引力的,办《华夏时报》,能在更广阔的领域里开展工作。希望大家能为残疾人事业、为国家的发展、为社会的文明进步发挥自己的作用。在这一新的广阔天地,我希望能与大家合作好。

当然,从办行业报转到办一张综合性报纸,为残疾人事业服务,是一个很大的转变。在这个过程中,要尽量保持稳定。既要积极向上,又要保持队伍稳定,也要保持业务相对稳定的转变。今年要继续办好《物资报》,千万不能松懈,在内贸系统站好最后一班岗是每一个同志的责任。要对每一个读报的人负责,有这种负责精神才能办好新的报纸。大家在物资系统工作了多年,有很多业务,有很多服务项目,在尽可能的条件下,要把好的东西保留下去。新报纸既要有新的特色,同时也要为原系统做必要的服务,内贸局有什么需要《华夏时报》做,都应非常愉快地去做。业务方面要有很大的提高,同时也要有相对的延续性。这样对业务的稳定、人员的稳定和整个大格局的稳定都有好处。

我们办这张报纸有个意图,就是希望在宣传人道主义方面多做些工作。人道主义始终是中国残疾人事业的一面大旗,从残疾人事业开创时起,我们就一直高举这面旗帜,尽管有过风吹草动,还有过威胁,甚至牺牲,但我们始终没有放弃对人道主义的追求。中国五千年的文明史,封建社会长达两千年,直到近代受到西方文化冲击之后,人们才开始改变观念。最近我重读中国近代史,非常难受。中国封建社会的腐朽到了不可思议的程度,它的思想影响在群众中有深厚基础。我看“文化大革命”不只是毛泽东的个人行为,同时也是群众行为,它是以封建主义思想意识为基础的。中国没有经历西方的文艺复兴,尽管“五四”对封建主义有冲击,新中国成立后对封建主义有冲击,但是一种文化的减弱、消失,不是几年、几十年的事,而是需要几百年的时间、非常长的历史时期。在这个过程中是要付出代价的,比如“文化大革命”。中国社会要进步,不在文化上做出改造,就会受到非常大的制约,以至于将来不能前进,甚至走到邪路上去。中国的改革开放已经搞了二十多年,中国社会有了很大变化,人们的思想观念也有了很大变化,但还要大力倡导人道主义,大力倡导社会进步。这是一种精神文明,同时又是全民族的文化进步、文明进步。只有这方面改变了,进步了,中国的经济发展才有文化基础;只有这方面改变了,我们的残疾人事业和残疾人所处的环境才能得到根本的改善。当然,路要一步一步走,但要始终不断地宣传人道主义,实践人道主义,让所有的人都能接触人道主义,接受人道主义,特别是要对青少年进行人道主义的教育,这是非常重要的。我希望我们的报纸在这方面能有所作为。不可能一下子搞很多,但只要坚持不断地循序渐进地努力,一定能使这方面的宣传取得成效。

《华夏时报》不办成中国残疾人联合会的机关报,要办成商业性的报纸,要按商业报纸的运作方式来操作。这对大家既是挑战和考验,同时也是一个机遇。在这个前提下,我们宣传人道主义,为残疾人事业服务,为社会的文明进步服务。这样一个大的定位与党组对报纸的定位是一致的,你们的策划方案中已体现了这一点,就按这个方向去做。《物资报》原来是行业性的报纸,有稳定的饭吃,现在到残联来,残联是个穷婆家,拿不出很多钱补给你,真要是有麻烦了,我还没有什么招来救你,在这种情况下,不确定的因素增加了。另外,由于报名改变,读者对象、服务对象改变,广告会损失相当的部分,但也会增加新的广告渠道,这实际上就是第二次创业。你们以前打下了一定的基础,可以依靠以前的底子,但不能靠在以前的基础上不动,大家要有危机感,起码在变动过程中不能没饭吃。新报是周五刊,办下来是不容易的,如果没有一种创造精神,没有豁出去再拼一次、再干一次的精神,就办不成这个事情。大家要振奋精神,丢掉幻想,做好二次创业的准备,要艰苦奋斗,顽强攻坚,使《华夏时报》在激烈的报业竞争中站住脚并能发展起来。希望若干年后,回顾创业过程,大家都能感到欣慰、光荣和自豪,感到自己不虚此生。

最后,对大家再一次表示欢迎。中国残联党组不把大家当外人,大家也别把我当外人。

残疾人劳模也是全国人民的表率[①]

（二〇〇〇年四月三十日）

今天大家“回娘家”，我对大家表示热烈的欢迎。今天能够见到大家非常高兴，我有一种感觉，大家一来，一种豪迈之气迎面扑来，残疾人劳模的风采一下就能让人感受到，让人精神振奋。我们平时在机关里没感觉什么，当然都有很多事情，都在工作，都很紧张，但跟在座的各位一接触，立刻感到一种热烈的气氛，豪迈之气就出来了。昨天刚下过一场雨，今天是雨过天晴，天气热起来了。我们的心也热起来了。

在座的有些同志熟悉，有些同志不太熟悉，但我知道大家在自己的人生当中，在自己奋斗的历程中都有许许多多的艰难困苦和许许多多的坎坷。正是因为有了残疾、有了困难，那种自强不息的精神、那种克服困难的精神才能够充分迸发出来。你们胸前的奖章不只是一个标志，在这个标志后面，还有长期艰苦的奋斗、有人生的坎坷、有成功的喜悦，也有遇到困难的痛苦，我觉得千言万语说不尽这块奖章背后的艰辛和奋斗。但是大家站起来了，你们作为残疾人能够在众多的英雄模范人物中脱颖而出，成为全国劳动模范，是我们残疾人的骄傲，是残疾人事业最可宝贵的一笔财富。全国的残疾人都应该向你们学习，全国的残疾人工作者都应该向你们学习，学习你们的这种精神和意志力。你们的自强不息，不单是残疾人不断拼搏的力量，而

---

① 这是邓朴方同志在全国劳模残疾人代表座谈会上的讲话。

且正如江泽民主席所说的,这也是中华民族最可宝贵的精神财富。在我们全体残疾人中、在全体残疾人工作者中,要充分地宣传、学习你们的精神和事迹,让更多的残疾人走上你们的道路,当然不可能都当上劳模,是要鼓励大家走上自强奋进的道路,这对全国影响会是很大的。我们残联不但要搞好组织建设,还要加强思想建设,全国劳模中残疾人代表的事迹就是很好的教材。

我还有一个感触就是,这是历届全国劳模表彰活动中残疾人数最多的一次,将来还会更多。这说明了残疾人艰苦奋斗的成果得到了社会的承认,社会包括党政领导和群众对残疾人的认识和理解大大进步了。当然,社会对残疾人歧视还是很多,但总的来说社会在变、在进步。改革开放以来,不但物质文明进步了,精神文明也在进步,尽管还有很多很多的问题,但残疾人事业的发展得到了社会的理解,残疾人自强不息的精神得到了大家的认同。残疾人作为人,得到了大家的理解、尊重。我们还要再继续做下去,这次全国劳模是两千九百多个代表,残疾人有二十六人,还不到百分之一,残疾人占全国人口的百分之五,不一定非到百分之五,但我想下一届起码要达到百分之二,上一个百分点。我们不断地进步,社会不断地理解,我想今后将会出现一个更多的残疾人一起奋发进取的局面,这是必然的。

残疾人劳模们不只是作为残疾人的表率,也是全国人民的表率。在今后的工作、生活中一定要再接再厉,不但自己能够永葆青春,而且还要带动周围的残疾人、周围的群众共同为社会主义现代化贡献力量。我国现在所处的国际国内环境并不是很宽松的,中华民族的振兴,百多年了就没有什么机会,辛亥革命以后没有机会,国民党统治时期也没有机会。中华人民共和国成立才开始有机会了,在一段时期我们自己又把机会丧失了。中华民族真正的振兴就在改革开放之后,就在现在。我们已经有了奋进的二十年了,再有三五十年,我们中华民族振兴的任务我觉得就可以大致完成。在这一过程中,特别需要自强不息、艰苦奋斗的精神,特别需要顽强拼搏,所有这些都要依靠你们的带动,依靠你们的继续努力,也依靠广大群众的继续努力。只有国家进步了,才有残疾人的明天。残疾人的事业、残疾人地位的最终改变,要靠国家的改变,我们一定要携起手来,共同为中华民族的振兴而努力。

残疾人事业今天没有时间跟大家详细介绍了,我觉得这些年发展很快,工作也很努力,但很多事情还不尽如人意。作为残疾人的组织,怎样联系广大残疾人群众,怎样代表残疾人,怎样全心全意为残疾人服务,怎样全面推进残疾人事业,做的事情比没做的事情少得多,能做的事情而没有做到的也不少。作为残联的领导,建模理事长表态"向劳模学习,加倍努力工作"这句话是算数的。

最后,祝大家在今后的生活上、工作上更上一层楼,也祝大家保重身体。残疾人本身就有残疾,还要拼命干,我是主张大家要有牺牲精神的,但不主张大家现在就牺牲。会后建模要与各省残联打招呼,对残疾人劳模要保护好,不要给他们太大压力。如果当劳模以后,干事情就缩手缩脚了,这是不行的。还是要继续给大家鼓励,继续让大家努力创业,给大家解决后顾之忧,而且要在政治上、环境上关心爱护大家。劳模也是活生生的人,一方面我们要鼓励劳模继续努力奋斗,另一方面大家该放松的时候就放松一下,有休息的时间,有喘气的时候,有自己的喜怒哀乐。所以残联应该更加关心大家,帮助大家解决困难。我祝在座的每个人都能事业成功,家庭生活幸福愉快!

要继续发扬扶残助残的良好风尚[①]

（二〇〇〇年五月二十一日）

现在，我就全国志愿者助残活动情况作一简要介绍。

党和政府历来关心残疾人，重视扶残助残工作。江泽民总书记指出，全社会要继续发扬扶残助残的良好风尚，为残疾人送去更多的温暖。全国人大常委会一九九〇年颁布的残疾人保障法中规定，“每年五月的第三个星期日为全国助残日”，体现了全国人民对残疾人的关爱。一九九一年和一九九七年，国家先后两次表彰了扶残助残先进集体和个人，一大批助残先进成为人们学习的榜样。党和政府的倡导，榜样的带动和影响，各界的积极参与，使扶残助残在全社会蔚然成风。

志愿者助残，是在我国社会进步、精神文明建设加强和残疾人事业发展过程中，中华民族助人为乐、扶弱济困的优良传统与国际志愿者活动经验相结合的产物，是扶残助残的一种有效形式，具有鲜明的时代特征。十多年来，志愿者助残由点到面、由小到大，逐步发展成为有组织、有计划、广泛的社会行动。以“手拉手红领巾助残”为启动，广大少先队员成为志愿者助残的先锋。从一九八七年到现在，先后有七千多万少先队员帮助残疾小伙伴。九十年代初开展的“中国青年志愿者行动”，将残疾人作为重点帮扶对象，一百多万青年志愿者与残疾人结成帮扶对子。一九九八年三月，国务院残疾人工作协

---

① 这是邓朴方同志在全国志愿者助残先进集体和个人表彰大会上的讲话。

调委员会《关于加强基层残联建设的决定》,明确要求基层残联建立志愿者助残联络站。截至一九九九年底,全国已建志愿者助残联络站四万多个,联系了上百万各界志愿者扶残助残。在城市街道居委会、农村乡镇,广大的社区志愿者也参加到助残行列中来。扶贫攻坚战中,广大农村的党员、团员、干部和群众,自愿担当"帮扶人",帮助几百万贫困残疾人解决了温饱。解放军、武警部队广大官兵,发扬人民子弟兵的光荣传统和雷锋精神,热情帮助残疾人。在残疾人运动会等大型活动中,身着统一标志的志愿者,活跃在各个角落,提供了有效的保障。在商店、车站、机场、码头、影剧院、图书馆、公园等公共场所,随时可以看到助残志愿者用自己的爱心帮助残疾人克服障碍。特别是,在每年的"全国助残日"和春节等重大节日,各级领导干部和千千万万的普通老百姓,都以不同形式,慰问、帮助残疾人,为他们送去温暖。他们身上洋溢着"奉献、友爱、互助、进步"的志愿者精神,成为文明进步的亮点,谱写着人道主义的华章。

这次表彰的全国志愿者助残先进集体和个人共一百零九个,其中集体四十二个、个人六十七名。他们是各地残疾人工作协调委员会经过认真推荐、评选出来的,是数百万全国助残志愿者中的优秀代表。

四十二个助残先进集体,遍及全国各条战线,涉及社会各个方面,包括党政部门、企事业单位、群众团体、学校、基层组织以及解放军。他们中有十万多人次为两千五百多名残疾人提供六万多小时服务的中国人民大学青年志愿者协会;有长期坚持、为辖区内残疾人生活提供各种帮助的天津市汉沽区河西街三明里南居委会"五老汉"、"五姐妹"志愿者服务队;有坚持十二年如一日,捐款近两万元为盲人院提供服务的江西省新余市公安局交警支队城区大队;有二十年无私奉献、与盲人村一百多户残疾人开展扶贫帮困、被誉为"绿色志愿者”的解放军第二炮兵指挥学院第十学员队;有十六年来,积极安排残疾人就业、千方百计改善残疾人生活状况的内蒙古包钢综企集团福利厂;有把助残脱贫作为“形象工程”,捐款捐物,与贫困残疾人“结对子”的齐齐哈尔市农业银行;还有六十多位克服自身残疾障碍,为一百多户贫困残疾人和军烈属、孤寡老人提供义务服务的山东省青岛市市北区残疾人志愿者服务队。

六十七名志愿者助残先进个人中,有工人、农民、学生、机关干部、公安干警和教育、医务、法律、体育、新闻等工作者及个体企业家,包括汉、藏、蒙、回、满、苗、维吾尔等民族,其中党员占百分之六十六,机关干部占百分之三十八点八,年龄最大的七十八岁,最小的只有十一岁。他们中有坚持四十年如一日,把孤寡盲人当作自己亲人,给予无微不至照顾的北京市通州区广播局干部张雪梅;有为残疾人排忧解难,坚持每周走访一户残疾人家庭的人民公仆,黑龙江省哈尔滨市道里区委书记、区长陆文君;有二十五年来,为残疾人提供服务达七千多小时的辽宁省营口市渡口运输站工人马国祥;有以博大的母爱、坚持七年如一日,视三名重度残疾儿童如骨肉的新疆阿克苏市英巴扎街道维吾尔族“五保户”吐尼沙汗;有风雨无阻、坚持五年背着残疾同学上学的西藏拉萨市城关第二小学年仅十一岁的少先队员旦增措姆;有十五年来坚持扶助七十六户残疾人脱贫致富的安徽省临泉县久发实业有限公司经理、残疾人柳西久。

志愿者助残先进集体和个人,以自己的实际行动,为残疾人的生活、学习和工作提供了大量、周到的帮助和服务。他们的事迹平凡中见伟大,细微处见精神,感人肺腑,可歌可泣;他们关心他人、平等友爱、团结互助的品德纯洁而高尚;他们的事迹谱写出一曲曲净化心灵、催人奋进的精神文明之歌。

作为一个残疾人和残疾人工作者,我衷心感谢社会各界给予广大残疾人和残疾人事业的真诚帮助,我诚恳地希望能有更多的志愿者加入志愿者助残队伍中来,深入持久地开展助残活动,为残疾人提供更多的帮助。我希望广大残疾朋友要自尊、自信、自强、自立,通过自身的艰苦努力,回报社会,积极投身祖国的社会主义现代化建设,为社会的进步文明,做出自己的贡献。

实现办公自动化，为残疾人提供更好的服务[①]

（二〇〇〇年六月九日）

今天这个会让我学到了不少东西，我在这里也扫个盲，很多东西我也是不懂的；同时，这个会又是个动员会。今后中国残联计算机信息系统要不断地建立健全、丰富完善，并使之有效、安全地运转起来，既为大家工作提供方便，又为领导提供决策信息，同时又能够为残疾人提供服务。

实际上，计算机办公自动化在国外已经非常非常普遍了。在发达国家，公司也好，政府机关也好，没有电脑是不可想象的事情。据说，英国首相布莱尔有三台电脑：一台用于办公，一台用于上网，另一台则是玩游戏。当然，布莱尔是比较年轻的首相。

现在的这个世界信息大爆炸，计算机和网络已经使世界完全改变了面貌。当今世界经济发展中发展最快的就是信息产业，当然，生物工程等行业发展也非常迅速，快到什么程度，拿比尔·盖茨来说，快到美国政府前一段时间不得不拆散他的公司，否则就会被他垄断。现在的世界首富中，排在前位的几乎多数都是这些计算机行业的。当今的世界，无论政治上、经济上，还是商业运作，电子网络技术都非常的热门。借助电子商务，不出家门就买来你想要的东西。另外看军事，海湾战争、科索沃战争几乎都是靠电脑，打仗就和儿童玩电子

① 这是邓朴方同志在中国残联计算机信息工作专题会议上的讲话。

游戏一样，在一个屏幕上这么几分钟、几十秒钟仗就打完了。当然，这是说比较发达的国家的情况。

就中国来说，要进步、要前进，如果不能在科学技术上跟上时代的潮流，那我们还会落后很长很长的时间。当然，真正用起电脑来，确实也不容易。比如办公自动化，实现办公自动化不仅是个软件的问题，也不是一个有什么设备的问题，也不只是编个什么程序的问题，关键在于使用者的观念，他的文化素养，也包括他的作风等方面，都要有一种新的适应。我们大家好像都喜欢面对面的工作，将来面对面的工作还是大量的，还是主流，但是在电脑上的工作要逐步地增加。我倒不主张很快，但是每一步都要走扎实了，要一件一件地把事办成。要有一个总体的规划，同时又要有一个逐步发展的过程。

我们的计算机信息工作大致应做好以下几项工作：

首先是办公自动化。包括机关办公自动化，机关与国务院系统、中办系统的办公自动化的衔接，中国残联与地方残联办公自动化系统的联网，中国残联与直属单位的联网。实现这一目标不是一件容易的事，但来到办公室必须要上机，对我们来说无论观念还是程序都需要走这个路。这个路要走扎实，要不断地探索，不断地走。办公自动化实际上是提高工作效率非常有效的一个工作方式。咱们中国就因为人多，人工就不值钱，不值钱实际上也就效率不高。

另外通过办公自动化对我们每个干部素质的提高也可以有所帮助，咱们不能老是土八路。办公自动化的发展过程，是一个包括文化、知识素养、思维习惯、机关素质等方面不断提高，互相促进，互相发展的一个过程。我们虽然不是一个纯粹的政府机构，不是讲“亦官亦民”吗？我们也是国务院直接管理的一个单位，所以我们应和国务院系统尽快联网。

另外一个就是跟地方残联，现在联到省级，将来联到地（市）一级,最后联到县一级,中国残联要在办公自动化方面对地方残联有一个帮助、指导。在这方面,中国残联办公自动化系统应该集中相对的力量。还有像康复中心等直属单位也存在如何与中国残联链接的问题。大家看看你能办什么,我能办什么,互相之间能办什么,将来能够把所有力量动用起来。深圳残联的互联网网站没有包括办公自动化系统,就已经投入了十几个人进去了,上海少一点,七个人。中国残联信息中心也要形成相对的力量,要进行软件开发、硬件的支持,还有大量的工作要做,恐怕要做长期的艰苦奋斗。我觉得整个办公自动化,包括我们内部、我们和国务院系统、和地方残联、和直属单位之间的互相联络、沟通,将来都要用计算机来做,实现这一目标就可以大大提高效率。

第二是统计系统。实际我看还可以延伸,就是关于信息的收集、统计和利用。我们的统计系统现在比较乱,而且大家无所适从,将来统计系统要规范,要计算机化。统计用计算机来做是最容易的一件事情,这样可以使我们自己的头脑清楚,录进计算机里是死的,用时不用拍脑门了。现在我们设计一个表格,你拍一个脑门,我拍一个脑门,这表格设计得乱七八糟、五花八门,今天这样,明天那样。你们上面一个表一个表发下来,我们基层残联有时只好给你胡填。底下蒙我们,我们也认蒙,没数字不行,但报上的数字可靠性、准确性是非常差的。将来用计算机统计规范出来以后,表格定下来,今年什么样,明年什么样,每一个变化都非常慎重,地方有据可依,有据可查,也能相对适应。统计要固定化、专业化,统计指标数量要严格控制。统计表格由各个部室设计,最后由信息处归总。

我为什么要发展部参加呢?发展部在这方面也应当负一定的责任,这不只是办公厅负责,发展部在这方面不参与也不行,各个部门也都应该认真做,办公厅和发展部作为综合性部门,应该把这些事认认真真做起来。

除此之外，还要有大量的信息收集和处理，该存档的存档，该公布的公布。我觉得这些工作能为广大残疾人工作者和残疾人提供非常丰富的东西。但这种信息的收集必须有相当的量，人家都已是海量储存了，我们现在没有海量也应该有“河量”，总不能是小河沟的量。

信息的采集，《华夏时报》将来是我们的主力和生力军。其他各个部室也一样，包括我们的信访，因为信访有很多东西都可以在内部网上出现。比如信访资料都通过计算机录入了，想调信访的资料，不用信访办送了，可以直接在电脑上查，有多少信，有什么问题，一查就出来了。信访可以采取来一封处理一封的方式，统计也比较好做，从录入就规范，就业类、申诉类、打官司的、生活的，录入计算机统计，用不着人工统计。这种信息的广泛采集，包括各个部(厅)的信息，如宣文部有关报刊、有关文集、有关重要资料的采集，包括各个省市残联向中国残联提供信息，将来也要有要求。我们必须形成相当的信息采集的量，采集完后，处理信息要有一套方式方法，哪些信息有哪些用处，哪些信息是暂存的，哪些信息是马上用的，哪些信息是统计用的，哪些信息供领导决策，哪些信息提供各个部室做参考，这些东西通过计算机来处理都可以处理的非常好、非常快。当然，我们必须要有基础的力量，没有基础的力量是达不到的，有了基础力量以后，它形成了一个放射状的东西，可以把各个部厅、各位理事长、理事、各直属单位都联起来，能够共享的资源让大家尽量共享；希望给少数领导人提供的，给少数领导人提供；能够进入大众传媒的，尽量进入大众传媒。这样残联系统可以利用信息的采集、处理及每一个人对信息的利用，大大开阔自己的视野，拓宽自己的事业范围，提高自己的工作效率，丰富知识，对于决策、对于我们研究问题都是大有好处的。

发展部将来在信息的处理方面应该负更多的责任,将来你们还要研究这些问题,具体技术问题、收集工作,办公厅要更多承担。发展部不能总作为残联领导的大秘书,应当对残疾人事业发展的各种趋势各种现象进行研究,能够为领导提供一些思想、提供一些方法,同时为各个部厅提供服务,提供研究问题方面的服务。发展部应该掌握更多的信息,掌握更多的信息来源。白内障数据库是比较完整了,将来我们要建很多很多这样完整的信息库,采集完了处理后,建立数据库,进行利用。这样既能为历史留下一个档案,同时又能为现实工作提供服务。当然,我刚才说的这些做到都是非常不容易的,不是一下就能做到的,但是要朝着这个方向努力。

第三,利用计算机网络为公众和广大残疾人服务。为公众和广大残疾人服务集中体现在我们进入国际互联网。我以前催也就是催咱们赶紧进入国际互联网。现在国际互联网的利用已非常的广泛,进入这个信息系统可以采集到我们平常看不到的信息,或很难拿得到的信息,而且速度非常的快。现在电子商务在美国这类国家比例已非常高,中国的电子商务还很薄弱,在网上购书的不少,真正买东西的不多,只要达到足够的信誉和服务,中国的电子商务也就能够发展起来。中国上网的人数每年翻番,我们要在残疾人工作方面为这些用户提供服务,同时也为残疾人提供服务,为残疾人工作者提供服务。所以,首先要把中国残联的国际互联网网站办好。

这个网站我有种感觉,好像不能办得太活了,你毕竟是机关,毕竟有权威性,办得太活很难保持机关的权威性。我想是不是可以把中国残联的国际互联网网站和各地方残联的国际互联网网站以及残疾人个人办的互联网网站链接起来,形成一个有机的系统,我们中国残联网站可以和他们交换信息,给他们提供服务,内部与他们建立些联系，我们与深圳、上海已经建立了联系，有些办得不错的个人网站也可以和他们建立联系，这里面有自强的，有互助的，有求助的，还有互相讨论的。

我们作为权威性的这么一个网站，我们发布的东西都应该是准确的。五月份几个大活动后，我们网站动态新闻就没有变化，各部室没有提供信息，比如建模去陕西调研、上海第五届残疾人运动会的总结会，在我们的网站上也没体现出来。有动态新闻，动态新闻就要保持一定的量，但维持一定的量，也要筛选有价值的，采集后要审核。中国残联网站除了能够发布政策、法规、方案等资料外，还要能够发布活的东西，活的东西就是动态新闻。动态新闻上去后就要花很大的力量。

网站要和网民交流，起码有个网址让网民给你写信。信箱开了以后，等于半个信访处，开信箱后来信回不回，这么大量的信息怎么回，这都是问题。就是说为广大残疾人、为广大网民服务这方面，既有一个发布权威性信息方面的内容，同时又要能够提供我们之外的大量信息，比如提供直属单位的信息，像康复中心的信息、《华夏时报》的信息、《三月风》的信息，这些都要给大家提供。另外还有各省的信息的提供。

除了提供信息以外，将来和网民的互动怎么解决，这个问题要研究。这个问题不要轻易开动，但你不开动就很死，没这个东西吸引不来人。当然，我们残联的网站不是一定要像商业网站那样追求点击率，不是追求这个，是提供一个权威性的服务。这个思路倒是不错的，我们的网站要提供一个准确、可靠、权威、可信的一个服务，但是我这个权威性的用语是不是准确，你们大家要考虑。

中国残联这个互联网网站建立起来试运转，我们现在人力又少，比起深圳、上海已经开通的网站还是有一定的差距，当然，我们也不可能像深圳那样什么都往上上,像广告,我们不办商业网站。但是我们中国残联互联网网站要成为一个龙头,这个龙头能够带动很大一个龙身子,这个龙身子不是我们自己,而是整个中国残疾人系统,甚至能够为国际残疾人系统牵线搭桥。除了办好自己的网站以外,我们的定位和省残联、商业网站的定位是不同的,我们要把位定好、服务好,要以这个为龙头,和全国的其他网站、其他机构充分地联络起来。这样它就不单纯是一个网站,它还应成为一个任何人进去都能找到他所要找的东西的窗口,甚至可以寻求帮助。我想看病,查康复中心,康复中心的各种治疗服务马上可以提供给残疾人,康复中心有什么著名的教授,骨科医生中有什么著名教授,他有什么特长,他能治什么病。我需要残疾人用品用具,除了总站的东西,各地站点卖什么用品、地址在哪儿都可以查到。你想就业,点到就业求助,然后转到各个省市就业服务网站里面去。当然,现在还不可能马上办得那么好。

中国残联的网站应该和各地方的网站链接,资源共享,让大家知道,我上网后可以顺利查找到我所需要的东西。我们办的是一个中心网站,中心网站必须能够提供方便的服务,让大家能够利用现有的,或者即将有的整个大社会互联网上的资源,能够充分享用,这样我们的互联网就会受欢迎,而不一定要靠那些花边新闻,靠广告、靠新奇的东西来提高点击率,而靠我们的服务,我们周到的服务。为残疾人和残疾人工作者服务,我们还要作为一个专门的课题来做。

我想残联计算机信息工作大致就是以上这么三块:一个是整个系统办公自动化和与外界的办公自动化衔接;还有一个是信息的收集、处理、贮存、建立资料库和利用,将来还要落实到利用上;再一个是对公众的服务,一定要把它做好。我刚才提到的范围很大,任务很多,也不是马上能够办到的,要大家共同来办。当然,现在还不到这一步,真正要办起来,大家要共同努力,全机关共同来办,各个直属单位都要支持这个事情,与地方残联充分的沟通,争取他们的支持和帮助,一方面为他们提供指导,同时争取他们的帮助。这件事办好了,特别是和地方联络起来了,没有他们的意见,没有他们的建议,没有他们的使用习惯,没有他们的工作方式或工作方式的改变,这件事情也办不了。

这件事我觉得是件大事。一进别的机关,桌子上都有电脑;进我们的机关全是一堆堆的夹子。将来,中国残联机关人手一机一定要做到。真正实现办公自动化后,大家会习惯一进屋先把电脑打开,需要的信息都在电脑里面。当然,不是马上就能达到这一步,我相信应该为期不远。你们定的是“十五”期间,五年把它做出来,我看也行,这个事毕竟不是一口气吹成的,大家不断吹吹就办成了。这是一场革命,它不但“革”办公方式的命,也在“革”我们自己的命。

现在已经有个开端了,我听了介绍,我觉得非常高兴。大家的工作是很有成绩的,我觉得也在路子上了,办得不错。今后的路还很长,希望办公系统自动化一步一步地取得扎扎实实的成绩,使我们残联的工作效率更高,更加科学化、民主化,同时也使我们的人能够进一步提高水平,实现人的现代化。

为实现联合国倡导的“人人共享的社会”而努力[1]

（二〇〇〇年六月二十六日）

在人类社会即将进入新世纪和新千年之际，我们聚会日内瓦，探讨全球化趋势下社会发展问题，这反映了人类对自身命运的关注和期望，对推动国际社会以更加积极、务实的行动，在全球化进程中努力实现惠及所有人的社会发展，具有重要的意义。

五年前，社发首脑会的盛况仍留在人们记忆中，作为会议成果的《哥本哈根宣言和行动纲领》汇集各方面智慧和共识，向世界做出了庄严的承诺，五年来对推动全球社会发展发挥了积极作用。

当今世界正在发生极其广泛和深刻的变化，全球化的进程明显加快，国家间、地区间的互相联系和依存不断加深。这对社会发展产生重要影响。我们注意到，在这种情况下，全球贫困人口增加、国家贫富差距加大、残疾人等社会脆弱群体仍处于边缘状态，以及局部战争、冲突和纷乱依然存在。这一严峻现实，提醒我们社会发展的任务无论对国际社会还是各国政府来说都十分艰巨，需要引起高度重视，加强相互合作，采取更加积极务实的行动，做出长期不懈的艰苦努力。

我认为，在讨论社会发展问题的时候，我们不能忘记人类所追求的根本目标，就是每一个人都能够享受平等的权利并且得到充分的发展。有针对性地解决贫穷、失业和社会排斥等仍然制约社会发展

① 这是邓朴方同志在“日内瓦2000”非政府组织论坛上的讲话。

的紧迫问题,需要各国政府及国际社会承担自己的责任,共同做出努力。其中,发达国家应给予发展中国家必要的支持,从长远看这有利于共同的繁荣进步。

任何一个国家和政府,任何一种经济形态,都必须追求经济和社会协调发展。发展水平不同的国家在一定发展阶段上这两方可以有不同侧重,但总的来看必须协调起来。因为我们所追求的是以人为本的发展,它不仅要创造一个有利于经济增长的市场经济环境,更要建立一个充满温暖、关怀、友爱的公平的社会。

在强调政府对本国社会发展负有主要责任的同时,应特别注意充分的社会参与是发展动力。人民在参与中获得发展机会,发挥聪明才智,共享发展成果是社发的应有之义。非政府组织对本国社会发展的积极作用也是其中的一个重要方面。各国政府有责任为所有社会成员参与社会发展提供平等机会和基本条件,特别要为残疾人等社会弱势群体提供必要扶助。

主席先生:

经济增长的成果惠及弱势的残疾人群体,使其融入社会主流并享受发展成果,是检验“社会融合”和人权保障的重要标准,也是社会发展的重要内容。近二十年来,残疾人问题日渐受到国际社会关注,联合国制定一系列文件和开展重要活动做出一定贡献。但是,随着“联合国残疾人十年”结束,国际社会关于残疾人问题的声音渐趋减弱,良好的发展势头未能有效地保持下去,残疾人所面临的严峻问题远未全面有效地解决。

为了唤起国际社会对残疾人问题的关注,并采取相应行动,残疾人国际、融合国际、康复国际、世界盲人联盟、世界聋人联盟等国际残疾人组织的领导人和中国等一些国家的残疾人组织的高层代表,于二〇〇〇年三月聚会北京,一致通过了《新世纪残疾人权利北京宣言》,强烈呼吁国际社会制定《残疾人权利公约》,使其对各国具有法律约束力,成为义不容辞的责任与义务,以加强联合国《关于残疾人的世界行动纲领》和《残疾人机会均等标准规则》的权威性。我在这里再一次郑重重申这一呼吁,提请国际社会、联合国、各国政府及非政府组织给予充分关注和有力支持,尽快启动制订《残疾人权利公约》的程序和进程。我确信,这一条约的制定实施,将有力地促进占世界人口百分之十的残疾人被忽视和边缘化状态的改善,为推动联合国倡导的实现"人人共享的社会"和在全球化进程中惠及所有人的社会发展做出重大贡献,为人类的文明进步增添光彩的篇章。

主席先生:

中国作为世界上残疾人最多的发展中国家,采取立法、制定实施国家计划、建立政府残疾人工作协调机构等一系列切实有效的措施,使六千万残疾人的生存发展状况得到明显改善。社发首脑会确定的"消除贫困、扩大就业、社会融合"三大主题,在中国得到了与国情相适应的积极进展,这在残疾人事业领域也得到反映并具有一定代表性。今后,中国非政府组织和政府将继续致力于保持并加强这些措施和行动,在经济社会的协调发展中,促进残疾人的"平等·参与·共享"。

站在世纪之交和千年之交的门槛,回顾既往,瞻望未来,我们深知社会发展对人类未来命运的重要性和我们对此共同担负的责任和使命。我们期待着一个合作与和谐的新世纪的到来。让我们为此携手努力,赢得人类社会更加美好的发展前景。

为奠定残疾人事业“十五”发展基础而努力奋斗[①]

（二〇〇〇年七月二十五日）

现在，我受理事长办公会议的委托，向理事会报告残疾人事业一年来的发展情况和基金会一九九九年度工作总结及二〇〇〇年度工作安排，请予审议。

一、残疾人事业一九九九年发展情况及二〇〇〇年工作安排

一九九九年，残疾人事业年度任务全面完成，重点工作成绩显著，社会环境进一步改善，地方工作更加主动、活跃。

（一）年度任务全面完成

1. 康　复

一百七十万各类残疾人得到不同程度的康复。其中白内障复明四十一万人，低视力康复两万两千名；肢体残疾矫治手术四万两千例，康复训练五万四千名；智力残疾人儿童系统康复训练两万三千名；聋儿听力语言训练一万七千名；精神病综合防治一百零三万名，“社会化、综合性、开放式”精神病防治康复模式得到世界卫生组织肯

---

① 这是邓朴方同志在中国残疾人福利基金会一九九九年度工作总结及二〇〇〇年度工作安排会议上的报告。

定,二百四十三个试点市县的精防工作深入开展;装配假肢、矫形器十万例,新拓展的普及型假肢及矫形器开发和安装工作起步,为五个省八百余名贫困残疾人减免费用安装假肢;残疾预防科普宣传工作得到加强。

2. 教　育

国家将残疾儿童少年义务教育评估纳入"全民教育二〇〇〇年监测评估体系";组织进行首次全国范围的未入学适龄残疾儿童少年入户专项调查;"希望工程"、"春蕾计划"等专项资助计划救助因贫失学残疾儿童少年五万五千余人;残疾儿童少年义务教育入学率达到百分之七十三点四;五万八千名残疾人得到职业培训;全国普通高校录取残疾考生一千三百八十一人,达到录取分数线考生的录取率达百分之九十。

3. 盲人按摩

全年培训盲人按摩人员八千五百一十七名,经培训的盲人按摩人员百分之九十以上实现就业。

4. 法制建设

全国人大对河北、山西、辽宁三省执行残疾人保障法的情况进行检查,并在广西、安徽、四川等省(自治区)进行的义务教育执法检查中将特殊教育纳入其中;一些地方人大也进行了执法检查,并形成制度常年坚持;召开部分省(自治区、直辖市)残疾人事业法制工作座谈会,加大中西部地区制订、修订、落实扶助规定的力度;残疾人法律服务和法律援助工作进一步得到加强。

(二)重点工作成绩显著

1. 劳动就业工作取得突破性进展

国务院批准并下发了劳动保障部等八部门共同制定的《关于进

一步做好残疾人劳动就业工作若干意见》。劳动保障部、国家计委、民政部和中国残联共同召开了全国残疾人就业工作会议。到一九九九年底，十个省、自治区、直辖市全面实施了按比例就业，两千零十二个市县实施了残疾人按比例就业。各级就业服务机构累计达到两千八百八十个，一九九九年十九万七千八百个残疾人登记求职，其中百分之七十二点二得到职业培训。城镇残疾人实现就业新增二十六万人，农村残疾人通过种植、养殖、加工等各种形式实现就业累计达到一千五百六十八万八千人。

2. 残疾人扶贫工作难中有进

国家继续将残疾人扶贫纳入扶贫攻坚总体计划，同步实施。同时，加大残疾人扶贫力度，年度康复扶贫贷款从五亿元增加到八亿元，其中百分之九十八点二已于一九九九年底投放使用，并主要以小额信贷方式到村到户，一百五十一万贫困残疾人受益。康复扶贫贷款已覆盖到三十个省、自治区、直辖市的一千三百零七个县。通过以上措施，一九九九年又使二百三十九万贫困残疾人解决温饱。

全国六百六十八个城市，一千六百三十八个县级人民政府所在地的镇和部分地区的农村实施了最低生活保障制度，普遍将贫困残疾人纳入其中予以保障。部分地区采取“专项补助”、“统筹扶助”和建立“助残解困基金”等辅助措施，对特困残疾人给予生活补助；保障人数新增一百六十万。

3. 基层残联建设有较大进展，服务能力进一步增强

经过一年的努力，地方残联组织体系进一步完善，运行机制更加灵活、有效，为残疾人服务的能力进一步提高。

各级残联处理了大量的残疾人来信来访，化解了残疾人机动车运营管理等一些较为突出的矛盾，维护了残疾人合法权益，促进了社会稳定。

(三)社会环境进一步改善

建国五十周年成就展专门设置残疾人事业展区,李鹏、尉健行、李岚清、彭珮云、司马义·艾买提等党和国家领导人、在京的一百多位驻华使节和一百多万观众参观了展览。通过此次展览,进一步唤起了全社会对残疾人事业的理解、关心和支持。《生命之光》国庆献礼专场文艺晚会荟萃近年来残疾人特殊艺术精品,给观众以强烈的感染和巨大的鼓舞。残疾人轮椅队列首次参加首都建国五十周年国庆群众游行,展示了残疾人自强不息的精神风貌。举办第三届盲、聋、培智学校学生艺术汇演,促进了特教学校校园文化生活。

反映残疾人自强模范和助残先进事迹的《自强之歌》一书和反映弱智少年生活的电视专题片《舟舟的世界》,获中宣部组织的精神文明建设"五个一工程"第七届"入选作品奖"。

广泛开展"红领巾助残"、"志愿者助残"等多种形式的助残活动,不仅为残疾人解决了大量实际困难,而且进一步营造了扶残助残的良好社会风尚。

残疾人参与社会的物质环境也得到改善。北京长安街、平安大街等五十六项重点城市建设和改造工程全部实施了无障碍设施,在全国起到良好的示范作用。

(四)地方工作更加主动、活跃,涌现出许多新气象。

各地解放思想,从实际出发,积极主动、创造性地开展工作。甘肃省主管领导与地(州、市)主管领导签订残疾人扶贫解困、就业工作目标管理责任书;云南、广东、新疆、贵州、辽宁等省(自治区)制定下发关于进一步加强残疾人工作的政府文件;广东省将汕头、广州作为残疾人工作示范城,以点带面,推动全局;浙江省在中小学、高校中发起"一人捐献一元钱,资助残疾人小伙伴"活动,在较短时间内筹集近千万元,用于救助贫困残疾儿童入学;北京、上海、青岛拨出专项资金,作为残疾人最低生活保障的补充。

(五)残疾人事业二〇〇〇年的工作安排

二〇〇〇年残疾人工作的指导思想是:以邓小平理论和党的基本路线为指导,贯彻党的十五大和十五届三中、四中全会精神,继续执行"讲求实效,打好基础"的方针,以加强基层建设为重点,着力做好关系到残疾人基本需求的扶贫、就业、康复、教育等工作,全面完成年度任务指标和"九五"计划纲要规定的各项任务,同时加大西部残疾人工作力度,积极探索和推进社区残疾人工作和残疾人社会保障,制定好残疾人事业"十五"计划纲要,为残疾人事业的持续发展创造条件。

主要工作任务有:

1. 确保"九五"计划全面完成;

2. 继续推进就业、扶贫、教育、康复等各项业务工作,加大基层工作力度;

3. 要不失时机地推进残疾人社会保障和社会工作;

4. 精心组织重大活动,激励残疾人自强精神,培育扶残助残的社会风尚;

5. 制订好残疾人事业"十五"计划。

二、基金会一九九九年度工作总结

几年来,我们一直在探索基金会在社会主义市场经济条件下的改革和发展。各位名誉理事、理事向我们提出了许多好的意见和建议,我们认真研究,积极实践,在一些领域进行了有益的尝试。一九

九九年是基金会重点突破、有所作为的一年:

——召开第十六次理事会议,推举德高望重的刘华清同志担任基金会名誉理事长,聘请迟浩田等十二位同志担任名誉理事;充实了基金会秘书处的工作力量,加强了干部配备,公开招聘了热爱公益事业、具有一定理论素养和业务能力的合同制工作人员,在一定程度上解决了多年困扰我们的工作力量不足的问题;

——召开部分省市基金工作会议,形成了中央与地方相结合的募捐构想框架,加强了同地方基金会的协作,开拓了工作思路和基金来源渠道;

——成功举办了"纪念国际残疾人日暨世纪慈善募捐活动"和"中国特奥世纪行"两次大型活动,对多种募捐形式进行了充分尝试,深入广泛地宣传了残疾人事业,筹募了善款和物资,实现了经济效益和社会效益双丰收。

总之,经过一年的努力,基金会组织建设、业务构架和大型公众劝募活动取得突破性进展,基金会的社会声望逐步得到恢复和发展,国内捐款总额超过一千万元,改变了一九九五年以来国内捐款长期低水平徘徊的局面,基金会工作迈上了一个新台阶。

(一)基金筹集

一九九九年度,我会共募集捐款折合人民币一千四百四十七万两千一百元,主要募捐活动有:

1. 纪念国际残疾人日暨世纪慈善募捐活动

一九九二年十月,联合国第四十七次大会通过决议,确定每年十二月三日为"国际残疾人日",旨在促进各国政府采取措施改善残疾人状况,保障残疾人权益。一九九九年十二月三日是第八个"国际残疾人日",借此契机,按照中央与地方相结合的募捐构想框架,我会和深圳市人民政府共同举办了“纪念国际残疾人日暨世纪慈善募捐活动”。中国残疾人福利基金会理事长邓朴方和中共广东省委副书记、深圳市委书记张高丽担任活动组委会主席，并分别发表了热情洋溢的劝募信；我会与深圳市残联共同组成工作班子，承担筹备工作。在历时一个月的世纪募捐活动中，市领导率先垂范，慷慨解囊；深圳市侨办、侨联致信深圳侨界、海外侨界人士，号召他们“积极参与世纪慈善募捐活动，为残疾人事业奉献爱心”，并设立了捐款热线和专门账户；万名深圳青少年志愿者走上街头，向行人宣传残疾人事业并接受市民的捐赠；一位小学教师写信给组委会，她说：“我是一名生活清贫的教师，我不能像富有的人那样捐出很多钱，但我愿意捐出一个月的工资表达我的心意。”

十二月二日，组委会举办了“纪念国际残疾人日暨世纪慈善之星嘉年华酒会”，表彰和答谢募捐活动中热心助残的先进单位和慈善人士；十二月三日，“爱心永恒”慈善文艺晚会在深圳大剧院举行。晚会由中央电视台文艺部承办，著名主持人赵忠祥和司晓红主持，巩俐、李谷一、殷秀梅、韦唯等著名演员与残疾人演员同台演出。节目异彩纷呈，情真意切，深深震撼和感染了深圳市民，晚会现场热线电话不断，近两个小时募集捐款一百五十多万元。

刘华清名誉理事长、白立忱名誉理事和吴庆彤理事亲赴深圳指导工作，并出席了各项重要活动。他们的关怀和支持是慈善募捐活动取得圆满成功的重要保证。另外，残疾人国际主席马林加及夫人、康复国际终身主席方心让爵士、联合国开发计划署代表佐佐木女士、亚太经社会代表莱赫玛女士等国际友人也观摩了系列慈善活动。

“纪念国际残疾人日暨世纪慈善募捐活动”共募集善款三千六百五十六万七千五百元，其中一千万元划归中国残疾人福利基金会，其余部分用于支持深圳残联建设安置残疾人就业的民爱工业园区。

2. 中国特奥世纪行活动

国际特奥运动始于六十年代。一九六八年,美国前总统肯尼迪的妹妹尤尼斯·肯尼迪·施莱佛女士及其丈夫萨金特·施莱佛先生创建了国际特殊奥林匹克运动委员会,目的是让弱智人通过参加体育训练及比赛改善增强他们的认知、活动能力,从而更好地参与社会生活。该组织是国际奥委会唯一许可使用奥林匹克名称的组织。中国有近一千二百万智力残疾人,于一九八五年成立了中国弱智人体协(对外称中国特殊奥林匹克运动委员会)。十多年来,特奥运动在中国初步发展,五万多名弱智人不同程度地参加了特奥运动。中国特奥会未来五年的发展目标是:全国参加特奥运动的人士由五万增加到五十万。为支持中国特奥运动的发展,中国残联与北京市政府、文化部、广电总局、体育总局和中国特奥会共同主办了"中国特奥世纪行活动"。国际著名影星、慈善大使阿诺德·施瓦辛格先生与国际特奥会代表团于二〇〇〇年五月十八至二十三日来华参加了系列募捐活动。

中国特奥世纪行活动得到了中美两国领导的高度重视。江泽民总书记亲切接见了国际特奥会代表团,对特奥运动给予了充分肯定;克林顿总统发来了热情洋溢的贺信,致以良好的祝愿。中国特奥世纪行活动得到海内外社会各界的热情关注和大力支持:中国中央电视台、人民日报、香港凤凰卫视、法新社等几十家海内外媒体连续追踪报导;中国电信、联邦快递有限公司等许多企业踊跃捐款捐物;数千名海内外各界人士认购慈善晚宴桌位或参加长城火炬跑;一位七十多岁的退休老人将自己仅有的一万六千元积蓄全部捐给组委会,一位刚刚参加工作的年轻人捐出了第一个月的工资。著名书法家毛广淞,著名邮品设计家孟传贵、牛二服为中国特奥世纪行活动义务设计了纪念封,发行两万枚。北京市邮政管理局和报刊发行局、北京青年报小红帽报刊发行中心免费发送了八十万份宣传单，北京市各街道、居委会张贴了九万张宣传海报，特奥精神深入人心。

五月十九日晚，中国特奥世纪行慈善晚宴暨晚会在人民大会堂宴会厅举行。国务委员、国务院残疾人工作协调委员会主任司马义·艾买提，全国政协副主席、基金会名誉理事阿沛·阿旺晋美和国际特奥会代表团及近两千名热心慈善事业的海内外各界人士参加了晚会。晚会由香港著名节目主持人吴小莉、窦文涛主持，香港凤凰卫视向全球三十多个国家和地区进行转播。施瓦辛格先生当场向中国特奥会捐款十五万美元；弱智人演员、运动员与毛阿敏、刘德华等知名艺人同台演出，晚会气氛热烈、高潮迭起。二十日上午，长城火炬跑在居庸关举行。全国政协副主席朱光亚，国际特奥会代表团，美国、新西兰等国驻华使节，捐赠单位代表和近千名志愿者参加了活动，中央电视台体育部进行了现场直播。国际特奥会总裁蒂姆·施莱佛先生在致辞中说，中国是一个伟大的民族，长城代表了中国人民的智慧、责任心和奉献精神，他希望中国人民能以同样的智慧、责任心和奉献精神支持残疾人事业和特奥运动。施瓦辛格先生和特奥运动员同擎火炬，携手登上长城，点燃特奥圣火；爱心大使毛阿敏和弱智人演员共同演唱了主题歌。居庸关长城爱心汇聚，场面感人至深。

此外，国际特奥会代表团和施瓦辛格先生还参观了培智学校和弱智人家庭，指导特奥运动员进行训练和比赛，录制了“五环夜话”特别节目。二十二至二十三日，国际特奥会代表团和施瓦辛格先生一行赴深圳、上海参加了当地举办的特奥慈善募捐活动。北京、上海、深圳三地举办了施瓦辛格电影周，中央电视台六频道在黄金时间播出了五部施瓦辛格主演的电影。施瓦辛格先生表示，他热爱中国，还要再到中国来，支持中国残疾人事业。

应当说，中国特奥世纪行活动取得了圆满成功：募集了善款和物资,广泛深入地宣传了残疾人事业,增进了中美两国人民的友谊。中国特奥世纪行活动是自一九九四年远南运动会以来基金会举办的最大规模的公众募捐活动,产生了广泛深远的影响。一直到最近,还有企业和个人陆续打电话或写信给基金会秘书处表示对残疾人事业的关注和支持。目前,中国特奥世纪行活动的决算和审计工作正在进行。具体的收支情况我们将在二○○○年度的捐款收支决算报告中一并通报。

这里我要特别感谢阿沛·阿旺晋美名誉理事。他已九十岁高龄,但仍积极关心支持残疾人事业,多次参加了基金会的活动,我代表理事会和六千万残疾人向阿沛·阿旺晋美名誉理事表示衷心的感谢。我还要感谢胡祖荣、令狐完成、赵凤梧、周瑞增等理事,他们为中国特奥世纪行活动提出了许多好的意见和建议,令狐完成理事亲赴重庆,动员重庆力帆轰达(集团)有限公司捐赠二十万元人民币和十辆摩托车。王鲁光副理事长、吴庆彤、吴家煌、黄凤祥、丛英民、华庆山、黄惠群等十位理事出席了慈善晚会和长城火炬跑活动。

3. 物资捐赠保持增长

继去年接受世界儿童基金会物资捐赠之后,我们加强了对捐赠物资的开发和管理。

为方便残疾人学习电脑技术,促进残疾人在高新科技领域的就业,我们开展了仍有利用价值的二手电脑的专项募捐,用于装备残疾人职业培训中心。今年六月,我会与美国克里斯蒂娜基金会合作,由美国国际数据集团、新浪网、昆明网城、童网等数家企业共同倡议,在第四届世界计算机博览会(北京)上集中进行二手电脑的专项募捐;助残日前夕,中央国家机关工委专门向中央国家机关各部委党委、团委发出了“为贫困残疾人捐赠旧电脑”的倡议,在不到一个月的时间内,外交部、文化部、司法部、审计署、新闻出版署、民航总局等三十二个部委共向我会捐赠二手电脑五百三十八台。此外，我们还接收了瑞士航空公司、德国蒂森·克鲁伯公司捐赠的几十台二手电脑。这些二手电脑大多装备齐全，性能良好，我们将招募一批志愿工作者再进行清理和测试，然后分批发送到地方残联。此外，香港黄裕民先生、毕马威华振会计师事务所等单位和个人向我会捐赠了轮椅、投影仪等物资。

一年来，我们还加强了面向企业的重点募捐，多年来一直大力支持残疾人事业的云南红塔集团、香港烟草有限公司、菲律宾爱国华侨陈永栽先生及属下企业继续向我会捐款；我会还与江苏省残疾人福利基金会开展了联合劝募活动，支持辽宁省残疾人福利基金会发行了以“彰显慈善爱心、共享世纪之福”为主题的二〇〇〇年爱心有奖明信片。

借此机会，我向在过去一年里，给予我们关心和支持的各位名誉理事、理事，向海内外社会各界以及新闻界的朋友们表示衷心的感谢和崇高的敬意。

（二）基金支出

一九九九年，我会共支出人民币九百七十万元，用于为《中国残疾人事业“九五”计划纲要》提供专项资助。

（三）基金会工作前景广阔

经过一年的探索和实践，我们深深感到：

1. 基金会大有可为

改革开放二十年来，我国经济发展，社会进步，人民生活水平显著提高，参与公益事业已经越来越成为企业和公众社会生活的重要组成部分。这个社会基础为基金会工作展示了广阔的前景。

2. 要创建多元并行、结构合理、富有特色的基金筹措机制

公众和企业参与公益事业有着不同的需求和偏好,因此,必须多渠道、多形式、多层次地开展筹募工作,同时着力培育一些参与面广、效益好、具有一定社会影响和特色的募捐项目和方式。

3. 要坚持社会化的工作方式

在世纪慈善募捐和中国特奥世纪行活动中,我们与中央电视台、香港凤凰卫视等机构进行了富有成效的合作。社会化带给我们效率、活力、更高的专业水准和不断创新的精神,有助于基金会形成持久的影响力和吸引力,是我们今后要进一步坚持和完善的工作方式。

4. 要加强和改进宣传工作

我们要继续加强有针对性的形象宣传,既注重宣传残疾人事业和人道主义精神,动员社会捐助,也注重宣传基金的使用效果,增强透明度,自觉接受捐赠者和公众的监督。

一年来,我们也遇到了许多新的困难和问题,比如一些募捐形式的收益低于预期目标,部分认捐款物到位周期长等,我们的一些观念和做法还不能完全适应市场经济体制的要求。改革是发展的动力,我们将在继续深化基金会体制改革的过程中逐步认识和解决这些问题。

三、基金会二〇〇〇年度工作安排

今年,我们将继续与地方协作举办大型慈善募捐活动,同时积极推进基金会组织架构和运行方式的改革,探索和培育良好的基金筹措机制。

第一,召开基金工作座谈会,学习、研讨海内外基金会的成功经验,进一步发挥中央和地方的两个积极性,着力培育一个多元并行、结构合理、富有特色的基金筹措机制,并力争捐款收入有较大增长。

第二,根据新的《社会团体登记管理条例》和《公益事业捐赠法》,深化对基金会执行机构的改革,进一步充实力量,理顺关系,转换体制,形成独立的工作能力和适应新的经济社会形势的运转机制。

第三,在基金募集工作中进一步广交朋友,增进了解,有计划、有步骤地增补一批支持残疾人事业的社会各界人士担任基金会理事,完善理事结构;同时,设立中国残疾人福利基金会荣誉称号序列,鼓励和吸引更多的海内外各界人士支持残疾人事业。

第四,二〇〇〇年下半年,我们还将开展两项专题宣传和募捐活动:为纪念《中华人民共和国残疾人保障法》颁布十周年,举办系列活动,筹募资金,以设立“残疾人法律援助”专项基金;为二〇〇〇年悉尼残奥运动会中国体育代表团募捐。

第五,配合《残疾人事业“十五”计划纲要》的制定和执行,增加基金支出,调整基金资助方向,加大对西部和基层残联基础设施建设的资助力度。

其他的活动安排我们再陆续通报各位名誉理事、理事。

二〇〇〇年是执行“九五”计划的最后一年,工作任务十分繁重。让我们更加紧密地团结在以江泽民同志为核心的党中央周围,高举邓小平理论伟大旗帜,开拓进取,奋力拼搏,开创基金会工作的新局面,为保证全面完成“九五”计划纲要规定的各项任务,为奠定“十五”期间残疾人事业发展的基础而努力奋斗。

接受香港凤凰卫视节目主持人陈鲁豫访谈录[①]

（二〇〇〇年八月九日）

翻开邓朴方的履历，似乎可以借用一首诗的格式来做这样的概括：非人道的混乱给了我一个残缺的躯体，我却用它去建立人道主义的秩序。邓朴方在许多不同的场合谈到，他的最终目标是在祖国大陆建立起人道主义的思想体系，他认为，只有在人人相互尊重、大家共同富裕的社会环境中，祖国大陆残疾人的生活才能得到根本改善。

陈鲁豫：其实要不是为做这个专访，事先对你做了很多调查研究，我相信我跟很多观众一样，经常在电视上看到你坐轮椅出来，以为这是你形象的一部分，大多数时间都忘了你的身体是有特殊状况的。其实我知道，你平常，比如每次出差回到北京，还是会病一场。我想听你说说你目前的身体状况到底是什么样的？

邓朴方：像我这样的叫截瘫，截瘫病人从一开始就有三个障碍：第一个是肺炎，第二个是褥疮，第三个是泌尿系感染。肺炎现在已经不是什么很大的障碍了，因为有抗生素，不像在二次大战以前或者一

① 二〇〇〇年八月九日，邓朴方同志接受了香港凤凰卫视主持人陈鲁豫的采访，当月中旬香港凤凰卫视根据采访制作播出了题为《走近邓朴方》的访谈节目。本文是根据此次采访的原始记录和香港凤凰卫视的节目整理而成的，楷体字部分是节目解说词。

次大战时,很快会死亡。褥疮完全是护理和照顾的问题。泌尿系感染对我来说是比较大的威胁,每次泌尿系感染都可以治愈,但每次都会伤害你。我所谓病一场,也就是指泌尿系感染。如果是比较疲劳了,身体条件下降,这时候很自然地就一定会泌尿系感染,或者感冒之后,特别容易发生。出差有时候累一点,回来就要特别注意,这个时候不能引发疾病,这个也习惯了。

陈鲁豫:像我俩这样坐着谈,过一段时间你会不会感到疲劳?

邓朴方:一样情况下是这样的。不过,谈得有意思的话,我不会疲劳的。

陈鲁豫:我也看到过一些对你的访问,里面也讲到,你可能不信命,但你觉得冥冥之中一切都有安排。比如你是邓小平的儿子,身份比较特殊,可能你不喜欢别人这样讲;另外,你在“文革”的时候有这样一段比较惨痛的经历,这些是不是让你有机会也有资格把你的命运和中国几千万残疾人的命运很紧密地连在一起?你是不是觉得这一切冥冥之中是有安排的?

邓朴方:命,相信不相信,不过是一个概念。什么叫命?实际上我体会所谓命,就是一种概率。

也许你碰到一个事情,往这个方向走,碰到另一个事情,往那个方向走,就跟你扔一个硬币一样,也许出来的是正面,也许出来的是反面。人们在整个生活中遇到很多机会,这种机会往这边走或者往那边走,是有个概率的。在这种情况下,可能走这个方向,也可能走那个方向,这就经常被人们认为是一种天命的安排。我想这种对概率的解释也不是不可以理解,不是不可以接受。

但从我个人来说,出身于什么样的家庭,生长在什么样的环境,都是难以自己控制的。我觉得任何一个人也都不能完全控制自己所有的一切,都是在社会当中生活。我觉得最重要的是在现有的生活环境中接受它,并迎接这种生活的挑战!

从一九六八年夏天开始,由于众所周知的原因,邓朴方自胸口以下的躯体便都不属于他了。十二年之后的一九八〇年九月,他才接受了一次正式的外科手术,他重新坐了起来,却是在众多钢钉和螺丝锁定胸腔的基础上。时至今日,邓朴方的血液循环、肾功能和肝肺功能等状态极差。而且,由于全身百分之八十的皮肤已失去排汗功能,他必须大量喝水用来降低体温。命运在邓朴方面前关上了一道门,与此同时,又在包括他本人在内的大陆六千万残疾人面前打开了一道更大的门。

陈鲁豫:我知道你有一种念头:想给残疾人建一个康复中心,你是在三〇一医院的时候有了这个最初的念头,但后来是怎么样一步一步把自己的命运和中国整个残疾人事业的命运很紧地连接在一起?

邓朴方:开始做的时候也没有想做残疾人事业,并没有这么想。其实,我刚从医院出来的时候还到一个电视机厂去上班,每天上午上半天班,这样一来觉得生活比较充实。另外,我觉得自己有一个劳动的过程,当然,我是义务劳动。后来我的脊椎又坏了,损伤的部分又断了,我又去治病,看到国外现代化的医疗和康复体系。我在去医院之前就知道有这些内容,真正下决心去干这件事情,是从国外治疗回来之后。

其实原来在医院想过这个事情,我们原来在三〇一住院的时候,有一个"文革"前的一级教授叫陈景云,他就曾经三次提出中国应当发展康复医学,但是"文化大革命"时怎么会有人理这些事呢?不管怎么样,那个时候我们还是受到了他的影响。

从加拿大回来之后,当我能动的时候,我就开始找朋友,一个是王鲁光,跟我一样也是在三〇一住院的截瘫病人,我们俩说我们开始干吧,我们做一个康复中心。这样我们就去找人,卫生部部长、民政部部长,看怎么想办法能建一个康复中心。后来大家就商量,既然要做一个康复中心,缺钱怎么办呢? 于是大家决定成立一个基金会,我们就通过这个基金会来做。一方面筹备康复中心,进行规划设计,找了国内少数一些康复专家,把他们都集中起来,探讨康复中心怎么做;另外一方面基金会要筹集资金,在筹集基金的过程中就要宣传。这时不断地有残疾人找到我们,他们当时很痛苦,碰到这些事情又不能不管,于是乎一件事情一件事情做下来,就把我拽下水了。

陈鲁豫:开始你可能没想到规模这么大,于是一步一步的……

邓朴方:是的,没有想到。原来就想建个康复中心,让我们国家有一个现代康复医学体系思想指导的康复中心,因为我们国家过去没有,现在我们要让它有,要让残疾人有个机会。有机会和没机会就不一样,我们也许不能治很多很多的人,但是有一个辐射的作用,有一个影响的作用,可以把现代医学康复体系带进来,在这种情况下我们集中目标做康复中心。没想到后来碰到事情又不能不管,再碰到事情又不能不管,同时感到社会需要改变,要进行很多很多的宣传;又感到社会上对残疾人不公平,要为残疾人求得公平的待遇;又感到人道主义在我们国家很薄弱,需要宣传人道主义。这样一步一步就把事情做起来了。

祖国大陆目前共有残疾人六千多万,差不多每五个家庭就有一名残疾成员。邓朴方创业之初只是想成立一个残疾人康复中心,但随着对残疾人状况的深入了解,他决定把残疾人的福利工作当作一项长期的工程,推向全国的各个角落。一九八四年三月,中国残疾人福利基金会正式成立,四年后这个基金会与中国盲人聋哑人协会合并,组成中国残疾人联合会。目前这个机构在祖国大陆所有乡镇级以上的行政区划均建有地方组织,专职工作人员有近四万人。

陈鲁豫:你平常挺严厉吗?

邓朴方:我不是很严厉的人。

陈鲁豫:这样的人属于平常不太发脾气,但一旦发脾气大家都比较害怕的那类。

(工作人员插话:不会,也就是说话稍微声大一点,没什么大变化。)

陈鲁豫:那基本上是属于喜怒不形于色的。

邓朴方:我?你看我现在不是在笑吗?

陈鲁豫:不是太过地表现在脸上。

邓朴方:不是那种很冲动的。

陈鲁豫:在没有跟你接触以前,我就觉得你是一个无所畏惧的人,因为你已经面对过死神,较量过后死神退却了。那么我想一个连死都不怕的人,他现在应该没有什么害怕的。但是作为一个个人,现在还有没有什么让你觉得害怕的?

邓朴方:其实也不能说无所畏惧。我觉得有时候会是无所畏惧的,如果你觉得这件事情值得做,我们就不会怕这些事情。但是所谓"有所畏惧"和"无所畏惧"都是相对的,在你没有必要去付出东西的时候,我何必无所畏惧呢?我还是觉得应该选择一个更好的方式。

陈鲁豫:那现在对你来说,什么事情你值得去做?什么事情可以让你无所畏惧、在所不惜?

邓朴方:目前从工作来讲,残疾人事业是我正在做的事情。那么多残疾人,那么多痛苦,最主要的是很多很多残疾人没有希望。其实这些残疾人遇到困难是经常的,这些事情并不是很可怕,问题是他没有希望了。要给他们希望是很难的一件事情,因为生活在这么大的社会里,特别是中国,有六千多万残疾人,你怎么去给所有的人希望呢?或者给多数人以希望呢?我觉得这是比较难做的事情。

再就是说,中国是个有几千年历史的封建社会,这个封建社会里面“孔孟之道”等过去的传统文化对中国当代社会的影响是非常深刻的。封建社会,特别是“孔孟之道”到了后期,发展成了程朱理学的“存天理、灭人欲”。在这种情况下,理学的压抑,对人性的压抑在长期的封建社会里都非常严重,没有经过长期的人道主义思想的熏陶和教育,人道主义这样的思想基础在中国就非常薄弱。怎么薄弱?不是某个领导人讲了什么话,也不是某个法律规定了什么,而是存在于人们的思想里。而在西方,从三四百年前就开始了向神学挑战,这种挑战伴随着文艺复兴的整个过程,这样西方人文主义的发展、人道主义的教育就几百年延续下来了,已经形成人们社会生活中一种非常平常的东西了。那么人道主义怎么样在我们中国扎根,我觉得这就是值得为之奋斗的。

陈鲁豫:我印象特别深的是,有一次我在美国迪斯尼乐园,当时我们十几个人陪着一个小男孩,小男孩是腿有残疾的。就为了这个小男孩,我们到任何地方去玩都不需要排队。当时我就不好意思,我说我们十几个人,你让这个小男孩先玩,我们别的人都排队。那些美国工作人员、周围的人都说,我们不是为了你们,是为了这个小孩,他有权跟自己的家人、朋友一起玩,你们都不用排队。就在那一刻,我就想到我们这边的环境,什么时候也能有那样一种……不是说思想境界,而是能想到那些东西?

邓朴方:就是说,原来作为封建社会形态的中国社会,对尊重个人的权利、尊重特殊群体的权利不是很重视。特别是在一个经济上相对贫困的环境里,大家都很穷,都是在温饱线上,这时候,对少数人很难做特殊照顾。现在中国社会已经变了,人们的生活水平已经开始提高了。就是说有人生活开始好了起来,有人生活仍然很贫困,生活差距拉开了。生活差距的拉开就造成了矛盾,同时也造成了需要,需要是什么呢?就是对弱势群体应该更加关心。如果对弱势群体不关心的话,那么在这种社会层面拉开的情况下,弱势群体很快就会掉到底层。对弱势群体的关心当然有文化层面、因素的需要,同时也有经济发展进程的需要,随着这种进程,我觉得对弱势群体的关心照顾这些年来在中国已经开始出现了。

陈鲁豫:改变人们对整个残疾人事业,包括对中国残疾人的看法,是不是你目前工作中经常遇到的比较困难的一方面?

邓朴方:对残疾人的看法,也不能脱离中国的传统文化,这是衔接着的。中国传统文化既有扶弱济困的一面,也有对残疾人鄙视的一面。在这种情况下,应该更多地给大家一种知识、教育,特别是人和人之间的平等,应该把残疾人看作我们平等的一员,不要把他看作是一个盲人、聋人,更加直接一点就是他是聋子、他是瞎子、他是瘸子,不应该把他看作是这样一个残疾人,而首先应该看作是人。我也是人,你也是人,残疾人也不应当先把自己看作一个残疾人,而更多的应该先把自己看作一个人,跟别人一样的人。社会如果逐渐接受这样的认识,接受这样的思维方式,我觉得,整个社会环境,就会有很大的改变。

多年来,中国残联通过一批重点康复项目和有针对性的康复计划,已使六百多万残疾人得到不同程度的康复。然而,残疾人要想赢得真正的尊重,就必须融入社会当中,参加就业,并接受必要的教育。今年年初的统计数据表明,残疾人的就业率已达到百分之八十，残疾儿童的入学率也由一九八七年的百分之六提高到百分之七十三。

邓朴方：比如我们艺术团有一个孙晓梅，唱美声的，她就是那个时候找到我们的。那个时候她想考音乐学院，但人家不收她，因为音乐要表演，她残疾，作为残疾人，她的舞台效果必然不如健全人，这样确实有所障碍。后来我就找人，说，你陪她去跟音乐学院商量商量，看她唱歌的水平是不是够，如果够的话我们是不是提出一种新的思维方式，就是音乐学院不只是培养表演人才，是不是也要培养很多教师呢？她们不去表演，将来毕业以后可以做教师。这样后来音乐学院就收了她。像这样的例子很多，她这样还是比较顺利的，还有很多很多不能上学、不能就业和受歧视、受欺凌的残疾人，都到我们这儿来告。

有时候遇到困难就觉得很愤怒。比如说我刚刚开始工作的时候，我说让残疾人要有就业，有人就跟我说，一个干部跟他讲，他一条腿架着拐杖去求职，安排就业的人就跟他说，三条腿的蛤蟆找不到，两条腿的人有的是，这么多好人还不能就业，更不用说你了。这是很无理的，也是很无知的，但这确实是中国的现实。在八十年代初期就业压力非常大的时候，这种情况屡见不鲜。

还有教育，一个残疾孩子，比如小儿麻痹，腿瘸了，对他的智力有影响吗？没有影响！他读书可以读得很好，但是过去在我们的高考制度下就不允许残疾人进入大学，有个体检标准，如果体检不合格的话就不允许你考大学。当然，我们不是说体检标准完全不对，比如色盲的人就不适合学化学，这是必然的，或者你腿有残疾不适合舞蹈，这也是必然的。但如果体检标准定得很苛刻的话，就把大量残疾人挡在了大学门外。很多残疾青年都觉得自己也许做别的事情不如别人,但读书可以读得比别人好,而读到高中不让他上大学,这是件很残酷的事情。当时有很多很多青年都因此耽误了自己的一生,这是很让人痛苦,也很让人气愤的一件事情。所以我们要改变它,而且要下大力气改变它,我觉得开始的时候办这件事情还是很费周折的。

陈鲁豫:现在可能越来越多的人对残疾人就业、上学比较理解了,但是我想还有很多人对残疾人有特殊奥运会或者残疾人有艺术团就不理解。我就曾经听到过我身边的朋友,应该是有文化、有知识的人,说为什么残疾人还要办特殊奥运会?残疾人还要去表演节目?他们有学上、有工作做就已经不错了,为什么还要这样?

邓朴方:残疾人为什么还要参加体育活动呢?我觉得社会要对这个事情理解需要一个过程,其实我觉得现在已经开始慢慢有些人理解了。就参加体育运动来说,作为残疾人,他平常封闭在家庭里,体育对他来说是一种障碍,比如跑,他腿瘸了,一条腿怎么跑呢?在这种情况下他不会去跑,他觉得跑对他来说是一件无缘的事情。但是我们让他参加体育活动,装上假肢,他就能跑了。从能跑这一刻起,他就对自己、对束缚自己的牢笼有了一种突破。这种突破往往能把不自信变成自信,把不能变成能,这种自信对残疾人来说是非常非常重要的。一般健全人做什么没有这种障碍,没有这种束缚,也就没有这种突破。正是因为残疾人有了这种束缚,这种突破才显得特别可贵。对残疾人个人来讲他对人生的突破就是一关,这道关对他的人生非常重要。作为残疾人,他参加了体育活动,也就有机会参加运动会,在运动会里他和许许多多的人竞争、交朋友。这个过程是一种社交,他已经不是在家庭中,已经不是在过去的生活圈子里,而是走入了一个更为广阔的天地,就是大家都在一起,可以认识很多残疾朋友,认识很多很好的教练、裁判。很多很多观众都来看他竞赛,这时他的尊严、他的社会价值都体现出来了，我觉得对他来说生活又打开了一个新的局面。

同时，残疾人参加体育活动，特别是开运动会这样的事情，对社会也是一种冲击。当你到现场看了之后，你就会深深感觉到，残疾人克服自身障碍参加体育活动是多么不容易。体育活动是一个动感的事情，很激动人心，也很好看。照出来的很多照片也非常有美感，我们也举行过摄影比赛，非常的美，照片上的人尽管有残缺，但还是非常美。残疾人在参加体育竞赛的过程中，每个人都是胜利者——跑第一名的是胜利者；跑最后一名的，哪怕人家已经跑到终点了我还剩三两圈没跑完，但是我能够坚持跑完，我也是胜利者。在这种情绪的鼓舞下，我觉得整个社会对残疾人和残疾人问题，就会有新的认识。我们在国内办过很多次运动会，在这些运动会上我们就能够看到很多这样的情况，比如在上海办的运动会，在广州办的运动会，在大连办的运动会，人们都会感觉到，每一次运动会都是整个社会理解残疾人的一个好机会，对整个承办城市来说是一次人道主义的教育，残疾人在社会里赢得了更多更大的尊重，也是一次很好的精神文明教育。它对整个社会文明的冲击力——让人们向文明的社会、文明的思维迈进——我觉得是很大的……实际上，这样一种直观、感性、潜移默化的形式给人们的感染，比报刊上、教科书上的宣传教育好得多。

所以，残疾人体育运动不仅仅属于残疾人自己，也属于整个社会。

关于残疾人参加文艺节目，有位朋友看完节目后跟我说："你们干吗搞这个文艺节目？看了让人伤心，总觉得不忍心看：一条腿了还要这么跳，是很激动人心，但我往往觉得于心不忍。"我觉得像他这样想的、有他这样感觉的都是好心人，他们非常善良，但还是从他们自己的角度出发看问题,他们仍然没有把自己和残疾人平等地对待。我是健全人,我两条腿可以跳;我是残疾人,一条腿照样要跳,因为我也是人,尽管与你两条腿跳的方式不一样,但我照样可以跳出我的感觉来,跳出我的精神来,跳出我的愉快来,跳出我的兴奋心情来。我觉得从这个意义上说,残疾人和健全人是完全一样的。就特殊艺术来说,如果你把残疾人看作是与你平等的一个人,就他的身体条件能发挥到什么程度,与你就自己的身体条件能发挥到什么程度是一样的。无论什么样的一个人,只要你尽力了,发挥到你最大程度,你就应该得到最高的尊敬。

陈鲁豫:这两天我跟残疾人艺术团有过一些接触,最初的感觉就是他们内心的桎梏其实比我要少,他们内心的健全程度可能比我们很多所谓的健全人来得还要高。

邓朴方:不仅仅你有这种感觉,我也有这种感觉。我很喜欢他们,我跟他们中间很多人一起相处多年,我自己作为一个残疾人就很佩服他们。他们冲破障碍之后所体现出来的那种人性的光辉:能够把自己不当残疾人,而是当作一个“我”,就是追求艺术、表现自己,还要表现残疾人的愿望,甚至表现人类的愿望——从这点来看他们是非常非常了不起的!我自己的桎梏往往会更多一些,我不如他们。

视觉、听力、肢体和智力残障是人体残疾中最多见的四种类型。而在大陆因患有白内障而失明的人口高达四百多万。一九九七年以来,中国残联和卫生部联手开展了一个名为“视觉第一·中国行动”的大规模康复项目,两年之内使一百一十三万人接受了复明手术。

陈鲁豫:刚才讲到体育,你平常做一些什么锻炼帮助自己恢复或者保持自己的状况?

邓朴方:这我就不好意思了。我稍微懒一点,体育活动我喜欢打牌、钓鱼,这是比较简单的运动,有时候也做做哑铃,就是这些了。太剧烈的活动也不太容易做。

陈鲁豫:打桥牌?

邓朴方:对。

陈鲁豫:跟你父亲比怎么样?

邓朴方:我父亲他喜欢打,他打了一辈子。我记得小时候他打桥牌我跟着他坐在旁边看,后来慢慢上桌,再后来慢慢帮他打个 Partner(拍档)。

陈鲁豫:你们俩谁的水平更厉害一点?

邓朴方:他是前辈了,应该说他是高手,他牌打得相当好,牌感特别好。我记得一个外国朋友提起中国领导人打桥牌,说父亲有他独特的风格,比较喜欢打冲一点,叫牌叫得比较高一点,也能打出很漂亮的牌。他的感觉特别好,打牌牌感特别重要。

陈鲁豫:平常看电影吗?

邓朴方:比较少,像我这样的身体进电影院比较困难。我就希望有比较多的空闲,能经常坐到水边上,面对鱼漂什么都不想,静静的,对我来说那就是一种享受。

陈鲁豫:我试过钓鱼,不行!我钓一会儿就抽出来。坐在旁边钓鱼的人都说,你还是捞鱼吧。我受不了。

邓朴方:我性子也是很急的。我原来钓鱼的时候也是没有耐心,后来不知道怎么了,越钓越上瘾。

陈鲁豫:你觉得你的性格像谁?像你的父亲还是母亲?

邓朴方:很难说,都有点像,有一部分像父亲,有一部分像母亲。

陈鲁豫:我觉得你们兄弟姐妹几个人就不太相像,和你比起来,毛毛姐给我的感觉好像比较更外向一点。

邓朴方:她是我们家的外交家,是我们家的外交部部长。

陈鲁豫:你在家里是个什么位置?

邓朴方:我在家里什么都没有,没职务。

陈鲁豫:你平常看些什么样的书?

邓朴方:很杂的,看的书比较杂,有时候抓到什么看什么。但我最喜欢看的是一些带有历史资料的书,这方面的书有意思。

陈鲁豫:你特别喜欢历史吧?

邓朴方:历史有意思,我中学的时候就开始喜欢历史。

陈鲁豫:音乐呢?

邓朴方:音乐我基本是门外汉,但喜欢听。

陈鲁豫:听什么样的?

邓朴方:现代音乐不大喜欢,但是古典音乐还是可以听听。

陈鲁豫:在"文革"前,在北大上学前,你对你的人生设计是怎么样的?

邓朴方:年轻的时候想当科学家,那时我比较喜欢理工科,对数学、物理都很感兴趣,也觉得自己在这方面还有些特长,所以那时候很想当个物理学家。原来想当数学家,后来想当物理学家,我上的是北大技术物理系。

陈鲁豫:你中学在哪儿上的?

邓朴方:我中学在北京上的,北京市第十三中学。我们中学是一个叫贝勒府的地方,大屋顶的房子,比较大的房子隔成两间教室,那条件也并不好。

陈鲁豫:你们家几个孩子都是在那儿上的学吗?

邓朴方:都是在北京上的学。

陈鲁豫:都是十三中?

邓朴方:没有没有,那时候我们是男女分校的。

陈鲁豫:当时的成绩你算高材生,是吧?

邓朴方:也不算,文章上是这么讲,其实多少都有点吹牛。在中学的时候自我感觉还不错,觉得自己还可以,不比任何人差,到大学里我就发现确实有很多很多天才,跟那些天才比我还是不如。

陈鲁豫:你后来还回过北大吗?或者还经常回去看看吗?

邓朴方:不经常。变化确实已经很大了,跟我们那时候比完全是两个概念了。

陈鲁豫:听说你很喜欢手工?

邓朴方:手工?我喜欢。

陈鲁豫:做什么?

邓朴方:什么都做。其实手工并不一定要做非常高级的东西,但一定要构思非常巧妙。比如我身边最常用的是什么东西呢?就是“老头乐”,这个“老头乐”我并没有动任何东西,就把一个输液瓶的橡皮塞插在“老头乐”的这一端,如果我需要拿什么东西,比较重的东西我就用钩子的一端钩过来,需要扣痒我就拿它扣背上的痒痒,如果需要纸片我用插橡皮塞的一端,一蹭它就过来了。

我有一柜子的工具,帮人修修电视什么的。以前修得了电视,现在修不了了,现在都是集成块,换线路板就复杂了。不过,现在家里人,包括工作人员,有什么东西要修的话都找我。

陈鲁豫:下次我什么东西坏了也找你。

(工作人员插话:不光会这个,还会治病呢!)

陈鲁豫:治什么病?我们那儿有个腰坏的,你给她治治。

邓朴方:我跟一个大夫学过一招,就会那一手,治过很多人。

陈鲁豫:我看过一些报道,你说你的父亲在家里就是一个父亲,不是一个领导人,就是这么一种感觉。我想听你讲讲你跟你父亲的故事。

邓朴方:其实也没有什么吧,小时候他比较喜欢我吧。

陈鲁豫:比较偏向你,是吗?

邓朴方:比较喜欢,小的时候比较好玩儿。大了就开始淘气了,淘气了就不喜欢了。后来自己读书又读得好一点,他又感觉我还行。我觉得他在家里是希望过一种很和谐的家庭生活,所以他待我们都很好,待我们兄弟姐妹都很好。他自己从来不说什么,他爱我们,我们是体会得出来的。

陈鲁豫:他对你们最严厉的一次是怎么样的?

邓朴方:没有什么特严厉的时候,他比较信任我们,相信我们能够自己处理好自己的事情。

陈鲁豫:我跟毛毛姐聊天的时候,感觉到你们这种性格,比如在那样很艰难的时候,你们总是在想,和很多人比起来自己已经算境遇很好的。这种性格是不是受父母的影响?受父亲的影响还是挺大的?

邓朴方:父亲主要是他在任何时候都能够不畏惧,仍然还很开朗,在最艰苦的环境里也还很开朗,这东西往往不是我跟你说,你应当怎么样怎么样,而是你自己去体会,这种潜移默化的影响是一生的。母亲也是很开朗的人,所以我们也觉得应当心胸更开阔一点,眼光更远一点,这样就形成自己的一种生活态度,一种习惯。

陈鲁豫:在艰难的岁月里,在江西的那段日子是不是你生命里比较亮的一段日子?

邓朴方:不能说亮,江西那段只有家庭的温情。我觉得那个时候——如果平常的话很少有机会在一起:父亲上班,我们上学——在江西的日子里整天在一起,特别是我伤得那么重,他们要照顾我,应当说是自己跟父母贴得最近的时候。如果讲家庭温暖、天伦之乐——有时候也不是乐,有时候也是苦,但乐在其中——这种心情,这种发自内心的感情交流,那时候应该是最充分的。但在外面那种政治环境的压抑之下,说是很愉悦也肯定不是。

陈鲁豫:那段日子最能体会到一家人相濡以沫的感觉?

邓朴方:是,我用我的唾沫让你活着,你用你的唾沫让我活着,这叫相濡以沫。所以那个时候我奉献我的,你奉献你的,大家在一起共同过一个——虽然在监视之中——但还算"正常"的生活。

陈鲁豫:毛毛讲过,你的父亲是一个喜怒不形于色的人,但是那段时间也是将近七十岁的人了,每天帮你翻身、擦身,是不是通过那样的一举一动你能感受到他对你一腔的爱?

邓朴方:他并不说什么,但他为我做事情,每件事情都做得非常认真、细致。你想想,如果换个角度来说,他过去是一个很重要的领导人,这种情况下为子女做得非常细致,一点一点地做,每天做得很认真。我父亲是很认真的,不管大事小事。以前大事他认真,做这种小事他也认真。当然,有时候我就会感到心里面酸酸的。

陈鲁豫:回过头看看这么多年的路,你觉得在你生活当中有哪些让你难忘的人,除了你父亲之外,在关键时刻帮助过你的一些人,让你非常非常难忘?

邓朴方:绝对地说,很难讲。但有一个人让我始终忘不了,就是在"文革"最困难的时候,我们北大工宣队一个叫王凤梧的工人师傅。他一直帮助我,在最困难的时候,也是最革命化的时候,别人都不理我,只有他举着《毛主席语录》跑到我床前,给我宣传毛主席语录。他主要是劝我,给我希望,到处跑着给我治病。当然,他没有能力完成这一切,但他这份心我始终忘不了,这是患难之交啊!

陈鲁豫:现在你们还经常见面?

邓朴方:是的,我有时候去他家里看看。

陈鲁豫:包括当时你在清河救济院时的第四病室那帮哥儿们,也是你的患难之交。

邓朴方:我也去看过,现在有的死了,多数死了。少数还活着,那么我也去看看,他们如果伙食不太好,我就给他们带点吃的,也就是看看而已,不可能为他们做更多的事情,他们的病都很重。但是我觉得这是我人生不可缺少的一部分,跟他们在一起,我感觉自己不是残联的主席,也不是其他的什么,咱们就是穷哥儿们、穷弟兄,在一起聊一聊:“你的身体怎么样?是不是做做气功?是不是需要点什么吃的?”就这样,非常自然,非常和谐。

一九七一年,联合国第二十六届大会通过了《智力迟钝者权利宣言》;一九七五年,联合国大会通过《残疾人权利宣言》;一九七七年,海伦·凯勒世界会议通过《盲聋者权利宣言》;一九八二年,联合国大会通过《关于残疾人的世界行动纲领》;一九八三至一九九二年这十年被定为“联合国残疾人十年”,主题是“平等·参与·共享”。

陈鲁豫:套一句现在我们讲的话,当初是一个“双向选择”。因为感觉那时候你刚刚从国外治病回来,你的人生面临着一个新的起步,你在寻找一个自己的定位,碰巧中国残疾人事业正好需要你,用现在话讲是一个“双向选择”。

邓朴方:其实在“文化大革命”刚刚结束之后,那时候的观念还没有现在这样先进,比如作为一个残疾人,像我这样一个重残人,身边还需要人照料、生活不能自理的残疾人,在社会上做一番事情是很难想象的。作为我个人来说,也没有想要在社会上做一番事业。只不过要想自己能够生活得更加丰富一些,就一定要做点事情,不是做一番大事业,只是做一点小事情。但是没想到事情做起来以后会越做越大,会不得不继续做下去。

这里有一个大背景、大环境，如果没有国外的一些先进思想，比如有关残疾人事业的“国际残疾人年”、“联合国残疾人十年”、《关于残疾人的世界行动纲领》——我觉得《世界行动纲领》写得非常好，它把残疾人的主要问题、要点都写在里面了，对我个人来说是一个很大的启发——这样的国际形势，就没有对残疾人运动的推动；另外国内不断改革开放，人民生活水平提高，社会需要多样化，同时生活差距拉开，社会矛盾开始尖锐，残疾人事业的需要就存在了。正好在这个时候我们来做这个事情，就会越做越大、越做越开，而且能够做下来。否则三头六臂也不行。

陈鲁豫：很多人都说，现在中国残疾人事业能在很短时间内发展得这么快、这么好，很大程度上是因为邓朴方。关于这一点你肯定不会这么认为，你说残疾人事业的确需要很多人的帮助、很多人的共同努力。但我觉得的确跟你有很大的关联，你是否因此而担心：如果有一天你的身体状况不允许你像现在这样没日没夜地工作，那么中国残疾人事业会不会因此而受影响?。

邓朴方：我总是这样想，对残疾人事业来说，你所说的个人作用我也不否定，但个人作用有多大，就值得商量。我觉得任何一个人发挥作用，都要在一定的环境下才能实现。其实我本人并不是一个非常能干的人，而且长期躺在病床上，生活的历练，比如基层的生活体验，或者别的什么也都没有，做事情我也不是很漂亮的。我个人在这样的情况下做这件事情，只有一个好处，就是我还可以见到一些人，能向一些人宣传。当然，我是残疾人，我跟人家宣传的时候，人家觉得我讲的话是真的，他能信任我，这样我就有机会把事情做起来。真正做事要靠大家一块儿来。但我觉得最主要的是，任何事情的成败还是要有大的形势，没有改革开放大的形势是不可能的。在这种情况下,个人的作用才能发挥。其实聪明的人、能干的人在中国比比皆是,但有的人有机会,有的人没机会。我们能这样做是幸运的,算是有机会的,而且能利用这些机会把事情做成功,应当是一种满足。

陈鲁豫:我感到你有时候可能挺矛盾,如果为了中国残疾人事业的话,你肯定愿意很高调,即便你的性格也许不喜欢那么高调,但你有时候会因为顾及自己的身份,所以可能又要保持一种平衡。这在你工作当中有时候会是很困难的一点?

邓朴方:其实也没什么困难,需要做的事情就去做,没必要的事情就不要做。人主要是有个真心,如果人家觉得你是真心的,你在呼吁一个事情,调子高一点,他们也不会觉得你有什么不当之处,因为他们觉得你不是为了个人,也不是为了其他,也不是作秀,你确确实实是为了这个事业做事,这时候人家不会怪你。但没有必要做的事情,那些无聊的事情,你何必做呢?我觉得只要自己心态平衡,自己把握住自己的真诚,这一点没有什么太大的困难。

矛盾有没有呢?也还是有的,但并不困难。当然,任何一个事业都必须能够植根于它所属的社会,能够延续它。人生一世,比如我,做这个事情或者不做这个事情,或者我去世或者……现在不说那么严重,比如将来退休,一个人不可能永远做一件事情,总会有其自然的规律。也有事物发展的规律,会有新的接班人,会有新的人来做,这就是所谓能够延续。

在这种情况下,怎么保证这个事业的全面发展,也有几个方面。比如我们要营造一个良好的社会环境,这个环境对残疾人事业是有利的;再比如我们要选拔一些优秀的残疾人和其他方面的优秀健全人,特别是年轻人,让他们来做残疾人事业的新一代骨干,这样有人接班,有人干这些事情;另外,残疾人工作的体系,必须建设得比较好、比较健全,包括它的工作机制、监督机制,建设得比较完全,这样残疾人事业就可以在一个比较健康的环境下做起来。最主要的是,做事的时候要扎根于中国的国情,无论什么样的人、什么样的体系,都必须适合中国的国情,你是在中国的土地上生长出来的,你是在中国这样一个环境里来做事情的,所以你必须适合于社会、适合于环境,扎根于中国土壤里的土生土长的事业是不会消失的,一定是会继续前进的。

比如我身体不好,但有很多很多朋友帮助我,他们工作特别尽心尽力,而且我觉得他们的工作比我做得还好。所以我就特别尊重他们,也特别喜欢他们,这时候我觉得跟大家都是非常友爱的关系。而且从做事的方式来说,我也不是一件事非要怎么来做的人,除了少数原则性问题,我非要这么做不可,多数的事情都是这么做也可以,那么做也可以。比如达到目标我要走十分钟,用另外的方式做我要走八分钟,那么有些人就一定要走八分钟,我就觉得你走十分钟也可以,走到就可以。既然我请你来做这个事情,你愿意以你自己的方式来做,我就同意你以自己的方式来做。如果我们争论不休,到底应该走十分钟还是八分钟,大家争起来,就永远也到不了目标,二十分钟也到不了。

陈鲁豫:你属于那种“用人不疑”的人,这个工作交给你就不太干预,按你的方式去做,做成就可以了?

邓朴方:是这样,怎么做都行,做不成也没关系,我们下次再做。如果你给我提出什么要求,希望什么帮助,我一定会帮助你的。

陈鲁豫:像今天这样很普通的一天,平常的一个工作日,如果没有安排我这样一个长时间的电视专访的话,你的时间是怎么安排的?

邓朴方:如果需要的话我就会到单位,一个上午工作,或者看看文件,该开会时开会,这样过一个上午。一般到中午会睡个午觉,如果没有别的活动我就会看看书,另外还有一些文件可能要处理,一般就是这样。

在一九九二年四月召开的亚太地区残疾人理事会上,中国代表提出,在“联合国残疾人十年”结束以后的一九九三年到二〇〇二年,开展“亚太地区残疾人十年”活动,这一倡议得到了各国代表的赞赏。

陈鲁豫:你平常肯定要见很多人,包括离开北京到外地,或者一些出国访问等活动,那你一年当中大概有多少时间不在北京?

邓朴方:我想接近三分之一。有时候在国内出差多一些,有时候到国外多一些,今年国外、国际活动就多一些。

陈鲁豫:我觉得,如果不是这样一种很特殊的历史机遇把你推到这个位置上,按照你的性格,抛开使命感不说,就拿你本人的性格来说,我觉得你比较内向,讲究隐私,不太愿意做这样一个公众人物,太多地接触媒体。但因为你现在特殊的位置,你必须要做一些你自己性格里不太喜欢的事情,这对你来说有时候是不是也挺勉为其难的?

邓朴方:我个人的性格也不能说内向,其实我还是比较开阔的。但我不是那种特别善于交际的人,就像两个人见面很快可以成为朋友,或者见面就熟,四面都撒得很开的人那样。我还是比较喜欢安静一点,宁可出去跑一圈、转一圈、玩玩,或者在家里看看书、做做手工,这样更有意思一点。面对自己好像更容易一点,面对社会更难一些。

陈鲁豫:我不久前采访毛毛姐,我们也聊起过,因为她刚写了一本书,《我的父亲邓小平——“文革”岁月》。她讲到,为写这本书你们全家都帮她回忆,还有你个人不太愿意碰的那段历史,但她说为了那本书,你也帮她一起回忆。她又特别讲到,每次你讲的时候都很平静,但她常常热泪长流。我总觉得,人的心理经过一个很大的转折,从那样一种大的痛苦、大的绝望，到如今这样大的平静，好像需要经过平静、经过很艰难的平静之后才会豁然开朗。我想知道你这样一段心路历程，这样的转折是怎么来的？

邓朴方：毛毛那本书我觉得写得很有意义，很有价值。我们全家帮助她写这本书也是理所当然的，这不只是她的事情，也是我们全家共同的事情。特别是为了父亲，做任何事情都是值得的。

有些事情……这样的过程，当然，具体的细节——哪段事情很痛苦，或者哪件事情很高兴——在人生的整个过程中都是经常出现的。在“文革”那种特殊环境下，人们的大起大伏，每个人都可能有这样的过程。也许有人对这个感受更加强烈一些，也有人不是那么强烈，但是，每个从“文革”过来的人都会对那种环境深恶痛绝。对我个人来说，有那么一段大起大伏的经历之后，也就是说沧海都见过了，再见到其他东西、其他很多事情，应该说，如果以前那样一个痛苦的时候都能够经历，那我们还有什么其他的事情不能经历呢？所以就心情来说，能够看开了，把什么事情都看开了，喜怒哀乐、世态炎凉，其实也不过如此而已。

……

邓朴方：有时候也想狂一下。

陈鲁豫：最狂的时候是什么？

邓朴方：比如有次下大雨，我就坐着轮椅到院子里去淋雨，当然也不是全淋，是打着伞的，非常大的暴雨，倾盆大雨，实际上身上也都淋湿了，这时候眼睛什么也看不见，就看见前面云雾蒙蒙的，同时雨在雨伞上“吧嗒吧嗒”打下来，形成一片响声，四面都像水帘子一样，身上感觉一种特别激动的心情在里面。我不知道，很怪……

陈鲁豫：你是浪漫的人。

邓朴方：我浪漫吗？也许会有点浪漫。

陈鲁豫:如果现在允许你有一个梦想,你的梦想会是什么?

邓朴方:只允许一个梦想?太苛刻点了吧?

陈鲁豫:一个大的梦想,最大的梦想,你会是什么?

邓朴方:如果不从个人的角度来讲,我希望中国好,越来越好。我们祖国经过了太多太多坎坷,我们背负的历史包袱也很沉重,前进的道路仍然不会太顺利,但我相信,我们中国人应当在这个时候把自己的国家建得更加美好,人们的生活越来越好,社会也越来越进步。

陈鲁豫:这次中国残疾人艺术团要访问美国六个城市,而且是第一次进入美国主流社会,在一些大的一流剧院演出。这个活动最初的想法是怎么来的?

邓朴方:我们这个残疾人艺术团我非常珍惜它,它是我们残疾人事业的一颗明珠。这个艺术团是由一些对艺术有着执着追求的残疾人组成,在国内国外都进行过多次演出,演出效果都相当的好。也就是说,艺术团的演出能够使残疾人与健全人、与社会有一个心灵的沟通,很多人看了以后觉得在心灵上引起了震撼,还有些人看了以后觉得遗憾,为什么不演第二场?有些人看了之后直懊恼:为什么没有想到把自己的孩子也带来看看呢?让他们也来看看残疾人是怎么生活的,他们是怎么追求自己的目标的。

当然,我们带着这个艺术团也访问过许许多多的国家,美国我们曾经带着一个很小的演出小组去过,没有这么大规模。这次有一个机会能到美国进行访问,希望更多的美国人能够看看我们艺术团,看看中国的残疾人是什么样的,让他们看看中国是什么样的。

陈鲁豫:这个活动我知道已经筹备了很长时间,大概他们先行工作一年多时间了吧?

邓朴方:组织工作非常复杂,要把它做得更好又不容易,如果做得马马虎虎也许能够凑合……但我们希望把它做得好些。

陈鲁豫:最近我看到,中国残联搞了很大的活动,包括不久前凤凰台也参与的国际特奥在北京办的活动,有一些相当高调的活动。

邓朴方:我觉得,残疾人事业在发展的过程中应当不断地有声音,过一段就应当有比较强的声音出来。因为社会既要接受新的东西,又是很容易遗忘的。如果我们的残疾人事业老是说一种话、说一件事,人们很快就会把你忘掉。所以,残疾人要不断给社会新的东西,要拿出一些有冲击性的东西,让大家感觉到,残疾人的事情还是值得关注的。当然,这样的大型活动,比如前些日子的"特奥世纪行"活动,也是与国际组织合作的,有这样的一个机会,我们就在这个地方把文章做起来,这样就能影响到各个方面。

中国的人道主义事业起步较晚,但它迈进的速度却是惊人的。中国残联的总目标是:到二〇一〇年,使相当一部分残疾人的生活达到小康水平;二十一世纪中叶,残疾人的生活与国家经济的发展水平大体同步。

邓朴方:通俗地讲,挑战和机遇并存。也要通过我们广大的残疾人工作者不断的努力,去一个一个地攻克堡垒。①

① 最后这一段是凤凰卫视节目引用的历史音像资料,是邓朴方同志一九九二年在湖南省考察时讲话的片段。

特殊艺术让生命如此美丽[1]

（二○○○年八月二十九日）

记　者：据说，中国残疾人艺术团是世界上最好的“特殊艺术”表演团体，请谈一谈您的评价。

邓朴方：八十年代出现的“特殊艺术”概念在世界上晚于“特殊教育”、“特殊体育”，却反映了人类文化文明的进步，这一进步是从基本素质的培育到更高精神文化的层跃。不可否认，作为个体的残疾人由于某种原因在艺术上有超常发挥古今中外不乏其人，比如贝多芬失聪可写下伟大的第九交响曲，阿炳失明仍留下不朽的《二泉映月》，但形成一门群体性的“特殊艺术”我认为还离不开一种社会机制的关照，即社会制度的保障、全民的关爱、国民素质的提高等等。在中国，残疾人的权益得到极大的保障和尊重是人所共知的，但残疾人艺术团如此之高的艺术水准的确立，确是近年来整个国民素质提高的真实写照。国外有一些手工艺、哑剧特艺表演团体，在艺术上各具风格，我们虽然不好说我们的团是世界上最好的团，但我们敢说，我们有最好的艺术氛围，因为，我们的“特殊艺术”有政府和全民的真挚关爱。比如，这次编排节目，中国著名导演张继刚、著名舞蹈家杨丽萍、著名歌唱家毛阿敏等艺术家都做出了无私的奉献。

记　者：这次赴美演出排练的音乐舞蹈《我的梦》确立的一个主

---

① 这是邓朴方同志在国务院新闻办公室就中国残疾人艺术团访美举行的记者招待会上答记者问，原载当天《北京晚报》。

题恰恰是“无主题”艺术表演,实际上是给我们的“特艺”提高了一个难度,即让观众在过去观看演出后必然产生的同情、怜悯情感上升为全新的艺术审美和享受,在这一点上我们怎样为“特艺”定位?

邓朴方:中国残疾人艺术团一九八七年成立以来,走遍了中国的山山水水,并远赴亚洲、欧洲、美洲、大洋洲近三十个国家演出,从国家元首、艺术名流,到普通观众无不为他们的表演而动情、叹服。

一位名人说:“生活着就是美丽的。”无主题的残疾人艺术是不是要这样告诉世界:自强不息的人能够创造美丽的生活。在我们这台节目中,来自湖北的重度弱智艺术家胡忆舟智商只相当于二到三岁孩子的水平,却能指挥交响乐团演奏难度极大的交响乐作品。许多人包括乐手都不相信,认为他是比划着玩。但是当他上台指挥时,你会看到他是真的在指挥,他竟知道哪儿起、哪儿落,谁对谁错,他是在用一种心灵与音乐相沟通。当艺术与他相融合的时候,谁还会怀疑他的生命不是美丽的呢?

这个世界,对于表演《雀之灵》的聋哑姑娘邰丽华和表演群舞的聋哑姑娘们来说是寂寞的,而她们的生命中有了艺术,在许多人不知道的她们内心深处,一定是开满了鲜花的。还有五位失去了右腿的男演员,看他们的舞蹈《生命之翼》,会让人忘掉了什么是残缺,记住的却是艺术让生命如此美丽,生命让艺术如此辉煌。

当我们的残疾人艺术有这种意义上的美学升华时,人们的忘情、流泪将不再仅仅是同情和怜悯,而是说,我看到了常青的生命之树。这,也许就是“特艺”的定位之一。

记　者:美国卡内基音乐厅是世界著名的艺术圣殿,所有的音乐艺术家都以在那里演出为荣,但却很少与外国团体共同主办演出活动,此次中国残疾人艺术团的演出由这家音乐厅主动承办,在美国引起巨大反响,这意味着什么?

邓朴方:中国残疾人艺术团赴美访演是由美国肯尼迪艺术中心、卡内基音乐厅、凯西基金会和中国残疾人联合会共同主办的。

进入肯尼迪艺术中心和卡内基音乐厅演出,意味着这个艺术步入了美国艺术的主流社会;还有一点是,卡内基音乐厅迎接中国残疾人艺术团的到来,说明富有爱心的美国友好人士对中国人民的真诚友谊。卡内基音乐厅的掌门人、世界著名音乐大师斯特恩专门致函我会,表示期待艺术团的到来。然而,就在几天前,他却病重住院了,对此,我们表示深切的问候,祝愿他早日康复。

艺术团访美期间,恰逢联合国举办新千年首脑会议、中国政府举办中华文化美国行,《我的梦》引起美国朝野政要、各界人士的热情关注。美国副总统艾尔·戈尔和十几位参众两院议员都发来了欢迎函。

艺术团将在华盛顿、纽约、旧金山、博伊斯、普鲁沃、夏威夷六个城市演出十场,演出场所还包括大学校园、体育场馆、教堂大厅、联合国成立会址——旧金山战争纪念馆等。

记　者:您是否会在某种演出场合表演一两个节目?

邓朴方(笑):我?我的艺术细胞挺差,还真没这个准备。不过也难说在底下搞个联欢什么的,唱上一两句。我平时的业余生活喜欢看看书、打打牌、钓钓鱼,看来得向艺术家学习,关键时候露一手,不过这次是来不及了。

在李肇星大使欢迎中国残疾人艺术团访美演出招待会上的致辞

（二〇〇〇年九月十六日）

各位嘉宾、各位使节，

女士们、先生们、朋友们：

我十分高兴率领中国残疾人艺术团访美演出，中国残疾人艺术家们满载着中国六千万残疾人的深厚情谊，将精心创编的富有东方神韵的节目《我的梦》奉献给美国人民。我们刚刚结束了在爱达荷州和犹他州的访问演出，在当地取得了巨大成功。今天，我们来到了美国东部，将在华盛顿和纽约访问演出。我们期待着将这台精彩的节目与你们共同分享。

此次中国残疾人艺术团访美演出，得到了美国各界人民的普遍关注与支持，特别是得到了中国驻美使馆和李大使的关心与帮助，我在此谨向李大使表示衷心的感谢！向本次演出的组织者美国凯西基金会的朋友们表示崇高的敬意！

女士们，先生们：

我们即将告别辉煌的二十世纪，进入崭新的二十一世纪。世纪之交，百年回眸，我们有理由为人类在本世纪所创造的空前辉煌而自豪。我们感受到科学技术日新月异的重大突破和飞速发展对人类社会产生的巨大而深远的影响，人类的伟大创造力极大地改变了世界的面貌和人们的生活。二十世纪还创造了人类前所未有的物质财富，极大地丰富了人们的物质生活。

然而,二十世纪也是一个丑恶的世纪。在这个世纪发生了有史以来仅有的两次世界大战,给全人类的生命、财产带来了灾难性的破坏。物质财富的剧增并没有带来相应的文化进步。盲目的发展和对资源的掠夺性开发带来了严重的环境污染和生态灾难。道德水准也未随着经济增长而得到相应的提升。我们生活的地球还远不是一个公平的世界,强权政治、以大欺小、以强凌弱仍是国际社会的普遍现象。残疾人等社会弱势群体仍受到歧视与不公正的对待。人们至今并未看到一个公正、和平、稳定的国际环境。

回顾二十世纪,如何总结已经取得的成就,如何避免反复出现的错误,是全人类面临的重要课题。

下一个世纪应当是一个和平的世纪。战争给人类带来最大的灾难,我们面临的首要课题就是减少乃至消除战争,人类应当更加智慧,学会以和平的方式解决问题,为世界营造一个和平、有序的发展空间。

下一个世纪应当是一个合作的世纪。当今现代化发展的过程使地球变小了,各国的政治、经济、文化的利益与冲突越来越纠缠在一起。全球化带来的问题更加复杂多变,只有各方共同合作才能化解矛盾,解决冲突,追求更大利益,给人类带来更多的福祉;而一味对抗只能加深矛盾,激化冲突,增加破坏力,将给人类带来更大的灾难。

下一个世纪应当是一个和谐的世纪。人与人、国与国、文明与文明之间应相互尊重,加强沟通,和谐相处。这是人类文明的多元和发展所需要的。人与自然也应当达到和谐,人类的自私会带来毁灭,而人与赖以生存的自然环境和谐相处,才是人类的希望。追求人与人、人与社会、人与自然之间的和谐统一是人类发展的最高境界。

女士们,先生们:

中美两国都是世界上有影响力的国家。作为世界上最大的发达国家和最大的发展中国家,我们两国都对一个全新的二十一世纪负有历史性的责任。中美两国的和平、合作与和谐相处对世界的和平、合作与和谐具有重要影响。中美两国更广泛的合作基础来源于两国广泛的共同利益,也来源于我们对世界的责任。为此,我们要增进两国人民的相互了解与友谊。此次访美,我在西部的一些州与当地普通市民和家庭有了较为密切的接触,我为美国人民的质朴以及对中国人民的友好情谊所感动。然而,我也感觉到他们对中国的进步、中国的现状十分缺乏了解。我想,在中美两国广泛的合作领域中,文化交流应成为一项重要内容,它将为增进两国人民的友谊,促进两国全方位的合作发挥重要作用。中国残疾人艺术团正是担当这一角色的"美与友谊的使者",将为增进两国人民的相互了解与友谊贡献力量。

最后,请允许我举杯,祝愿中美两国人民的友谊不断发展!祝愿全人类有一个更加美好的二十一世纪!祝各位嘉宾身体健康!

进一步唤起亚太国家对无障碍环境的认识①

（二○○○年十一月二十日）

在“亚太残疾人十年”活动的冲刺阶段，亚太经社会召开此次无障碍研讨会，以期进一步唤起亚太国家对无障碍环境的认识，具有重要意义。

“亚太残疾人十年”开展以来，亚太经社会根据“亚太残疾人十年（1993—2002）行动计划”的要求，为促进亚太区无障碍环境建设做了积极的努力，制定了《促进残疾人无障碍环境指导原则》等国际文件，并于一九九五年，选定中国北京、印度新德里、泰国曼谷三个城市，进行无障碍环境建设试点项目，今天，又发起召开此次会议。所有这些举措，为亚太区残疾人和弱势群体带来了福音。

无障碍环境是残疾人充分参与社会生活的前提和基础，也是老年人和其他群体日常生活不可或缺的重要条件，从一个侧面反映了社会的文明与进步水平。随着残疾人融入社会需求的不断增长，人口老龄化的迅速加剧，人们对生活质量的要求也越来越高。社会对无障碍环境的要求日益迫切。亚太地区大部分国家处于经济社会发展起步阶段，将无障碍环境纳入发展总体设计对建立一个惠及人人、人人共享的社会具有战略意义。

---

① 这是邓朴方同志在亚太区无障碍公共交通设施与服务研讨会上的讲话。

当然,我们清醒地认识到,无障碍环境的建设与改造是一项长期而艰巨的任务,需要我们付出不懈的努力。

近年来,中国政府和残疾人组织在全面推进残疾人事业发展的同时,给予了无障碍环境建设特别的重视,在北京、上海、深圳等大中城市大力推进无障碍环境的建设与改造,取得了一定成绩,但是距离国际通行的并适合国情的完全无障碍标准仍有很大差距。

我相信,在各级政府和社会各界的重视与支持下,随着中国经济、社会的不断发展和文明程度的提高,无障碍环境的建设将化为人们自觉的意识与行动,中国的无障碍建设将有更大的改观。

各位代表,女士们、先生们,此次研讨会为我们提供了一个交流经验、互相促进的机会,有助于我们在今后的工作中较早起步、少走弯路、避免失误。希望大家畅所欲言、充分交流、取长补短,并将会议的成果落实到今后的行动中。

女士们、先生们,我们所从事的工作是一项造福残疾人和社会所有成员的高尚而文明的工作,让我们共同努力,为社会文明与进步做出贡献。

青年人永远代表一种希望[①]

（二〇〇〇年十二月五日）

上次团代会距今已经四年了，当时我与大家见了面。和青年人在一起感到朝气蓬勃，能吸收很多活力。我认为这届团委在政治上是坚定的，工作是积极的，团委的工作很活跃，党组、执行理事会是满意的。团委换届了，希望新一届团委发扬这届团委的好作风，做出更大的成绩。下面的会议我因其他事不能参加，在这里预祝新一届团委的当选。

总的来说，党组对团的工作是支持的。建模同志从经费上很支持，该我们出席的会议我们出席，该我们讲话我们讲话。我很愿意参加青年的各种活动。

我觉得团的工作是很活跃的。建国五十周年大庆，参加游行、联欢，咱们的团委书记还当了国庆游行工作大队长，接受团工委的任务。还有香港、澳门回归，咱们也组织活动，开座谈会，到圆明园去进行爱国主义教育。还积极参加与法轮功的斗争。成立了青年读书会，我是名誉会长、建模是名誉副会长。读书会举办座谈会，“五四”时搞了一个知识竞赛。工作确实不错。

一般来讲，机关团委是不大好做工作的，学校团委比较好做工作。机关团委大家都上班，另外年龄也都大了，参加团的活动心气也没那么热了，年龄大了参加团的活动有点不好意思了。机关团员青

---

① 这是邓朴方同志在共青团中国残联直属机关第四次团代会上的讲话。

年都是在职的，还要谈恋爱，事情也很多。在这种情况下，怎样吸引大家参加团的工作要想些办法，比如团员青年有些什么问题需要帮助解决，使大家感到温暖，感到在这里能够得到友情，在这里能够进行交流，觉得参加团组织的活动很有意思。我希望今后我们团的工作，应该根据机关团员青年的特点，有新的创造。读书会的活动很好，给大家拉好书单子，定期组织大家学习交流。团组织的活动也要适合青年人的特点。青年人思想活跃，知识丰富，比我们那时强。但现在的年轻人不如我们那时懂事。我们上初中、上高中时挺懂事的，现在十七八岁的青年不是很懂事，但知识比我们丰富得多了，电脑、上网，他们懂的比我们多，各有优缺点。总的来说青年人思想活跃、精力充沛，是最有创造性时候，这个时期非常可贵啊。我们那一代的青年，很长一段时间都在“文革”中度过的。大学毕业后正是最有创造性、最有进取心、最能出成果的时候，却赶上了“文化大革命”。十年一晃就过去了。现在的青年人很幸运，社会环境这么宽松，有这么好的条件，青年人应当充分发挥自己的特长，发挥思维敏捷、思路开阔、接触面广的优势，创造性地开展工作。现在，你们的机会也比我们过去多得多，面临的选择非常多。这是非常好的，对人的发展是有好处的。你每做一次选择，无论是正确的还是错误的，都是对人生的一次锻炼、一种考验，这是很有意思的事情。

充分发挥青年人的特点，使他们立下大志，从大处看来是建设有中国特色的社会主义，从具体来说就是搞好残疾人工作。青年人是残疾人事业的新生力量。中国残联党组特别希望年轻干部尽快早日成长起来，早一点承担起残疾人工作的重任。党组决心加快培养年轻干部，给大家创造条件，锻炼年轻人，考验年轻人，培养、教育，然后还要提拔年轻人，给年轻人加担子，早日把残疾人事业的担子交给你们。所以，我觉得团委工作的重要任务就是要鼓励青年人积极向上，创造进取,为残疾人事业、为我们国家和民族的振兴做贡献。这是我们团委工作的一个重要任务。

总之,青年人永远代表一种希望。我希望大家的理想、大家的希望能够实现。我希望,不仅中国残联党组、理事会,而且从中国残联机关党委到各个直属单位的党委、党总支、党支部,都要积极关心支持青年团的工作,行政上该给经费的要给经费,对做团的工作的年轻人的任用上要给予重视。这是团委希望我讲的话,也是我愿意讲的话。

最后,我代表中国残联党组,对中央国家机关团工委对我们中国残联团委工作的支持表示衷心的感谢!

共同携手,努力推进“亚太残疾人十年”活动①

（二〇〇〇年十二月十二日）

新的世纪即将来临,“亚太残疾人十年”也已接近尾声,今天我们再聚一堂,商讨亚太地区残疾人工作大计,对本地区新世纪残疾人事业的发展,对“亚太残疾人十年”后期推动及后续行动的设计具有重要意义。

回顾“亚太残疾人十年”已走过的八年历程。一九九二年亚太经社会第四十八届会议在北京召开时,一致通过开展“亚太残疾人十年”的情景仍历历在目。在那一激动人心的时刻,亚太各国政府和残疾人组织显示了空前的团结与一致,共同给予亚太区最特殊而困难的群体以高度的重视,为亚太地区建立一个人人共享的社会做出了庄严的政治承诺。

八年来,亚太地区大部分国家和地区虽然经历了金融与经济动荡的洗礼,但各国政府始终遵循“亚太残疾人十年行动计划”的要求,努力采取措施,保障残疾人权益的实现。我们高兴地看到,亚太地区主要国家一直以捐款的方式支持亚太经社会秘书处积极开展“亚太残疾人十年”行动,许多国家承担了相应的国际义务,以不同方式配合“亚太残疾人十年”活动。亚太经社会秘书处以高度的热情和责任

① 这是邓朴方同志在曼谷“亚太残疾人十年”二〇〇〇年推广大会上的致辞摘要。

心,协调并引导各国所开展的活动,做了大量有益的、卓有成效的工作。亚太地区的残疾人组织,特别是“残疾人国际”和“康复国际”一直在积极行动,成为亚太地区社会发展舞台上的一支重要的、有影响的力量。

今天,亚太地区已渡过困难时期,经济、社会发展再次呈现出稳步回升的势头,残疾人工作也面临着一个更加有利的、健康的发展环境。所有这些成果的取得,无疑应归功于“亚太残疾人十年”为我们营造的良好的发展环境与氛围。

亚太地区多属发展中国家,其经济、社会的迅速发展从一定意义上讲带动了全球的发展。亚太地区在“联合国残疾人十年”结束后率先宣布并开展了区域性残疾人十年活动,为世界残疾人运动做出了表率。我们高兴地看到,非洲国家业已宣布“非洲残疾人十年”,欧洲国家也在积极考虑开展区域性类似的活动。可以说“亚太残疾人十年”为创造并保持全球性残疾人工作发展势头做出了不可磨灭的贡献。

“亚太残疾人十年”已进入第八年,我们将伴着新世纪的钟声把“亚太残疾人十年”带入二十一世纪,未来两年,既是新世纪的开端,又是“亚太残疾人十年”的尾声。其实际象征意义在于承前启后,继往开来,为亚太残疾人状况在新世纪、新层次的改善带来良好的契机。

然而,我们在设计新世纪残疾人工作发展战略时,应清醒地认识到,本地区残疾人状况仍面临着严峻的挑战,残疾人全面参与社会生活的障碍远不能靠一个十年得以消除。我们既对未来充满信心与希望,又需脚踏实地采取务实的行动,特别是在“亚太残疾人十年”结束后如何保持残疾人事业的发展势头,如何将残疾人事务有机地纳入本地区各国经济、社会总体发展蓝图,使其成为各国政府的自觉行动。

面对这些课题,我希望在未来两年中,应认真考虑为亚太区残疾人工作的长期的可持续发展做出安排。中国支持一切建设性的方案，包括在“亚太残疾人十年”结束时，召开亚太区残疾人问题部长级会议。

今年三月，在方心让先生的支持和倡导下，我邀请残疾人国际、康复国际、融合国际、世盲联、世聋联、世界残疾人事务委员会的主要领导人和五大洲的国家残疾人组织的代表到北京，就新世纪残疾人工作的发展问题进行了研讨。与会者在肯定国际社会在残疾人领域所取得进展，高度评价《关于残疾人的世界行动纲领》和《残疾人机会均等标准规则》所发挥的积极作用的同时指出，残疾人权益的保障应得到切实的加强，需要有一个具有一定法律约束力的国际文件来保障残疾人权利的实现，使我们的既定目标不再是空洞的口号，而成为切实的行动。为此，会议一致通过了《新世纪残疾人权利宣言》，呼吁联合国制订《残疾人权利国际公约》。这一倡议反映了占世界人口百分之十的残疾人的共同心声，顺应了人类社会向前发展的历史潮流，代表了文明与进步的时代要求。与会的各组织已经为推动公约的早日制订做出了各种方式的努力，这一倡议已得到了越来越多的国家的理解与支持。中国政府和残疾人组织对这一倡议已表达了明确的态度，我们顺应历史发展潮流，支持国际残疾人组织的共同立场，愿与国际社会一道为这一具有战略意义的目标早日实现而做出努力。

令人感到鼓舞的是，我在与联合国秘书长安南、副秘书长德塞利及主管残疾人事务的联合国官员就公约问题交换意见时，得到了他们充分的理解与支持。我还与欧盟、美国的残疾人组织磋商共同推动公约，也得到了他们十分积极的回应。

制定《残疾人权利国际公约》从根本上和长远利益来讲，既符合发展中国家发展残疾人事业的需要，也适合发达国家的要求。我殷切期望，亚太地区各国政府能在此问题上达成共识，采取一致行动，在推动公约制订的问题上发挥积极的表率作用。为此,我建议"亚太残疾人十年"结束后,本地区各国能将推动制订公约作为一个努力的方向和目标,为本地区和全球残疾人事务的可持续发展和残疾人状况的不断改善奠定一个稳定的法律基础与保障。

中国是一个发展中的人口大国,在过去八年里,中国政府和残疾人组织响应"亚太残疾人十年"的号召,采取了一系列适合国情的行动,发展残疾人事业。残疾人工作与中国的经济、社会总体发展规划已有机地结合在一起。今年,我们已全面完成了"残疾人事业'九五'计划",为残疾人在康复、教育、就业、无障碍环境、文化生活等方面带来了实实在在的利益。面向新世纪,我们正在着手制订"残疾人事业'十五'计划",使残疾人事业与国家的发展同步,一道进入崭新的二十一世纪。

中国是"亚太残疾人十年"的主要发起国和坚定的支持者,过去八年,我们在做好本国工作的同时,为"亚太残疾人十年"提供了力所能及的支持,并积极参与了有关各项重要行动,我们将继续给予"亚太残疾人十年"支持,并支持一切面向未来的切实可行的后续行动。

二十一世纪将是一个充满希望的新世纪。我们企盼人类进入一个和平的世纪,不去重复我们在二十世纪所犯下的强权政治、弱肉强食的错误;我们期待一个和谐的世纪,人与人无论其性别、种族、残疾而平等相待、和睦共处,人与自然也更为友善,共同营造一个惠及人人的环境;我们共创一个合作的世纪,人与人、国与国以平等的身份,携手共建属于全人类的未来。

这是残疾人的梦想,这是人类的梦想!

这是我们共同的梦想!

愿我们的梦想成真!

认清历史发展趋势，加强残联干部队伍建设①

（二〇〇〇年十二月十五日）

今天我们举办各省、市、计划单列市的残疾人领导干部研讨班，给大家开个小灶，这是中国残联加强干部队伍管理、提高干部队伍素质的重要措施。现在，在座的多数是九八年换届提上来的，两年多的工作实践，大家一定有不少感受，有不少经验，也有许多话要讲，平时工作忙，也不能集中在一起，现在给大家创造这个机会。一方面，给大家充充电，了解国家的发展大方向，残疾人事业发展状况，开阔视野；一方面在研讨中大家互相学习，互相交流经验，不断总结，不断提高，更好地履行职责。我相信通过研讨班的形式，一定能使大家畅所欲言，取长补短，有很好的收获。

本世纪即将结束，新世纪即将到来，借此机会，首先对二十世纪进行回顾。

一、二十世纪回顾

回想百年历史，从世界范围来说，二十世纪是一个非常辉煌的世纪，这个世纪所创造的成就，影响是深远的，是以往所有世纪所不可比拟的。

---

① 这是邓朴方同志在全国残疾人领导干部研讨班上的讲话。

二十世纪创造了前所未有的科技成果,科技发展十分迅猛。一些发现、一些发明、一些创造,不是以算数级数来计算的,而是以几何级数来计算的。特别是到世纪末这段时间,科技发展之迅速,创造成果之多,突破之重大,令人眼花缭乱。而且科技成果的突破,从来没有像现在这样,直接推动经济的发展,不但提高了人民生活水平,而且影响人民的生活方式。可以说,二十世纪,在所有科技领域都取得了重大突破。比如说,本世纪突破了经典物理学,创造了量子力学,在宏观上宇宙大爆炸理论的产生,在微观上中子、介子的发现,这些使人类的认识不断向宏观和微观延伸。一个残疾人科学家叫霍金,他写了本书,叫《时间简史》,把宏观的理论和微观的理论结合起来,解决了宇宙大爆炸的源头问题,当然,这一理论有待世界公认。

在本世纪初,莱特兄弟发明了飞机,第一架飞机上了天。自此以后,航空工业以及以后的航空、航天技术不断发展,人类上了太空,卫星也得到了广泛使用,航天器远离地球,向土星和其他星球进展,人类登上了月球等等。本世纪在医学方面的重大突破是抗生素的发现,不仅完全改变了医学面貌,而且使人类在医学和战胜疾病方面取得重大突破。本世纪许多高新材料层出不穷,比如咱们使用的塑料,以前没有,现在使用非常广泛。

电脑的发明使用,无论在工业、家庭,还是机关办公,都发生了革命性的变化。网络技术的发展,使得全世界信息、通信等有了突破性的进展,世界各国变得更近了,任何一个角落,通过网络,距离相当于零,也就是说,网络改变了人民生活各个方面,包括工作方式、生活方式、产业的运作方式等等。

还有微电子学、生物工程、纳米技术等高新技术。前些日子,我们国家在高温超导技术方面又有了新的突破。总的来说,现在科技的发展已经不是少数物理学家、数学家、化学家的成功。因为十八、十九世纪少数科学家的重大突破、重大发现，都对人类产生了深远影响，但对一般老百姓来说、对经济来说，科学的发展，到达技术进步水平，有相当长的距离，而技术进步水平到达工业化水平，又有相当长的距离，现在这个距离极大地缩小了。所以二十世纪是科技时代，是通过发展取得重大成就，对人们形成重大影响的一个世纪。

二十世纪，还创造了人类前所未有的物质财富。比如农业，西方国家农业现代化早已完成，提供了大量、丰富的农产品。现在不少发达国家，国民生产总值非常高，达到人均三万美元以上，香港二万美元，美国三万多，科威特更高，因为有石油，北欧也相当高，卢森堡最高，达到四万五千美元。在中国，解放前一块光洋可以买五十斤白面，现在中国人均国民生产总值达到八百美元，国内白面五十五元钱一袋，我们一个人能生产多少白面呢？人们创造的生产价值越来越高，大量物资被生产出来，生产资料、生活资料非常丰富。通观下来，二十世纪所创造的物质财富，包括钢铁、煤炭、化工，包括基础设施，汽车、飞机、电视机、冰箱等生活用品，也包括电力、水电站、核电站，都是以往无法比拟的。

二十世纪发达国家和发展中国家差距很大，但总体来说，生活水平都在提高。世纪之初，一些西方发达国家，不管是哪个国家，比如俄罗斯，第一次大战时，工人是怎样生活的，农民是怎样生活的，都是在困苦之中。周总理、我父亲那一代人到法国留学，生活也相当艰难，失业率非常高。可是现在，发达国家完全上了新的台阶，饮食等生活问题已经不再考虑，考虑的是如何更多地提高生活质量。人均卡路里不是不足，而是过剩，肥胖症增加。年轻人不再受到生活的巨大压力，他们不愁吃不愁穿，以至于年轻人的个子越来越高，营养好是一个原因，更重要的是精神压力没有过去那么大。本世纪初，人均寿命很低，只有三十到四十岁，到本世纪末，世界人均寿命已达到六十六岁,中国人均寿命是七十一岁,发达国家的人均寿命大多数在七十五岁左右。现在的工作都普遍使用五天工作日,有些国家还要少,除了每周四十小时工作外,还有大量的假期可以出外旅游。总体来说,二十世纪人民生活水平大大提高。

二十世纪是美妙的世纪,同时也是丑恶的世纪。这个世纪,从头到尾都摆脱不了强权政治。前四十五年,群雄并立争夺市场,争夺殖民地,全世界一片混乱。中间四十五年,美苏争霸,进行了四十五年的冷战。最后十年是美国独霸。我们感到世界走向多极化步伐缓慢。多极,最强的欧洲自欧盟成立以后,虽然没有很大作为,但它一步一步往前走,最终会成为很强的一极。当然,现在还比较弱,在科索沃战争中无所作为,美国轰炸南斯拉夫,靠美国武器来打,欧洲很有失落感。中国这一极、俄罗斯这一极、日本这一极都比较弱,还是美国独霸,强权仍然是世界上的生活法则。本世纪爆发了人类有史以来仅有的两次世界大战,其规模之大、战争之残酷、对人性扭曲之严重、情节之恶劣是前所未有的。在这两次战争中,使用了原子武器、化学武器、细菌武器。造成大量的人员伤亡和物资损失。在这个世纪,法西斯制造了前所未有的人类种族灭绝,希特勒对犹太人的残酷迫害,惨绝人寰。

二十世纪,不但有最丑恶的现象发生,而且是失去平衡的世纪。巨大的物质财富并没有带来相应的文化进步。物质财富多了,科技力量发展了,精神文化财富产生了多少呢?文化、艺术、社会科学巨匠能经受住历史考验,在历史上站住脚的并不多。比如音乐,经典的东西还是十八、十九世纪的贝多芬、莫扎特、柴科夫斯基。比如文学,二十世纪产生了多少文学作品能够同以往相媲美?《静静的顿河》大家都在读,比起前两个世纪的莎士比亚、雨果、屠格涅夫、托尔斯泰、巴尔扎克,人们可读的经典里二十世纪的东西并不多。其实,像这样的经济发展，应该有更多的文化产品产生出来，但没有出现。物质发展了，生活提高了，人们的精神生活并没有得到相应的提升，各种不良的倾向、颓废的情形，充斥在世界上，吸毒的、凶杀的、暴力的、少年犯罪的、抢劫的，社会治安日益恶化，原来是美国等发达国家犯罪率非常高，现逐步扩展到发展中国家，包括中国犯罪率也在提高，人们生活在一个更加不安全的环境中。经济高速度的发展，并没能使贫富差距缩小，相反，发达国家和发展中国家贫富差距越来越大，只是最低生活水平在不断提高。

二十世纪，社会主义革命兴起，一九一七年，第一个社会主义国家成立，五十年代到六十年代，到达全盛时期，毛主席称之为“东风压倒西风”。五八年时超英赶美，中国要超过英国，苏联要赶上美国。那时候，第一颗原子弹是美国发射的，第一颗氢弹是苏联发射的，第一个宇航员加加林是苏联的。到九十年代，遭受严重挫折。尽管社会主义运动从兴起到全盛，到遭受严重挫折，经历了一个大的起伏，但是社会主义运动努力创造一个追求公正、平等、合理的社会，其成功、其失误、其受挫折，都是一笔巨大的历史遗产，有着极大的精神价值。现在，中国等其他社会主义国家，高举理想的旗帜，继续走社会主义道路，我们为走有中国特色的社会主义道路，走社会主义市场经济的道路，为追求美好、平等的社会而努力，永不停止。

在这个世纪，产生了与殖民主义决裂的民族和民主解放运动。这一运动，伴随着二次世界大战的结束，在亚洲、非洲、拉丁美洲广泛展开，许多被殖民主义统治的国家纷纷起来革命，取得独立，从全世界范围看，基本结束了帝国主义国家的殖民统治。在这个世纪，许许多多的独裁被打倒，许许多多的封建王朝被推翻，比如说中东的许多国家推翻封建王朝，建立了民主共和的政体。民主、民族解放潮流在全世界范围内兴起，整个世界政治版图发生了巨大的变化。

在这个世纪,反对歧视的斗争突出地体现出来,呼声越来越高,妇女运动、残疾人运动在这个世纪内广泛兴起,反对种族歧视运动,在全世界形成强劲的力量。黑人马丁·路德金被暗杀,引起世界广泛反应。我记得当时到天安门广场游行,毛主席发表声明,北京举行了百万人的大游行,大集会。全世界争取解放,争取“人权”的斗争也势不可挡。现在许多国家拿人权来压中国,其实我认为,为人权而斗争是非常好的事情,包括在解放初期,大家唱“解放区的天是明朗的天,民主政府爱人民”。我们打着民主、自由的旗号,为人权做斗争,这是一个非常好的口号,但不能为别有用心的政治家所利用,否则就不那么纯洁,如果被利用作为压制别国的政治斗争的手段,就更失去了高尚。我认为应该把人权斗争的旗帜举起来,不要让它受到污染,让它真正为人类进步做出贡献。

回想起来,二十世纪的种种经验,许许多多的教训,如何总结,如何发挥这个世纪所产生的优势,如何避免这个世纪所发生的错误,在当前和今后一段时间里,仍然是人们应当重视的课题,这一课题并没有做完。我们在新的世纪里,应有新的思维方式,是面对未来考虑问题,而不是停留在旧世纪的光辉或阴影当中。

二、当前的国际局面

目前,是什么样的局面呢?

我认为,首先在政治版图方面,“美国一霸,多极并立”这个已经形成了十年的格局在相当长的时间还会继续存在。我们处理问题离不开这个格局,怎样在世界多极化的发展过程中有利于我们国家的发展值得探讨。

第二,和平的力量强大,战争因素存在。大乱不会有,小乱不会断。

第三，世界经济发展仍然是极其迅猛的，经济全球化是最重要的特征。任何一个国家，都不会孤立在国际经济范围之外，要在经济全球化的背景下，寻求自己的发展，占有自己的一席之地。当然，“全球化”对发达国家是有利的，对发展中国家是不利的，但是不管有利与否，你必须承认它的存在，适应它的存在。你不适应它，它就要欺负你，它就要损害你。前段时期东南亚经济危机，南美的经济危机，俄罗斯的经济危机等等，都说明了“全球化”对各国经济的影响。在这方面，发达国家借助他们的技术、资金优势，以他们的管理方面的优势，包括他们更多的信息、媒体等等，可以在“全球化”范围内，获得最大利益，或者获取不合理暴利，法律上拿他们没办法。他们获取不义之财，你没本事就受欺负，就要被人掠夺。以前是军事掠夺，用殖民统治、用占领方式来掠夺，现在用“全球化”来掠夺你。

第四，科技创新势头越来越强劲。这次特别推荐朱丽兰部长一个报告给大家看，就是要让大家了解科技创新的概念和局面。其中，朱部长特别强调创新，日本创新少，这几年就非常困难。美国连续一百一十个月的经济增长，在美国历史上是奇迹，这在以前几乎是不可能的事情，已经远远超过了它的一般的周期范围，其中重要的原因是调整了产业结构，进行了科技创新。

第五，就是中国所处的环境。无论是政治版图状况对我们的压迫、意识形态对我们的压迫、经济和科技对我们的压迫，中国目前受到极大的压力。但是，由于我们二十年来的改革开放，我们有能力应付这些压力，有机会利用自己的科技创新，利用自己国家的进步，利用人民的顽强、智慧、勤劳、勇敢等等优势，争取后发、迎头赶上的机会。特别在科技创新这个问题上，如果我们做得好，可以在某些领域、某些方面站在世界的前列。总的来说，大家不要有幻想，今后几十年，在中国的发展过程中，所处的外部环境不会宽松。但是大家要知道,完全宽松的环境,并不一定是好事。一个不宽松的环境,如果能激起全国人民的斗志,凝聚中华民族的团结,可能把坏事变成好事。英国历史学家汤因比在他的《历史研究》中论述,任何一个文明发生、发展、衰弱的过程,有其内在规律:一个文明如果完全没有遇到外界的挑战,就会自行腐败;一个文明遇到挑战,强过自己的反应能力,这个文明就会灭亡;一个文明遇到适当的挑战,并且对挑战能够做出正确的回应,这样就能够激起文明自身、内在的生命力,能够使文明不断地发展起来。我们期望中国能够出现这样的情况。所以说国际形势无论怎样变化,中国如何搞好自己,并贡献国际社会,仍然是我们的责任,也是目前的课题。

三、中国的二十世纪回顾

中国的二十世纪怎么来回顾呢?

这个世纪的第一年,一九〇一年德国的瓦德希将军就住在北京城。在这一年,签订了《辛丑条约》,让中国赔款四亿五千万两白银,中国的税收全用于赔款了,辛丑条约还允许在中国驻军、操练,在大沽、天津、北京一带布防等等。最后八国联军认为由外国人来操纵一个腐败的清政府,更有利于帝国主义统治,清政府才得以保留。这就是二十世纪的第一年。二十世纪最后一年,二〇〇〇年十月,五中全会宣布,中国总体上达到了小康水平。这就是二十世纪头一年和最后一年所发生的事情。这期间,清政府苟延残喘了十一年、军阀混战二十六年、抗日战争八年、解放战争四年、新中国成立以后十七年建设、十年"文革"、两年的华国锋过渡时期,从一九七八年开始二十二年,拨乱反正,改革开放,一共是一百年。

百年来以孙中山、毛泽东、邓小平为代表的广大人民前仆后继,不断追求独立、自由、民主、解放，不断进行经济发展使社会进步。在一百年中，前五十年是混乱和战争、争取独立和解放的五十年，后五十年是社会主义建设的五十年。

回想起来，无论是前五十年，还是后五十年，我们都是历经坎坷，没有一件事是顺利的，没有一件事是不受挫折的。比如辛亥革命，孙中山成功地推翻了清政府，但又被袁世凯篡夺了胜利成果，辛亥革命没有解决中国的问题。鲁迅为什么写《阿Q正传》，实际上是辛亥革命后，中国社会没有丝毫变化，感到痛心疾首。随后第一次世界大战，中国是战胜国，同时带来了巴黎和会的屈辱，导致了"五四"运动，造成了人们的觉醒，造成了知识界、商界等等各行业的觉悟。北伐战争胜利，却遭到"四·一二"大屠杀，造成了革命队伍的分裂和损失，北伐战争胜利之时，也是蒋介石集团和帝国主义结合之时。后来，张学良易帜，中国虽然形式上统一了，但是紧跟着是新军阀的混乱，产生了新的分裂。二次大战，中国进行了八年抗战，牺牲了千千万万的人，取得了胜利，但此后蒋介石破坏了和平谈判，继续进攻解放区，造成了国共两党对立，造成了劳动人民和帝国主义代表势力的对立，最后我们胜利了，人民胜利了，中华人民共和国成立了。我们应该好好搞建设了，"八大"刚刚提出了社会主义建设的总路线，很快就搞了"反右"斗争，很快搞了"大跃进"，中国政治经济遭受了巨大损失。六二年到六五年当我们弥补了损失，党心和民心还没有散的时候，人民的情绪非常高涨、劲头非常大的时候，我们又要继续前进的时候，发生了"文化大革命"。

百年来，无论是争取独立、争取自由斗争，还是建设社会主义，中国从来没有一次是顺利的，历尽曲折，坎坎坷坷，做出了巨大牺牲，经过了最顽强的努力。回顾这一历史，要讲"惊天地、泣鬼神"，我认为一点也不过分。但是，我们几经教训，终于走过来了，我们走得很慢，走了一个世纪,现在终于走对了,终于走上了建设有中国特色的社会主义的正确道路,终于走上了改革开放之路,终于走上了一心一意进行四个现代化建设的道路,可谓来之不易。

四、改革开放二十年

一九七八年以后,小平同志带领我们进行改革开放。二十年来,我认为改革开放已经走上了良性循环。开始如何拨乱反正,实行农村土地承包,进行城市改革,怎样肯定毛泽东思想,坚持四项基本原则,不断改革,不断开放,建立特区,这个过程大家都经历过了。

对二十年改革的成果和说法,十五届五中全会指出:经过全党和全国各族人民的共同努力,第九个五年计划胜利完成,国民经济和社会发展取得巨大成就。二十多年的改革开放和发展,使我国的生产力水平迈上了一个大台阶,商品短缺状况基本结束,市场供求关系发生了重大变化;社会主义市场经济体制初步建立,市场机制在配置资源中日益明显地发挥着基础性作用,经济发展的体制环境发生了重大变化;全方位对外开放格局基本形成,开放型经济迅速发展,对外经济关系发生了重大变化。我们已经实现了现代化建设的前两步战略目标,经济和社会全面发展,人民生活总体上达到了小康水平,开始实施第三步战略部署。这三个变化,高度概括了以往五年以至二十年经济、社会发展的面貌。

(一)二十年来的第一个变化

第一个变化是,我国生产力水平上了一个大台阶,商品紧缺情况基本结束,市场供求关系发生了重大变化。“九五”期间,在东南亚发生经济危机的情况下,中国国民生产总值增长百分之八以上,二十年以来，国民生产总值增长一直在百分之九左右，增长非常快，当然，这是年轻经济的特征，同时，也说明我们二十多年的路子是走对了。二十世纪末，中国的国民生产总值超过了一万亿美元，也就是人均八百美元，总体上达到小康水平。温家宝同志以非常感慨的口气讲，我们终于告别了短缺经济，以前什么粮票、布票、豆腐票……，短缺经济一直没有摆脱，如果我们没有走向市场经济，没有商品的丰富，物质产品的丰富，就告别不了短缺经济。而告别短缺经济，证明我们的经济形态发生了根本变化，已经不是卖方市场，所以这点被许许多多人所重视。我们的钢铁、煤炭、化工等业已走入世界前列。我们的生产力水平大大提高，生活质量大大提高，市场非常繁荣。这几年的麻烦是什么？商品不是少了，而是多了，生产什么都不赚钱，当然，这个经济上的"紧缩危险"比通货膨胀要更差，要更危险。但是可以说，我们基本上已经摆脱了过去计划经济情况下那种商品短缺的情形，这个变化是非常的重大。

（二）二十年来的第二个变化

第二个重大变化，是社会主义市场经济体制初步建立，市场机制在资源配置中日益明显地发挥基础性作用，经济发展的体制环境发生了重大变化。

大家回想这些年来，特别是"十四大"提出来要建立社会主义市场经济，十四届三中全会做出了决议，在这之前、在这之后，我们做了多少事情？开始是经济"软着陆"，后来又是国有大中型企业的三年解困，经过改组改造，经过合并等等一系列的措施逐步摆脱了困境。一些行业开始扭亏为盈，纺织行业缓过来了，钢铁行业缓过来了，许多行业已经缓过来了，当然还要进行结构性调整，以后是不是还会有新的反复，还会有新的困难，我想还会有的。

当前各种市场、市场要素开始逐步形成,比如资金市场,银行系统在九三年、九四年就已经开始大刀阔斧,当时朱镕基任副总理,在亚洲金融危机之前,我们及时刹住了泡沫经济。当时泡沫经济已经不小了,东南沿海新盖的那么多房子放在那儿真是惨不忍睹啊。但是总算非常及时地刹住了,进行了宏观调控,进行了软着陆,特别是进行了金融体制改革,使金融体制能够在一个比较健康的条件下运作。所以,在这次东南亚经济风暴到来的情况下,中国能保持一定经济发展速度,中国的汇率能不降,能够挺住。挺住了当然也要付出代价,但是挺住了也得利了,由于我们的汇率挺住了,所以在此之后,我们的投资环境得到了全世界的认可,大量外资就进来了。

再有劳动力市场的形成,那么多下岗职工进入人才交流中心,将来还要从人才交流中心再转向就业,再转向失业保险,这个我们叫劳动力市场,温家宝同志的文章里面讲的是人才市场。人才市场的形成,科学技术市场的形成,土地资源的合理配置这些要素参与分配得到了承认,其基础性的作用日益得到了发挥,大家要注意对用词的表述,因为它的基础作用得到运用和发挥,我们的社会主义市场经济这一形态才基本形成。

中国在高速发展经济时,能慢慢地把速度降下来,消除了泡沫经济的隐患,提高了效益,对我们的经济发展是很成功的,没有造成巨大的动荡。以前,一说经济整顿,整个经济就趴下了,一说发展经济,整个经济就哄起来了。现在不是这样,软着陆成功了。第二个例子,是东南亚经济危机造成国内经济紧缩。大家看,这几年非常难,虽然老百姓买东西方便了,但总期望电视机降价,大家都想买便宜货,有时即使降价也不买,为什么呢?手里攥着钱,大家等着买房子,孩子上学,医疗保险、养老保险等等。老百姓不买东西,物资卖不出去,商品卖不出去,厂家就没有钱赚,厂家竞相降价,厂家就不够本了,造成了经济紧缩。国家采取一系列经济措施,来进行宏观调控,包括这几年采取的积极财政政策。几次降低利率,你看利率不管怎么降,老百姓就不投资,仍然存款。这在中国是怪事,这么降利率,老百姓还是存钱到银行,为什么? 觉得省事。国外呢,利率一降低,人们存钱不划算了,就转向股票市场、投资市场,这样可以导致经济回升。从今年开始物价有所回升,这令人喘了口气。如果明年物价继续回升,不让它过热(现在谈不上热),防止过热,那么投资人的兴趣会增加,投资人增多,各行各业都会兴旺起来,说明这次宏观调控又可以取得成功。这说明我们国家在治理通货膨胀也好,治理泡沫经济也好,都开始有了成功的经验。

社会保障体系得到大力加强,劳动保险、医疗保险、最低生活保障线,在中央文件里对残疾人事业,对下岗职工,都有所照顾、体现。只有建立社会主义保障体系,才能有良性的劳动力市场,才能保证社会的稳定,才能得到人民群众的拥护,才能进一步推进改革开放。

(三)二十年来的第三个变化

第三个重大变化是,全方位对外开放格局基本形成,开放型经济迅速发展,对外经济关系发生重大变化。许多文章都论述过了,闭关自守是不行的。十五世纪以来中国是怎样衰落的,其中重要的一条就是闭关自守。

二十年来,我们从引进外资,搞特区,搞沿海开放城市,扩大到全方位开放,最后取消了特区的特殊政策。取消特区特殊政策当时有争论,不取消有不取消的道理,如果特区再多搞几年,特区所增长的财富对国家的贡献,比让给它的利要大得多,对西部开发支援也有利。取消也有取消的道理,以利于形成全国一致的公平的市场环境。今年我国外贸总额可达到四千亿美元,外汇储备可达到一千六百亿美元,“九五”期间引进外资二千八百亿美元等等,这些以前是不可想象的,说明中国开始与世界经济越来越融成一体,但有些东西我们还不能放开,有些市场还不能放开,我们要在拿到资金、技术的情况下,才可能拿市场去换。马上还要加入世贸,世贸组织对中国经济是个考验,会形成新一轮的开放和奋斗。

(四)达到小康后怎么办

达到小康后怎么办呢?五中全会指出,发展是主题,产业结构调整是主线,科技进步是动力,提高人民生活水平是出发点和归宿。

我整理稿件时,感觉很多事有点走题了。开始讲“惊天地、泣鬼神”,后来讲科技、发展、改革,完全是两种事情。回顾中国二十世纪历史,怎么详细地讲起五中全会了?拿到世纪角度来看,我想有点婆婆妈妈的感觉,再一想,觉得还是对,就是应该讲讲现在的情况。为什么说对,这和一个时代一样,如果一个时代还是“天下兴亡,匹夫有责”,说明你的国家有问题,问题还很严重。现在的这个主题,都是讲五中全会的问题,说明国家进入了良性循环,就有能力、有时间解决当前的国计民生问题、科技进步问题。

我们有一句话叫作“需要英雄的时代是悲哀的”,因为中国以前太弱、太差、太乱、太落后,所以,需要孙中山革命,需要毛主席建国,需要邓小平搞改革开放。需要英雄的时代,是最困难的时代。经过了困难,不再需要豪言壮语,而需要勤勤恳恳、一心一意搞四个现代化,从这个意义上讲,二十世纪中国发生了翻天覆地的变化,通过多少代人前仆后继,艰苦奋斗,换来了和平、安定的建设局面,终于换来一个良性循环,终于换来了进入新世纪美好前景的希望。我想,此时此刻,我们应当满怀信心进入新世纪。再过十年,只要不出现大的动荡和不可预见的挫折,比如世界大战等等,我们还要再翻一番,我们就会向二十一世纪中叶迈进，可以达到一个中等发达国家的水平，那时，中国的综合国力就十分巨大，我们就可以说几百年来，或者是一二百年来，中华民族振兴的愿望实现了。这就是我对二十世纪，对世界形势和中国形势的一个回顾，一点思考，对不对，很难讲，希望大家批评指正，若能有所思索，有所启发，有所收获，吾之愿也。

五、加强残联干部队伍建设

我准备讲话稿的过程中，发现关于残疾人事业大局的一些东西，一些评价性的话，都是些老套子，不准备讲了。今天，主要讲一下加强残联队伍的建设问题，讲讲加强残联组织建设这样一个大课题下的具体措施，也就是我们今天开这个研讨会所要办的事情。

（一）干部队伍的决定性作用

一个国家、一个政党、一个组织，它的目标、任务、路线确定之后，干部队伍就是决定因素。近年来，党中央一直用很大的力气来抓党的建设。江泽民同志提出来“三个代表”，中组部连续发文件，对党的建设、干部队伍建设提出了更高的要求。特别是近年来，对年轻干部的选拔、培养，使优秀年轻干部进入领导岗位，其力度之大，是以前很少有的。

关于干部队伍建设问题，毛主席、小平同志都有许多精辟论述。江泽民同志在建党七十五周年座谈会上，专门做了“努力建立高素质的干部队伍”专题讲话，他指出建立高素质的干部队伍，是保持我党始终走在时代前列，经受住各种政治风险的考验，领导全国人民把社会主义建设不断推向前进的需要。重要性其实不必讲，大家都明白。作为我们残疾人事业，之所以取得举世瞩目的巨大成就，其中十分重要的一条,就是我们在实践中,培养造就了一支热爱残疾人事业,恪守人道、廉洁职业道德,掌握社会化工作方法,具备团结、实干、高效的各种好作风,一专多能,全心全意为人民服务的工作者队伍。整个残联系统队伍,有正气、有朝气,比较刻苦,有奋斗的精神,这支队伍非常好、非常可爱。这些年,残疾人事业取得了这么大的成就,是靠大家拼出来的。我认为这支干部队伍是我们最可珍惜的,最可宝贵的财富。

那么,面临新世纪的残疾人工作,面临残疾人事业在全国范围拓展,面临向基层不断延伸,面临我们的业务领域不断扩大,也面临着残疾人不断的需要,对我们残疾人工作者不断提出新的要求,所以进一步加强残联干部队伍建设,努力提高队伍素质,特别是各级残联领导干部队伍的素质就十分重要。

(二)培养选拔残疾人干部和优秀青年干部

今天我不讲那么多,专门就培养、选拔残疾人干部、优秀青年干部讲几句。

大力培养残疾人干部,培养优秀的残疾人进入到领导岗位上;大力培养青年干部,把青年干部培养起来,提拔起来、锻炼起来,让他们承担重要的工作,这是改变残联系统干部结构的重大任务。目标就是要使整个残联系统干部年轻化、知识化,更具残疾人的代表性,以适应新形势下残疾人工作新局面的需要。

九八年换届,中国残联采取了比较大的动作,下大力气把优秀的青年干部和残疾人干部提拔到领导岗位上来,特别是提拔到主要领导岗位上来,其中一批任理事长、一批任副理事长。今天与会的不少就是那时配备的干部,这次干部配备得到了各省、自治区、直辖市党委、政府以及组织部门的大力支持。总的看来,这次换届进行得比较顺利，大大加强和充实了各级残联的领导班子，包括残疾人干部的配备，包括青年干部的配备，也包括一批健全人的理事长和副理事长加入残联队伍中来，增加了新鲜血液，使省级、地市县两级残联干部，无论是政治水平，还是工作能力、业务能力，都有了明显的提高。这两年，中国残联在工作过程中，有许多同志反映，各级残联的队伍与以前不一样了，自从我们级别提高了以后，各省加强了配备，再加上九八年换届的时候，又加大了力度，我们整个残联队伍，特别是领导班子的水平，主要领导成员的水平，都有了大幅度的提高，其中，一批青年干部走上了领导岗位，一批残疾人干部走上了领导岗位，多数的班子在换届之后，都能够朝气蓬勃，精神面貌好，有干劲，有新的气象。

我和中国残联的其他同志在和省级残联接触的过程中，包括和你们的接触过程中，都认为这次换届是顺利的、成功的，是有成果的，特别是在按照中国残联的要求，从结构上体现代表性，重点选调、提拔了一批优秀残疾人干部充实到领导岗位上。在全国除少数省以外，都配备了残疾人领导干部，一共配备了三十七个，在座诸位都是，其中正职六人，副职三十一人（不算理事，只算正、副理事长）。在残联系统内部产生的有二十一人，从外面调入的有十六人。在平级岗位调动到现职的八人，提前晋级到现职的十二人，提升两级以上的十七人。破格提拔面非常大，提拔、破格提拔的占百分之七十八点四，那么大的幅度、这么大的面，特别是破格提拔的，效果如何呢？经过两年的实践，我们认为是成功的。

第一，经济社会的发展，人文环境的改善，残疾人自身素质的提高，使得一些优秀的残疾人干部，已经具备了担任一定领导职位的基本条件。我们已经掌握一批残疾人干部，这些干部经过选拔、锻炼、使用，是有可能在重要的领导岗位上很好地工作的。

第二，残疾人事业的发展需要一批优秀残疾人来工作，需要一批优秀的残疾人干部进入领导岗位,进入主要领导岗位,更好地从结构上体现代表性。我还要强调我上次说的话,你们诸位是残疾人,你们来了以后,不一定就能代表残疾人。你们进来了,从结构上体现了代表性,你们个人要代表残疾人,还需要经过自身的努力,才能说你代表残疾人。健全人,也不一定不代表残疾人,健全人也有优秀残疾人工作者,也是残疾人群众的优秀代表。我们讲的是从组织结构上体现代表性,残疾人和健全人要更加融和、共同推进残疾人事业。

第三,残疾人进入领导班子后,发挥了不可替代的作用,他们和残疾人有种天然的联系,有许多方便之处。有些同志表现得非常好,所以发挥了重要的作用。根据各地省委组织部门的材料和我们从组织部门了解的情况,大家普遍认为,我们这次提拔的残疾人干部素质好,政治敏锐,热爱残疾人工作,有较强的事业心、责任感和敬业精神;工作投入,热情高,任劳任怨,取得了一定成绩;对残疾人有感情,能站在残疾人的角度上思考问题,提出工作建议;能够发挥自身的优势,协调各个方面,密切联系残疾人,积极为残疾人分忧解难,多数在残疾人中享有较高的声誉;他们勤奋学习,刻苦钻研,廉洁自律,注重团结,积极配合一把手。许多残疾人干部在走上领导岗位以后,进步非常快,这是非常可喜的现象,令人欣慰。这说明我们的提拔、破格提拔这一系列的大动作,工作路子是走对了,并没有错。两年来的实践证明我们的做法是成功的。

(二)培养选拔干部工作存在的不足之处

但是,有没有不足之处呢?回过头来看两年以前,我们的工作确有不足之处。

第一,在采取这个动作之前,准备工作不足,本来应提前半年、一年、二年就应该做好准备,有步骤地提前挑选一批干部,然后锻炼培养他们，最后选拔到领导岗位上。现在我们基本上缺少这个过程，不是说完全没有，是缺少这个过程。

第二，整个工作进行得比较急，我们提出这个决策，到完成整个任务，时间比较短。决策下了以后，派干部到各个省和组织部门商量，组织部门赶紧找呀，总体来说，我们掌握优秀残疾人的数量、情况有限，我们的视野不够宽阔，许许多多的优秀残疾人，没有在视野之内，使他们失去了参与残疾人工作的机会、发挥作用的可能，这也很可惜呀。

第三，由于工作做得急，给各省、市党委、政府和组织部门带来了困难，在破格提拔问题上有些为难，这个我们要检讨，我们要求急了。

第四，破格面大了点，但我认为，破格面这么大也是需要。如果工作做得好，破格面可以小些，比如说有些干部，应当提前半年，提拔一级，哪怕有半年经验也好，何必双级提拔呢？没有做到小步快跑。说句老实话，省委组织部门是有困难的，在党委讨论时，也会提出疑问，特别是破格提拔。

实际上，这种破格面比较大的情况最不利的还是你们自己，一下子从副处提到副厅，无论从自己本身、从工作来说，会增加非常非常多的困难，同时对自己的素养提高也不利，你少了台阶，对你们工作上的锻炼也是个损失。所以说，破格提拔对个人来说，级别提高是有利的，但实际上对你们本人成长是不利的。我没有在各个层次锻炼过，我就感到我缺乏做处长的经验、做局长的经验、做县委书记的经验、做市长的经验。假如邓朴方有这些经验，我相信工作会更好些。所以你们被破格提拔，在经历上少了一块。当然，这是可以弥补的，但你们自己要清醒，少了一块这对于你们是个损失。所有这些不足，是前进过程中的不足，当时的决策在九八年是必须采取的，不采取就没有今天的一个生动活泼的局面。

(三)改进干部培养选拔工作

但是这些不足,我们要看到,要加以弥补、加以改进。那么,怎么样改进呢?我想了几条,供大家参考。

第一,今后从中国残联到各省残联,都要把培养、提拔、任用、教育残疾人干部和青年干部列入重要议事日程。我不是针对残疾人干部讲的,还包括青年干部。要制订计划,采取措施,早抓,抓实。在干部问题上要放开眼界,解放思想,视野广阔。

对人的问题要特别慎重,培养干部,是一个严肃的问题,每一步都要做扎实。除了省级残联要不断地配备、提拔残疾人干部、吸收残疾人到残疾人工作队伍中之外,地市残联要在下一届换届时,也要认真地考虑。我认为,现在地市残联的领导班子,一正两副的,都需要配备一个残疾人领导干部,争取有一批党组书记、理事长,在地市一级残联的领导干部中出现。离换届还有两年多,上届不是做得急了吗?这次就从现在开始抓紧选拔、培养,一个是残疾人干部,一个是青年干部。咱们一些干部够老化的了,最近中组部抓青年干部的配备,咱们也要开始,各省残联就在地市的组织上面做文章,一定要提拔年轻有为的干部,无论从内部产生也好,外面调进来也好。中国残联不搞近亲结缘,我们经常说希望从内部产生,但我们残联的干部也要到外面去提拔呀,外面的人也要走进来。咱们的人交流出去,我也不反对。特别是自成体系后,自然容易近亲结缘,以前我们经常和民政近亲结缘,这样不行。所以从现在开始考虑下一届,要抓早、抓实。有些干部被看中了,就要把他放在一定岗位上来使用、培养和锻炼。

第二,要主动把已掌握的青年干部、残疾人干部放在一线上锻炼。小平同志讲,把青年干部放在一线上压担子,这个路子是对的,不能老靠人家扶着。这样他们上来，别人也会服气。现在我们去找，压到一线上去干，不怕折了。压一批上去，折几个都不怕。在这个过程中，可以看出谁是有能力的，谁是没能力的，谁是经得起考验的，谁是出色的，把那些最出色的提拔上来，这样我们就主动多了。如果现在不采取这些步骤，有计划地进行这项工作，那么两年多以后，我们仍然是个被动局面，又会要求破格提拔，面积很大，而且很不容易得到大家的认同。这次破格提拔也不是所有组织部门都认同的，也是做了很多思想工作大家才勉强同意的。

第三，创造残健融合的残联工作局面。

如果在残联干部队伍里面，只着重提拔残疾人进入领导岗位，着重任用残疾人到一定的岗位上，那么健全人干部就会处于一种不平等的地位，这是不允许的。我想将来，我们的理事长、书记里面，要有一批残疾人干部，即使残疾人干部比例非常大了，总还是要维持二分之一的健全人在一把手领导岗位上。这样的想法，一个是出于现实，虽然有一批残疾人干部培养起来了，但是同健全人比较起来，我们可选择的范围并不十分广，而从健全人干部中选调优秀干部过来会更容易。在这种情况下，我们承认客观事实，残联还要工作，水平还要提高。另外这也是一种政策安排，即使大批残疾人干部成长起来了，也还是要有一半健全人一把手干部存在。为什么呢，就是要创造一种气氛，使残疾人和健全人在残联系统里面是平等的，残联是残疾人的自身组织，也是残疾人工作者的自身组织。这句话以前我没有讲过，今天，我想想还要讲这样的话，我们组织具有代表性，既有 of，又有 for①。在特殊的时期，我们可以破格提拔一些残疾人，但今后比较

① of，是指残联的成员构成要有残疾人；for，是指成员构成里还要有为残疾人工作的健全人。

成熟的时期,残疾人和健全人要有同样的机会,同样得到提拔,同样得到信任。在这个问题上,残疾人干部包括我和诸位在内,都不要有侥幸心理,你要是感到自己是残疾人,眼瞅着就要提拔,你要这么想,就不能提拔你。这种心理非常危险,绝对不能有。同时,健全人干部也不要有失落感。咱们要创造一个环境,一个平等的环境,协调的环境,共同奋斗的环境。这个环境要通过组织上的安排,要做思想工作。今天是安排残疾人干部开小灶,是因为我们提拔破格面比较大,我们残疾人干部特别需要提高,特别需要培养。在这种情况下,我们开这样一个研讨会,以后研讨会就可以有残疾人,也有健全人。也应该给健全人的副理事长提供一个提高、学习的机会。作为原则,不能有任何歧视和偏向,将来一律对待、一视同仁,创造一个残健融合、没有心理障碍的环境,为共同的目标,共创未来。

对于加快提拔残疾人干部,还有一些思想问题要解决,会内有,会外也有。会外觉得你们残联提拔干部也太邪了,组织部门也有人这样看,残联这个动作不小,行不行呀,有点思想问题。当然,我们要做思想工作,主要还是通过实践证明我们是对的,要靠被提拔的干部自己来表现。会内有没有思想问题,也有思想问题,看残疾人干部提拔这么快,有没有失落心理,有!要做思想工作,给大家讲清楚。

第四,已经提拔上来的残疾人领导干部,要努力加强学习,不断提高,肩负起重任,把好方向,做好榜样。

1. 希望大家不断提高领导能力,积累领导经验,锻炼宏观决策的能力,锻炼综合协调的能力,提高业务水平,熟悉社会化的工作方法。

2. 希望大家要不断地学习,要学习马列主义,毛泽东思想,特别要学习邓小平理论,要以江泽民同志的“三个代表”来要求自己。每个提拔到领导岗位上的残疾人,包括你们诸位,都要用高标准严格要求自己，要按照高级干部、党的领导干部的要求，全面提高自己，不要降低标准，我们各级领导也不要对你们降低标准。大家要学习科学文化知识，学习人类发展过程中所创造出来的一切优秀文化成果，使自己更加丰富，更加开阔。特别是我们一些干部，自己的文化素质不高，更加需要做出加倍的努力，以不懈的精神，长期的努力来提高自己的文化素养，这不是一件容易的事情，但要求大家必须做到。要学习残疾人事业的理论和各项业务知识。残疾人事业是跨学科、多领域、综合性的事业。要不断地学习，不断地积累，才能适应需要。有些干部是从外面调进来的，包括残疾人和健全人，更加需要钻研，要懂得理论、政策、各项业务知识，要不断地实践，发现新情况，提出新问题，创造新方法，总结新经验。

3. 希望大家摆正位置，积极主动发挥作用。正确对待组织，正确对待群众，正确对待自己。有个别的人，没有严格要求自己，这要注意，觉得“我是残疾人，在残疾人组织里，就不严格要求自己，你怎么着?”这样不对，我们每一个残疾人干部，都是我们组织的一员，党的干部，是人民群众的服务员，人民群众的仆人，残疾人的仆人。要有组织性、纪律性，要把自己的位置摆正，要谦虚谨慎，戒骄戒躁。我反复强调这一点，特别是作为提拔起来的、破格提拔起来的干部，只能承担更大压力，没有条件骄傲，要心胸开阔，团结同志，残疾人事业是大家的共同事业，需要千千万万人来做。一个班子里，如果不团结，班子就无法工作。残疾人干部为什么一定要提心胸开阔呢？我这里提出好几个“开阔”，因为残疾人干部受到的挫折比较多一些，比较容易产生狭隘的心理。作为“残疾人学”里，要有这样一条，现在还没有“残疾人学”，但研究他的心理状况，许许多多的残疾人容易造成偏激狭隘的情绪。所以，针对这个问题，作为残疾人干部来说，要提醒自己,要心胸开阔,不要偏激,要全面看问题,要多方位多角度看问题,这样的话,才能成为一个心理健康的残疾人工作者,能够担当起领导责任,甚至能成为残疾人的领袖人物。

4. 希望大家密切联系群众。永远不要忘记自己是最困难群体的一员,不要忘本,你们的心不能脱离残疾人,要与残疾人保持密切联系,这是残联的生命线,是每个残疾人工作者的生命线,更是残疾人干部的生命线。残疾人干部在联系残疾人方面,有自己独特的优势,要充分发挥。现在诸位都是领导干部,但是与你们的"穷兄弟们"还要多保持联系,随时随地经常地汲取政治的营养。可以说残疾人是比较容易信任你们的,你们一定要值得大家信任。如果诸位脱离了残疾人群众的话,其负面影响比其他残联干部更严重。从联系残疾人群众来说,你们肩负着更重要的责任。

5. 坚定全心全意为残疾人服务的思想,树立高度的责任感和使命感,肩负起历史赋予我们的重任,充分发挥应有的、特殊的作用,勇敢地、积极地肩负起历史赋予我们的责任。

要加强基层残疾人工作[①]

（二〇〇〇年十二月二十五日）

这次到闽北，一路走来感到非常兴奋，闽北的经济也呈现持续、高速、健康发展的态势，社会主义精神文明建设水平也有了很大的提高。残疾人事业在这一背景下取得了突飞猛进的发展。

八年前我来福建的时候是呼吁、强调要高度重视残疾人事业，把残疾人事业纳入国家的大政方针，呼吁各省、市领导要关心、支持残疾人事业。这次来看到武夷山市和邵武市的残疾人工作都做得不错，可见南平市的各级党政领导都关心、支持残疾人事业。党政一二把手直接接触、帮助残疾人朋友，蔚然成风。这就是我们党的干部形象：跟最贫穷、最困难的残疾人交朋友。各方面对残疾人事业的支持力度很大，我在几个地方看见各部、委、局都大力支持为残疾人事业捐款。有的刻在碑上，有的登在报上，还有很多学校、医院、个人也为残疾人事业捐款。这是一个很好的氛围。

残联的组织建设、基础设施建设、基层工作都进展顺利，现在残联工作在康复、教育、就业培训、文化生活，包括精神文明等方面已远远突破了民政救济范畴。

过去残联说话不管用，但现在县市一级残联已经开始活跃地工作，机构升格的问题也已经基本得到解决，这是可喜的现象。残联的基本建设、机构设施建设有了很大的改变，可以说是有了质的变化。

---

① 这是邓朴方同志在福建省南平市调研时的谈话摘要。

残疾人事业各项工作做得都相当好。康复工作基本上都能超额完成任务,达到百分之一百五十,甚至更多。“按比例就业”开展得比较早,劳动就业达到百分之八十以上,福建在全国是标兵,相当不错,超过全国平均水平。在特殊教育方面,残疾儿童入学率达到百分之八十六,但残联对教育工作的介入不够、支持不够、管理不够。在闽北期间,我接触了一些残疾人,他们的精神面貌很好,说明残疾人开始呈现出新的面貌。

我很高兴从邵武市的汇报材料中看到了他们对残疾人无障碍设施建设做出了安排。这是我看到的第一个县级市有这样的安排。我相信,有了一个县,就会有第二个县。这给了我很大的信心,在邵武市我连夜看了邵武城市道路的坡道,看到了它,我就好像听到了现代化的脚步。我们的无障碍工作已经做到了县这一级,取得了突破,将来可以继续推广。不但要在大中城市推广,而且要在地市一级推广,还要在县一级推广。这些都是活生生的新气象。

但我们的残疾人事业并不是发展得很好、很够,从福建到全国,我们的残疾人事业跟全国的经济、社会发展相比还不能达到同步。要达到同步还要经过相当的努力。就南平而言,残疾人工作也不平衡。邵武市不错,基层残联工作相当扎实。乡镇残联理事长工作安排得很满,感到很累。这是我长久以来盼望的一个局面。南平市的残联升格工作还有两个县没有完成,这就不应当了。残联工作一无钱、二无权,比较容易被大家忽视。残联的工作辛苦,接触的又是一些最贫困的残疾人,工作难度比较大。残联工作要社会化的管理,要协调与政府的关系,取得政府的支持。残联工作是一种开放性的工作,没有一定的规律。县级残联解决一个正科级问题,不只是解决一个待遇问题,更是解决一个人员配备的素质问题。

残疾人工作和残疾人问题始终是我们党政干部所需要关注的问

题。残疾人群体在改革开放的大潮下，绝对生活水平虽然已得到相当的提高，但他们仍是这个社会中生活最贫穷、困难最多的群体。随着国家经济的发展，社会的发展、文明的进步，政府部门应当越来越加大对残疾人工作的投入，特别是基层残疾人工作要加强。政府要转变职能，要把该管的事管好。在下一步的乡镇改革中，应该把残联工作摆在应有的位置上。既要减轻人民群众的负担，又要加强为人民服务的功能。残联的工作不能削弱，而应当加强，千万不能把残疾人工作经过努力已取得的应有位置丢掉了。要创造性地工作，用新的思维来研究、解决这个问题。

国家经济发展、财富的增长不能代替社会的发展、精神文明的发展。经济的发展能为社会发展、精神文明的发展创造良好的条件，但不能代替。大家都懂得可持续发展。我们残疾人事业的理想境界是建设健康、文明、道德、和谐的事业，我们残疾人事业开展一系列活动都是本着这一宗旨，做残疾人工作的同志一定要加强精神、道德、文化等各方面的建设。只有这样，才能使残疾人事业有一个全面的发展。

附　录

（残疾人事业与残疾人工作中常见的重要人物、组织、文献、活动等专门术语，作为条目按类别逐条解释于下，供阅读时参考。）

国际残疾人年·联合国残疾人十年·亚太区残疾人十年　一九八〇年召开的联合国大会宣布一九八一年为“国际残疾人年”，继而确定一九八三年至一九九二年为“联合国残疾人十年”。一九九二年四月二十三日，在北京举行的联合国亚太经社委员会第四十八届会议闭幕式上，通过了由中国等三十三个国家提出的提案，联合国亚太经社委员会第四十八届会议通过决议，宣布一九九三至二〇〇二年为“亚洲及太平洋地区残疾人十年”，继续实施联合国《关于残疾人的世界行动纲领》，与“联合国残疾人十年”（一九八三至一九九二年）活动相衔接，进一步推进世界残疾人事业。

“平等·参与·共享”与现代文明社会残疾人观　《关于残疾人的世界行动纲领》第一次提出残疾人“机会平等”和“充分参与”的思想，一九九四年联合国通过《残疾人机会均等标准规则》，正式将“平等·参与·共享”作为残疾人事业总的奋斗目标提了出来，成为社会宣传和自我激励的口号和现代文明社会残疾人观的核心内涵。“平等”是这个总目标的核心，是指残疾人在政治、经济、文化、社会和家庭生活等方面，享有与其他公民平等的权利，这种权利受宪法和法律保障，不得因为残疾等原因而受到限制或排斥，禁止任何歧视、侮辱、侵害残疾人的行为。在社会生活中，残疾人的平等权利常常表现为要求机会均等，即国家和社会应采取相应的措施，使残疾人在医疗康复、教育、娱乐、体育、环境、信息交流等方面能够同其他社会成员一样，享有同等参与社会事务和利用社会资源的机会。“参与”是指残疾人参与社会生活和发展，包括参与经济和社会的发展，同时获得自身的发展。“参与”是残疾人对环境和社会的积极意识和行为，残疾人通过积极参与使自己与环境和社会相融合而不是隔离，使自己跻身于社会发展主流而消除不同程度的边缘化状态。残疾人参与社会生活和发展,需要争取并得到法律的保障、政府与社会的扶助。“共享”是指残疾人与其他公民共同担负为人类、国家和社会做贡献的义务,共同创造精神和物质财富,同时共同享受由经济社会发展所带来的精神和物质成果。

残疾人工作者职业道德 残疾人工作者在从事残疾人工作中应当遵循的基本道德准则和道德规范。残疾人工作者职业道德是“人道、廉洁”。人道,就是要弘扬人道主义思想,践行人道主义准则,尊重残疾人的权利、价值和尊严,反对任何形式的歧视和偏见;廉洁,就是要品德高尚,清正廉洁,遵纪守法,自觉接受监督,拒腐防变。

自尊·自信·自强·自立 简称“四自精神”,对残疾人自强不息精神品格的概括,彰显了民族精神和时代精神,是社会主义核心价值观的具体体现,是社会主义精神文明建设的宝贵财富。邓朴方一九八六年四月二十五日在中国残疾人康复协会第一次理事会议闭幕式上首次提出,一九八七年《残疾人工作宣传提纲》正式确立:“残疾人要自尊、自信、自强、自立,努力使自己成为社会主义建设的奉献者。”自尊,就是直面人生困厄,敢与命运抗争,不自卑,不消沉,展现出人的尊严;自信,就是信念坚定,乐观向上,百折不挠,对生活充满信心;自强,就是克服障碍,顽强拼搏,积极进取,具有坚强的意志;自立,就是自主安排自己的生活,努力学习,提高素质,奋发有为,奉献社会,为社会创造财富,实现人生价值。

“三个活跃” 二〇〇二年一月,中国残联主席邓朴方在第十六次全国残联工作会议上提出,要使残疾人在残疾人组织中更加活跃,残疾人组织在基层更加活跃,残疾人和残疾人组织在社会上更加活跃。“三个活跃”为专门协会的健康有序发展指明了方向。

《中国残疾人福利基金会宣传提纲》 一九八四年三月邓朴方主持制定、中国残疾人福利基金会发布的关于残疾人、残疾人事业比较系统的基本认识和基本观点,是新时期中国残疾人事业的第一个宣言。提纲第一次提出“残疾人”的定义,第一次提出以人道主义为旗帜,并认为“残疾”对一个人生活、劳动影响的大小,取决于社会为其提供的条件。在适当的条件下,残疾人可以成为社会财富的创造者,成为推动社会前进的力量而不是社会的负担,不是"废人"。为各类残疾人提供这种条件是政府与社会的责任。提纲出台后,成为当时残疾人事业发展的指导方针。

《残疾人工作宣传提纲》　一九八七年四月,邓朴方主持制定、中国残疾人福利基金会和中国盲人聋哑人协会联合发布的旨在进一步提高人们对残疾人和残疾人事业的尊重、理解、关心、帮助,提高全民助残意识,全面发展残疾人事业的文件。提纲全面介绍了残疾人与社会、残疾人事业的历史与要求、改革开放的新局面以及新形势下的残疾人工作;强调残疾人的公民权利和义务;阐述了残疾人事业与文明建设的关系,残疾人社会团体以及政府、社会对残疾人的责任等,更加系统和准确地表述了残疾人事业发展前景与规划。中国残疾人联合会成立后,该提纲成为中国残疾人事业发展新的宗旨和指导方针。

中国残疾人联合会章程　中国残疾人联合会的基本纲领和行动准则,包括总则、任务、全国组织、地方组织、基层组织、经费、会徽和附则等八章。中国残联章程是具有规范作用和约束力的根本性规章制度,由中国残联全国代表大会通过和修改,对中国残联的性质、宗旨、职能、任务、组织架构、经费、会徽等做出了明确规定。

残疾人事业五年规划纲要　国务院批转实施的指导全国残疾人事业发展的纲领性文件,属国家级专项规划,主要是对我国残疾人事业发展的总体要求、指导思想、基本原则、主要任务、政策措施及监督实施评估等做出安排部署,为残疾人事业发展规定目标和方向。中国残联成立以后,一九八八年九月,国务院批转实施《中国残疾人事业五年工作纲要(1988年—1992年)》。一九九一年十二月,依据《国民经济和社会发展十年规划和第八个五年计划纲要》,国务院批转实施《中国残疾人事业"八五"计划纲要(1991年—1995年)》,五年工作纲要后两年的任务纳入"八五"计划纲要实施。一九九六年四月,国务院批转实施《中国残疾人事业"九五"计划纲要(1996年—2000年)》;二〇〇一年四月,国务院批转实施《中国残疾人事业"十五"计划纲要(2001年—2005年)》;二〇〇三年六月,国务院批转实施《中国残疾人事业"十一五"发展纲要(2006年—2010年)》;二〇一一年五月,国务院批转实施《中国残疾人事业“十二五”发展纲要(2011 年—2015 年)》;二〇一六年八月,国务院印发《“十三五”加快残疾人小康进程规划纲要》;二〇二一年七月,国务院印发《“十四五”残疾人保障和发展规划》。

《发扬民族精神和良好社会风尚,积极推进残疾人事业》 江泽民总书记一九九七年为《自强之歌》(一九九七年卷)撰写的序言,历史、全面、深刻地阐述了现代文明社会的残疾人观,为中国残疾人事业发展奠定了坚实的理论基础,指出了明确的发展方向。

《发展残疾人事业,共同创造幸福生活》 胡锦涛总书记为《自强之歌》(二〇〇三年卷)所作的序言。序言深刻阐述了新时期残疾人事业的重要性,高度评价了自强模范和助残先进的优秀品质和模范行动,对发展残疾人事业提出了殷切希望。

《关于促进残疾人事业发展的意见》(中发〔2008〕7 号) 二〇〇八年三月二十八日,中共中央、国务院印发。这是新中国成立后第一个以党中央、国务院名义下发的关于发展残疾人事业的文件。文件深刻阐述了促进残疾人事业的重要意义,提出了促进残疾人事业发展的指导原则和总体要求,明确加强残疾人医疗康复和残疾预防工作、保障残疾人基本生活、促进残疾人全面发展、改善对残疾人的服务、优化残疾人事业发展的社会环境和加强对残疾人工作的领导等各个方面的政策措施,要求促进残疾人事业在新的起点上加快发展,努力使残疾人同全国人民一道向着更高水平的小康社会迈进。为把中央 7 号文件的要求落到实处,各地区相继制定了实施办法。

《中华人民共和国残疾人保障法》 我国为了维护残疾人的合法权益,发展残疾人事业,保障残疾人平等充分地参与社会生活,共享社会物质文化成果,根据宪法制定的法律。一九九〇年十二月二十八日第七届全国人民代表大会常务委员会第十七次会议通过,一九九一年五月十五日起施行,标志着中国残疾人事业走上法制轨道。二〇〇八年四月二十四日第十一届全国人民代表大会常务委员会第二次会议修订,根据二〇一八年十月二十六日第十三届全国人民代表大会常务委员会第六次会议《关于修改〈中华人民共和国野生动物保护法〉

等十五部法律的决定》修正。保障法包括九章：总则、康复、教育、劳动就业、文化生活、社会保障、无障碍环境、法律责任、附则。各省区市陆续制定了本地的保障法实施办法。

《中华人民共和国残疾人保障法》执法检查　全国人大常委会和地方人大常委会对《中华人民共和国残疾人保障法》的贯彻实施情况进行的执法检查。全国人大内务司法委员会于一九九二年和一九九三年分别对云南省、浙江省、江苏省和福建省、四川省贯彻实施残疾人保障发的情况进行检查。二〇一二年五月至六月，根据全国人大常委会监督工作计划，全国人大常委会执法检查组首次在全国范围内对《中华人民共和国残疾人保障法》的实施情况进行检查。执法检查组采取听取汇报、召开座谈会、实地检查、网上公开征求意见、信访、大范围发放调查问卷等方式，在全面了解《中华人民共和国残疾人保障法》实施情况的基础上，重点对残疾人基本生活保障、残疾人劳动就业、残疾人医疗康复和残疾人教育的情况进行调查。之后，各地方根据实际需要适时开展对《中华人民共和国残疾人保障法》的执法检查。

全国残疾人抽样调查　经国务院批准，一九八七年四月至五月月进行了第一次全国残疾人抽样调查。调查结果显示，视力、听力语言、智力、肢体、精神病五类残疾和综合残疾共七万七千三百四十三人，占调查总人数的百分之四点九。根据抽样调查结果推算总体，全国各类残疾人的总数约有五千一百六十四万人。其中，听力语言残疾约一千七百七十万人，智力残疾约一千零一十七万人，肢体残疾约七百五十五万人，视力残疾约七百五十五万人，精神病残疾约一百九十四万人，综合残疾约六百七十三万人。

二〇〇六年四月一日起至五月三十一日进行了第二次全国残疾人抽样调查。根据调查数据推算，全国各类残疾人的总数为八千二百九十六万人，推算残疾人占全国总人口的比例为百分之六点三四。其中，视力残疾一千二百三十三万人，听力残疾两千零四万人，言语残疾一百二十七万人，肢体残疾两千四百一十二万人，智力残疾五百五十四万人，精神残疾六百一十四万人，多重残疾一千三百五十二万人。

《世界人权宣言》 联合国一九四八年十二月十日通过的人权保障文献。这是国际组织第一个系统地提出保护人权和基本自由为内容的国际文献,它对战后国际人权运动的发展以及包括《关于残疾人的世界行动纲领》《智力迟钝者权利宣言》在内的区域性和专门性人权宣言的产生,在根本指导思想上起到奠基的作用,其中的基本规则成为指导各领域人权宣言的法则。

《智力迟钝者权利宣言》 融合国际一九六八年发表了《智力迟钝者特殊权利宣言》,一九七一年十二月二十日二十八届联合国第2856号决议正式采纳命名为《智力迟钝者权利宣言》。该宣言的宗旨是贯彻联合国宪章和世界人权宣言所申明的原则,强调从人格尊严、康复、社会安全、家庭亲属照顾、监护人、生活保障、尽可能地帮助他们参与社会生活等方面保障智力迟钝者的权利。

《残疾人权利宣言》 联合国第三十四届大会一九七五年十二月九日第3447号决议宣布的文献。该宣言共十三条,提出了残疾人应当享有的政治、经济、文化、教育等各项权利。其宗旨是贯彻联合国宪章和世界人权宣言所申明的原则,保障残疾人享有与健全人平等的权利,帮助他们开发潜能,使他们平等参与社会生活,共享经济与社会发展获得的物质文化成果。《宣言》规定了"残疾者"的定义,强调残疾人享有与健全人同等的公民权利、政治权利,包括人格尊严、康复医疗、教育培训、自立就业、社会安全、免受歧视及法律保护等权利。

《盲聋者权利宣言》 一九七七年九月十六日,为盲、聋青少年和成人提供服务的海伦·凯勒世界会议通过了该宣言并在第三十四届联合国大会作为"国际残疾人年"(一九八一年)文件印发。《宣言》强调盲人、聋人同健全人一样享有人格尊严、康复、教育、就业、文化生活、婚姻等方面的权利。

《关于残疾人的世界行动纲领》 联合国大会第三十七届会议一九八二年十二月三日第37/52号决议颁布的在"残疾人十年"活动中实施的、国际性的残疾人工作纲领。内容包含着丰富的思想内涵和处理残疾人事务的基本原则,最重要的是提出残疾人"机会平等"和"充分参与"的思想,对残疾人康复、教育、就业、环境、残疾预防诸方面提出了方针、政策和措施,是国际残疾人事务的指导性文献。在贯彻落实纲领的十年间,联合国、各国政府及非政府组织进行了中期检查评估和关于康复、特教、劳动力资源与就业等专家会议，有力地推动了各国残疾人事业的发展。它要求各国政府承担责任，确保残疾人及其组织能够充分参与有关决策和活动，并在物质环境、社会保障、康复、教育、就业、公众宣传、残疾预防等方面采取措施，使残疾人获得均等参与的机会和平等的地位。一九八四年六月，中国政府接受了纲领。一九八六年七月经国务院批准，由民政部、卫生部、国家教委、劳动人事部、中国残疾人福利基金会、中国盲人聋哑人协会等二十一个单位组成了"联合国残疾人十年"中国组织委员会。一九九一年组委会成员扩大到三十四个，秘书处设在中国残联。

《残疾人职业康复和就业公约》 一九八三年六月二十日第六十九届国际劳工大会通过的关于保障残疾人职业康复和就业的文献，简称第一五九号公约。我国第六届全国人大常委会第二十二次会议决定，批准了这项公约。

《开发残疾人资源的塔林行动纲领》 一九八九年由联合国社会发展和人道主义事务中心召开的国际专家会议通过的纲领，主张通过人的资源开发，让残疾人能够有效地行使作为一个公民的权利。

《残疾人机会均等标准规则》 联合国大会第四十八届会议一九九三年十二月二十日第48/96号决议通过的关于保障残疾人平等·参与和机会均等权利的国际文献。该文献是根据"联合国残疾人十年"的经验拟订的，是继联合国《关于残疾人的世界行动纲领》之后，又一个重要文献，提出了"平等·参与·共享"总的奋斗目标。中国残联派专家参加了文献的起草与制定。

《促进残疾人无障碍环境指导原则》 亚太经社会根据"亚太残疾人十年（1993—2002年）行动计划"的要求，为促进亚太区无障碍环境建设，制定了《促进残疾人无障碍环境指导原则》等国际文件，并于一九九五年选定中国北京、印度新德里、泰国曼谷三个城市，进行无障碍环境建设试点项目。

《残疾人权利公约》（Convention on the Rights of Persons with Disabilities） 根据二〇〇一年十二月十九日联大56/168号决议，联合国就制定残疾人权利公约所成立的开放式特设委员会于二〇〇二年七月二十九日至八月九日在纽约召开第一次会议。欧盟、拉美、非洲及亚洲部分国家代表出席会议，国际残疾人非政府组织的代表也出席了会议。经过认真的讨论,各方对制定一项旨在保护残疾人人权的国际公约已不持异议,在未来几年中,特委会将继续召开会议,着手起草公约文本。墨西哥政府率先提交公约草案,作为会议的基础性文件。中国积极倡导并推动公约的制定,也是首批签约国之一。

公约于二○○六年十二月十三日由第六十一届联合国大会通过,并于二○○七年三月三十日开放供签署。这是联合国在二十一世纪通过的第一个综合性人权公约,也是首个开放供区域一体化组织签字的人权公约。

公约由序言和包括宗旨、定义、一般原则等在内的五十项条款组成。宗旨是促进、保护和确保所有残疾人充分和平等地享有一切人权和基本自由,并促进对残疾人固有尊严的尊重;核心是确保残疾人享有与健全人相同的权利,并以正式公民的身份生活,从而在获得同等机会的情况下,为社会做出宝贵贡献。公约涵括了残疾人应享的各项权利,如享有平等、不受歧视和在法律面前平等的权利;享有健康、就业、受教育和无障碍环境的权利;享有参与政治和文化生活的权利等。公约还就残疾人事业的国际合作提出了相应措施。公约生效日是在第二十份批准书或加入书交存后的第三十天。

《新世纪残疾人权利北京宣言》 为了唤起国际社会对残疾人问题的关注,并采取相应行动,国际残疾人组织领导人会议二○○○年三月十日至十二日在京举行,残疾人国际、康复国际、世界盲人联盟、世界聋人联合会和代表智力残疾人的融合国际等全球具有代表性的残疾人组织领导人以及来自部分国家残疾人机构的高层代表出席了会议。会议以"面向新世纪的国际残疾人运动发展战略"为主题,展开了广泛的研讨,并发表了《新世纪残疾人权利北京宣言》,强烈呼吁国际社会制定《残疾人权利公约》,使其对各国具有法律约束力,成为义不容辞的责任与义务,以加强联合国《关于残疾人的行动纲领》和《残疾人机会均等标准规则》的权威性。

中国残疾人福利基金会 经国务院批准成立的全国性社会组织,1984 年 3 月 15 日由李维汉、胡子昂、季方、华罗庚、赵朴初、黄鼎臣、吴作人、张邦英"八老"等德高望重的老前辈和社会知名人士积极倡议在北京建立。其宗旨是:弘扬人道，奉献爱心，全心全意为残疾人服务。理念是“集善”，即集合人道爱心，善待天下生命。工作目标是努力建设成为公开、透明、高效率和高公信力的基金会。公益品牌为“集善工程”。

中国残疾人福利基金会的登记管理机关是民政部，业务主管单位是中国残疾人联合会。基金会的决策机构是理事会，每年召开至少两次会议，由理事长负责召集和主持。理事会下设理事长办公会，承办中国残疾人福利基金会的日常工作。

中国残疾人福利基金会按照《中华人民共和国慈善法》《基金会管理条例》等相关法律法规开展公益活动，业务范围包括：(1)宣传残疾人事业，呼吁社会“理解、尊重、关心、帮助”残疾人，鼓励残疾人自尊、自信、自强、自立；(2)举办募捐活动筹集资金；(3)接受自然人、法人或其他组织捐赠的财产；(4)管理和使用残疾人福利基金，在国家法律法规政策许可的范围内进行基金保值增值；(5)开展和资助有利于残疾人康复、教育、劳动就业、文化生活、社会保障、社会服务和残疾预防等社会公益活动；(6)开展与国内外友好团体、机构、人士以及港澳台同胞、海外侨胞的交流与合作；(7)支持、推动并组织实施残疾人问题的研究工作；(8)加强与地方残疾人福利基金会的联系，共同开展业务工作。

中国残疾人福利基金会成立以来，为中国的残疾人事业做了一系列开创性、基础性的重要工作。建立中国第一个残疾人康复研究中心，推动残疾人保障法的制定与实施、首次全国残疾人抽样调查，募集款物近七十亿元，实施启明行动和助听行动等一大批帮扶贫困残疾人群体的公益项目，多次获得“中华慈善奖”，两次被授予“全国先进社会组织”称号。三十多年来，在党和政府支持下，中国残疾人福利基金会高举人道主义旗帜，广泛动员社会资源，为残疾人谋福祉，为改善残疾人生活状况、推动社会文明进步做出贡献。

残疾人专门协会　在同级残联领导下按残疾类别设立的群众组织，是残联的主体协会和重要组成部分。专门协会的主要任务：代表、联系、团结、服务本类别残疾人，反映特殊愿望及需求，维护合法权益，争取社会帮助，开展适宜活动。《中国残疾人联合会章程》规定，县(市、区、旗)及县以上残联设立盲人协会、聋人协会、肢残人协会、智力残疾人及亲友协会、精神残疾人及亲友协会。

截至二〇一二年八月,五个全国残疾人专门协会全部完成社团法人注册,成为独立法人。

海伦·凯勒国际(简称 HKI) 由海伦·凯勒与其他美国人于一九一五年创建,旨在协助政府开展防盲工作,着重于融入社会主流的盲童教育以及使成年盲人得以独立生活的康复工作等。海伦·凯勒国际大力帮助发展中国家制定上述工作的各项规划。它还从事对营养不良及由维生素 A 缺乏所引起的干眼、沙眼及其他传染性眼部疾病的研究和防治项目,同时也为白内障致盲者复明提供手术服务。在具备条件的地方,海伦·凯勒国际都将防盲项目与初级医疗服务有机地结合在一起。海伦·凯勒国际为盲人及其他视力残疾人服务,为与盲人工作有关的政府部门和志愿者机构提供服务。海伦·凯勒(Helen Keller,1880—1968 年)是美国著名作家、教育家,幼时因病双目失明、双耳失聪,从六岁起学会摸读识字,二十岁时考入哈佛大学拉德克里夫学院。大学毕业后,投身于盲人福利事业,筹建和领导了美国盲人基金会,帮助世界各地的盲人和聋哑人。一九六四年获美国总统颁发的"自由奖"。

国际狮子会(Lions Clubs International) 全称为国际狮子会俱乐部,是目前全世界最大的国际性慈善服务社团,是联合国经社理事会所联系的非政府团体组织。同世界卫生组织、联合国教科文组织等均有良好的合作关系。该会于一九一七年六月七日创建,目前在一百八十二个国家和地区设有分会,会员人数一百八十万。该会有七百二十四个狮子会分会,成员来自各行业,以商人和专业人士为主,全部为义工。"我们服务"是国际狮子会的口号,其宗旨是向社会提供各种服务,向一切需要帮助的人提供援助,增进友谊,维护和平。国际狮子会的业务范围相当广泛,包括医疗卫生、伤残护老、环境服务、公民教育和减灾扶贫等。国际狮子会为慈善服务工作设立了一个庞大的国际狮子基金。

中国狮子联会 二〇〇五年六月十四日经中国国务院批准在北京正式成立。联会是一个新型的社会组织,是借鉴国际狮子会的管理运作模式,依照国家相关法规在民政部正式注册登记的公益慈善服务组织。对内发展和管理会员,组织和引导会员开展形式多样的公益慈善服务活动;对外统筹与国际狮子会的关系,与其他国际组织交流及合作。服务范围遍及助残、扶贫、赈灾、助学、敬老、公共卫生、文化传播等各个领域,是中国慈善服务领域一支充满活力的生力军。自成立以来,遵循“自主建会、独立运作、坚持宗旨、依法办事”的办会原则,坚持走中国特色狮子会发展道路,探索具有中国特色的办会机制,建立符合中国国情的组织体系和管理运作方式。其宗旨是“正己助人、服务社会”,愿景是“创建富有活力和创新精神的慈善组织,做社区服务和人道主义服务的生力军”,使命是“身体力行,实践人道主义;扶贫济困,促进社会和谐”,价值观是“包容、传承、凝聚、创新、奉献、成长”。联会秉持“出心、出钱、出力、出席”的服务宗旨,亲力亲为参与各项慈善服务,活动十分活跃,为建设更加美好和谐的社会奉献爱心和力量。目前在深圳、广东、大连、青岛、北京、沈阳、浙江、陕西等地,有超过四百支服务队、一万一千余名会员,会员队伍稳定壮大。其中,深圳、广东狮子会具有独立法人资格。

康复国际(Rehabilitation International,简称 RI)　从事残疾人康复工作的非政府国际组织,属非营利、非政府性质的全球性残疾人组织,由残疾人组织、残疾人工作者组织、政府机构和个人组成。创立于一九二二年,前身为“国际跛足儿童协会”。协会的创建人和首届会长是美国俄亥俄州的艾德加·艾伦。一九七二年更名为“康复国际”,大陆初译“国际康复会”,当时主席为方心让(香港)。秘书处设在纽约,分设六个地区委员会。康复国际目前拥有八十六个正式会员,二十七个准会员,分属于七十七个国家和地区,尚有九个国际会员组织。下设阿拉伯、亚太、非洲、北美、拉美、欧洲等地区委员会,以及教育、技术、休闲娱乐、体育、医学、组织与行政、社会、职业等各专业委员会。康复国际具有联合国经济社会理事会特别咨商地位。其宗旨为通过自身的工作改善残疾人生活质量。中国残疾人联合会一九八八年参加该组织,现为国家级会员。

亚太经社会　全称联合国亚洲及太平洋经济社会委员会,是联合国经济社会理事会下属的五个区域委员会之一,是联合国在亚太地区唯一的政府间综合性经济社会发展组织。其主要职能是通过区域和次区域合作促进本地区社会经济的发展,是联合国在亚太地区的主要经济和社会发展事务的论坛。多年来为开展区域和次区域合作、促进亚太地区的经济社会发展做出了积极贡献。亚太经社会的前身是一九四七年三月二十八日在上海成立的亚洲和远东经济委员会,一九四九年六月由上海迁至泰国首都曼谷,一九七四年改为现名。作为亚太地区最大的政府间多边组织,亚太经社会现有五十三个正式成员和九个准成员,最高决策机构是部长级会议,每年定期举行;日常办事机构为秘书处,秘书处的最高官员为执行秘书。

世界聋人联合会(World Federation of the Deaf,简称 WFD) 世界聋人联合会为世界范围内聋人自身的组织。成立于一九五一年,是一个与联合国经社理事会、联合国教科文组织、国际劳工组织和世界卫生组织有正式关系的国际性非政府组织。在联合国经社理事会具有特别咨商地位。有来自近一百个国家和地区的一百二十个各类会员组织。其宗旨是,造福于世界各国聋人,捍卫聋人的权利,帮助聋人康复。总部设在意大利罗马。主要活动为:制定政策性文件和工作计划,建议并推动会员组织参照实施;利用其咨商地位和残疾人事务特别报告员专家小组成员的身份或通过其会员组织所在国家政府,推动并参与联合国残疾人领域文件的制定,促进其实施;参与联合国在残疾人领域的其他活动;为各国聋人组织提供咨询、信息和专业方面的服务;与联合国专门机构和其他非政府组织和残疾人组织协作,促进旨在改善聋人状况的合作项目;强调聋人与健全人和其他类别的残疾人的不同,主张聋人与其他人平等参与,并突出手语的作用和地位,力主使手语成为世界法定语言之一;与各国聋人组织协调和组织世界聋人大会。中国聋人协会为正式会员。

融合国际(Inclusion International) 融合国际是由各国智残人及其亲友组织组成的国际组织。前称“国际智力残疾人联盟”,成立于一九六〇年,其一百个会员组织来自六十七个国家和地区。总部设在比利时首都布鲁塞尔,秘书处设在法国。该组织在联合国经社理事会享有咨商地位。该组织的宗旨是维护弱智人和精神残疾人的权益,增进智残人亲友的理解,为保障全世界智残人的平等权利而工作。该组织成立以来,举办了多种培训班,培训从事智残人工作的专业人员、智残人家属和智残人;帮助各国智残人组织建立合作项目,出版各种刊物;呼吁公众尊重、关心、帮助智残人;交流传授各种专业技术。一九六八年发表了《智力迟钝者特殊权利宣言》,后经联合国采纳正式命名为《智力迟钝者权利宣言》。该宣言在呼吁全世界关心智残人,保障智残人的平等权利,推动智残人康复事业的发展方面发挥了重要作用。中国于一九九二年加入该组织。

残疾人国际(Disabled People's International,简称 DPI)　残疾人国际是残疾人自身的非政府组织。一九八一年在新加坡成立,在联合国经社理事会享有咨商地位。其宗旨是遵循联合国人权宣言,致力于残疾的预防与康复,实现残疾人平等参与社会生活,分享社会与经济发展成果。残疾人国际有一百多个国家级会员组织,具有普遍的代表性。总部和秘书处设在美国纽约,委员会由亚、非、拉、北美、欧洲五个地区委员会各推选的代表组成。第一任主席为新加坡盲人南杜里。该组织自成立以来,参与了“联合国残疾人十年”规划的制定和执行工作,并举办了专题座谈会和残疾人组织领导人培训班。我国于一九九一年加入该组织,成为正式会员。

世界盲人联盟(World Blind Union,简称 WBU)　世界盲人联盟是世界盲人自助组织。成立于一九八四年,由世界盲人福利会和国际盲人联合会合并而成。其宗旨是促进全世界的盲人以平等的机会和权利参与社会生活。现成员来自七十二个国家和地区,总部设在法国巴黎,设有七个地区委员会。世界盲人联盟在联合国各有关组织中具有咨商地位,主要任务是防盲,促进各国制定保障盲人合法权益的法律和政策,激励盲人自立精神,开发盲人潜力和促进国际交流合作。中国盲人协会是其正式成员。

国际残疾人体育组织(简称 ISOD)　又称国际残疾人体育运动联合会,一九六〇年九月成立,其宗旨和任务是促进世界残疾人体育运动的发展,加强各国残疾人运动员的友谊与联系,培养奥林匹克精神。中国残疾人体育协会是该组织正式成员。自一九六〇年在罗马举办首届世界残疾人运动会开始,伴随着四年一次的奥运会,由主办国同时承办世界残疾人运动会。一九七六年更名为残奥会。中国自一九八四年参加纽约残奥会开始至二〇二一年,参加了历届残奥会,获得辉煌成绩和巨大进步。

国际聋人体育联合会(Comié International Sports des Sourds,简称 CISS) 国际聋人体育联合会成立于一九二四年,总部设在美国。主席是澳大利亚的洛维特。其宗旨是“通过体育达到平等,促进聋人体育运动,发扬体育精神及交流竞赛经验”。其任务是在聋人体育运动尚未普及的国家开展体育活动,积极组织聋人的体育竞赛。每四年举办一次世界聋人奥运会。到目前为止,已举办了十六届世界聋人运动会。该联合会共有八十三个会员国,我国聋人体育协会是国际聋人体育联合会的正式会员。

国际盲人体育协会(International Blind Sports Association,简称 IBSA) 国际盲人体育协会是一九八三年为视力障碍者成立的体育组织,总部设在挪威,主要任务是组织和发展盲人的体育活动。该组织现有六十多个会员国。中国残疾人体育协会是国际盲人体育协会的正式会员。

国际特殊奥林匹克理事会(Special Olympics International,简称 SOI) 国际特殊奥林匹克理事会创立于一九六八年,是一个国际性的弱智人体育运动的民间团体。其主要任务是帮助和推动世界各国开展弱智人体育运动,通过参加体育训练及比赛改善增强他们的认知、活动能力,从而更好地参与社会生活;定期举办国际特奥运动会。该组织选后举办了十届夏季国际特奥运动会和七届冬季国际特奥运动会。国际特奥运动会(又译“世界特殊奥运会”,简称“国际特奥会”),是为全球智障人士设立的运动会,英文称谓 Special Olympics World Games,这是国际奥委会唯一特许使用 Olympic 字样的残疾人运动会,但 Olympic 后边须加个 s,而且 Special Olympics 两个词必须连用(汉译简称“特奥”)。国际特奥会的创始人是美国前总统肯尼迪的妹妹尤尼斯·肯尼迪·施莱佛女士及其丈夫萨金特·施莱佛先生,总部设在美国华盛顿特区,负责举办国际特殊奥运会和指导各国特殊奥运会的举办。其经费来源主要依靠美国及一些发达国家的跨国公司、财团的捐赠和资助。目前,参加国际特奥会组织及活动的国家和地区已有一百六十多个。我国弱智人体育协会是国际特奥会的正式成员。

中国特奥运动 一九八五年成立了中国弱智人体育协会(对外称中国特殊奥林匹克委员会),同年加入国际特殊奥林匹克委员会。在各级政府和社会各

由三个富有动感的蝌蚪形图案构成，三个蝌蚪图案表示人类最重要的组成要素：心智、身体和精神。残奥会旗帜为白底、无边，中心是绿红蓝三种颜色的残奥会徽标。残奥会会歌是《未来赞美诗》（“Hymn of the future”），由法国人达尔尼（Thierry Darnis）创编。

海内外对残奥会有不同的称谓，如“残疾人奥林匹克运动会”、“残障人奥林匹克运动会”，这些名称都是错误的。奥林匹克运动和残奥运动是两个不同的品牌，套用奥林匹克运动，有侵权之嫌。

夏季残奥会　迄今已举办过十一届。比赛项目经过几十年的发展和淘汰，几乎每届都有所变化，有些仅仅是昙花一现，有些则经久不衰，保留至今。目前，国际残奥委员会规定的正式比赛项目有射箭、田径、意式滚木球、自行车、马术、击剑、门球、柔道、力量举重、帆船、射击、足球、游泳、乒乓球、轮椅篮球、轮椅橄榄球、轮椅网球、排球十八个大项。

北京残奥会　即第十三届夏季残奥会，是中国首次举办的残奥运动会，二〇〇八年九月六日在北京国家体育场开幕。本次残奥会设置 20 个项目：射箭、田径、硬地滚球、自行车、马术、五人制足球、七人制足球、盲人门球、盲人柔道、举重、赛艇、帆船、射击、游泳、乒乓球、坐式排球、轮椅篮球、轮椅击剑、轮椅橄榄球、轮椅网球等。除马术比赛在香港举行、帆船比赛在青岛举行外，其余项目均在北京举行。参赛运动员来自 147 个国家和地区，达 4011 名。279 项残疾人世界纪录和 339 项残奥会纪录被刷新。中国体育代表团以 89 金、70 银、52 铜，总计 211 块奖牌的成绩蝉联金牌榜和奖牌榜的榜首。克雷文称赞此届残奥运动会是“有史以来最伟大的残奥会”。北京残奥会会徽以天、地、人和谐统一为主线，由红、蓝、绿三色构成的“之”字形；吉祥物为福牛“乐乐”；主题口号为“同一个世界，同一个梦想”。

生命阳光馆　二〇一〇年上海世博会为了体现残疾人的尊严和价值，呼唤人道主义，促进残疾人事业发展，在世博会一百五十多年的历史上首次设立残疾人综合馆——生命阳光馆。生命阳光馆围绕上海世博会“城市，让生活更美好”这一主题，从“平等·参与·共享”的角度展示世界科技、文明进程中与残疾人息息相关的种种成就,对于世界残疾人事务进程有着里程碑式的非凡意义。

生命阳光馆的主题是"消除歧视、摆脱贫穷、关爱生命、共享阳光",理念是"城市,让残疾人生活更美好";标识为"七彩叶",寓意不同的生命在世界多样性中孕育生机舒展活力,表达包括残疾人在内的整个人类期盼美好的愿望;吉祥物为"阳光鸟",象征阳光的多彩、生活的激情和人类对生命的赞美。

生命阳光馆位于世博会主题展馆"城市人馆"内,面积为一千二百平方米,是上海世博会的人文亮点之一。展馆选择"尊严"、"贡献"、"关爱"、"未来"四个具有广泛认知度的概念,作为展示的基本要素,演绎残疾人事业"平等·参与·共享"的主题,提高全社会对残疾人能力和贡献的认识,思考在城市发展中如何帮助残疾人解决生存、发展、环境等方面的困难和问题,从残疾人群体这一角度诠释"和谐城市"的理念。

联合国人权奖 联合国人权奖始于一九六六年,是联大为庆祝《世界人权宣言》发布二十周年而通过决议设立的。此后每五年颁发一次。二〇〇三年十二月十日,在联合国总部举行的颁奖仪式上,邓朴方被授予当年"联合国人权奖",成为获得此奖的第一位中国人,也是世界上第一位获得此奖的残疾人。

奋发文明进步奖 为促进和推动残疾人事业的发展,大力弘扬人道主义精神和扶残助残的社会风尚,由中国残疾人联合会与有关部委联合设立,一九九八年中宣部批准为全国性评奖,旨在奖励新闻、宣传、文化、艺术等领域中成绩突出,为残疾人事业做出重要贡献的作者(包括演员、编导、编辑等)的最高奖,分集体和个人奖,下设影视、文艺、图书等分项。每四年评奖一次。

一家纪念奖 韩国"一家纪念财团"设立的奖金,创始人金容基先生一生致力于韩国农村改革和社会福利事业,倡导"福民主义",鼓励处于社会不利地位的人们通过自身的努力,实现自身价值,走向富裕生活,主张实现社会公平与公正和全民福利。"福民主义"理论与实践对韩国经济和社会发展具有积极意义。邓朴方被评选为一九九九年度"一家纪念奖"获奖者并赴汉城出席颁奖仪式。

国际残奥委勋章 国际残奥委员会的最高荣誉,专门奖励对残奥运动做出突出贡献的个人,创立于一九九四年,最初每两年颁发一次,从一九九八年开始改为每年颁发一次。二○○五年十一月二十日，邓朴方同志作为中国残疾人联合会主席、北京奥组委执行主席被授予“国际残奥委勋章”，成为获得此奖的第一位中国人，国际残奥会执委会对他的评价是：“中国乃至世界的残疾人领袖和社会活动家。在他的带领下，中国残疾人体育事业在二十多年里取得了全世界瞩目的进步。”

“三项康复”　一九八八年八月，民政部、卫生部、国家计委、财政部、总后和中国残联发起的贯彻落实《中国残疾人事业五年工作纲要（1988年—1992年）》提出的“三项康复”任务：五年内完成白内障复明手术50万例、小儿麻痹后遗症矫治手术30万人次、对3万名聋儿进行听力语言训练。

阳光家园计划　中国残疾人联合会和财政部共同实施的智力、精神和重度残疾人托养服务项目。采取公共财政直接投放方式，主要对符合规定条件的智力、精神和重度残疾人托养服务机构，居家照料智力、精神和重度残疾人的家庭给予资助。从二○○九年至二○一一年，中央财政每年安排两亿元、共六亿元专项资金，用于补助各地开展就业年龄段智力、精神和重度残疾人托养服务工作。“十二五”和“十三五”期间，继续实施“阳光家园计划”，共为残疾人托养服务提供四百多万人次补助。

中国青年志愿者助残阳光行动　共青团中央、中国残联于二○一四年二月开始实施的大型志愿助残服务项目，旨在发挥青年志愿者在助残工作中的积极作用，动员广大青年和社会公众积极参与志愿助残服务。阳光行动以“心手相牵，共享阳光”为主题，服务对象以残疾青少年为主，并尽力帮助其他残疾人及其家庭，重点围绕日常照料、就业支持、支教助学、文体活动、爱心捐赠等方面内容开展志愿助残服务。在服务机制上，坚持“团队帮扶＋结对接力”的项目实施模式，鼓励以团队的形式开展结对接力服务。通过努力，“阳光行动”已基本覆盖城镇残疾青少年、惠及绝大部分农村残疾青少年，并实现常态化、长效化运行，成为社会知名志愿服务品牌。

中国信息无障碍论坛　二○○二年，联合国亚太经社会通过《琵琶湖千年行动纲要》，明确指出，要优先推进信息无障碍建设，充分利用现代信息通信技术,解决残疾人困难。自二〇〇四年起,工信部、中国残联、中国互联网协会、中国残疾人福利基金会每年举办一届中国信息无障碍论坛,已成功举办九届。信息无障碍理念已逐步深入人心,社会影响日益增大。在政府部门和相关单位的推动下,信息无障碍的标准、技术、产品、解决方案以及应用推广和普及都取得可喜成果,越来越多的残疾人获得便利与实惠。

视觉第一·中国行动 一九九〇年,国际狮子会发起“视觉第一”行动,筹集一亿四千六百万美元用于全球的防盲治盲工作,成为国际狮子会有史以来最庞大的慈善服务活动。经国务院批准,中国残联、卫生部于一九九七年开始与国际狮子会合作,在我国开展“视觉第一·中国行动”项目,国际狮子会资助中国在五年内施行一百七十五万例白内障手术工程。一九九九年三月五日宣布一九九九年为“国际狮子会中国视觉年”。

《长江新里程计划》 一九九一年,李嘉诚先生及属下公司捐款一亿元港币支持《中国残疾人事业“八五”计划纲要(1991—1995年)》的制定与实施,资助改善残疾人状况急需的八个项目。在二十一世纪初,为扶助残疾人开创人生新里程,与全国人民一道迈向新生活,李嘉诚先生及其属下公司决定再次捐款六千万元港币,与中国残疾人联合会合作,实施第一期项目《长江新里程计划(2000—2005年)》。《计划》宗旨:(1)适应残疾人教育培训、康复医疗的迫切需求,采取措施缩小其在基本需求方面与经济社会发展水平的差距,使众多残疾人直接受益;(2)针对薄弱环节和发展需要,创造条件、建立基础、形成机制,促进残疾人事业与经济社会协调的持续发展。计划由五个项目组成:长江普及型假肢项目、聋儿语训教师培养项目、中西部地区盲童入学项目、贫困地区基层残疾人综合服务项目、盲人保健按摩师培训项目。计划任务纳入残疾人事业发展计划,在各级政府领导及残疾人工作协调委员会的统一协调下,由中国残疾人联合会及其地方组织会同有关部门组织实施。之后继续实施了第二期(2007—2012年)、第三期(2014—2018年)。

通向明天——交通银行残疾青少年助学计划 交通银行在二〇〇七年纪念重组二十周年暨成立一百周年之际,决定向基金会捐赠一亿元支持中国残联开展残疾青少年教育。二〇一一年至二〇一六年共捐赠五千万元,五年间开展了资助家庭经济困难残疾高中生和大学新生、补贴特教师资培训、表彰优秀特教教师并发放奖金、举办“交通银行残疾大学生励志奖”等活动,累计一万五千名师生受益。二〇一四年五月,在第五次全国自强模范暨助残先进表彰大会上,该项目组荣获“全国助残先进集体”称号。

中途之家　针对脊髓损伤残疾人(亦称截瘫患者),由专家和专业康复机构指导,落实在社区,医务工作者、社会工作者、伤者、家属相结合开展康复培训和活动的一种新型康复模式。它既是残疾人从医院到家庭康复、适应重新生活的中途家庭,也是残疾人从家庭封闭环境融入社会大环境的中途家庭,是脊髓损伤者交流、康复和心理疏导的温馨家园。二〇〇九年,“中途之家”在中国残联和中国残疾人福利基金会的支持下开始启动。“中途之家”立足社区康复平台,利用现有社会政策和康复资源,搭建起医院、家庭与社会之间的有效桥梁,实现了机构训练和社区训练相结合、专业指导与伤友互助相结合、集中训练与自主训练相结合,使脊髓损伤者重新回归主流社会。二〇一七年四月,中国肢协脊髓损伤者中途之家正式更名为中国肢协脊髓损伤者希望之家。截至二〇一七年底,全国已建立希望之家一百一十家。

扶残维权行动　由于自身的影响和客观环境的障碍,大多数残疾人生活水平较低,他们在遇到法律纠纷时,普遍存在着咨询难、请律师难、打官司难、无力支付法律服务费等问题。随着残疾人参与社会生活日益广泛和法律意识的觉醒,这一问题将日益突出。为了推动残疾人法律服务和维权工作深入开展,依法维护残疾人权益,帮助残疾人特别是中西部地区的残疾人解决打官司难问题,中国残疾人福利基金会从二〇〇三年起连续五年每年出资一百万元,开展“扶残维权行动“,对亟需法律帮助(以区别于法律援助)的涉残案件给予一定的办案经费补贴,从而使相关残疾人得到及时有效的法律帮助。

听力重建·启聪行动　二〇〇五年,台塑企业董事长王永庆向中国残疾人福利基金会捐赠人工耳蜗,启动“听力重建·启聪行动”项目,旨在让我国更多贫困听力残疾儿童得到人工耳蜗资助。

集善工程　为了完成邓朴方会长提出的“创建公开、透明、高效率和高公信力的世界一流基金会”的目标,中国残疾人福利基金会把“集善”作为工作理念,以“集善工程”作为公益活动品牌,意为“集天下之善心,谋残疾人之福祉”,围绕此品牌设立了集善嘉年华行动、启明行动、助听行动、助行行动、助学行动、助困行动、信息无障碍行动等七大行动。其中,“助听行动”是为重度以上听力障碍儿童免费配戴助听器、植入人工耳蜗、重建听力的公益项目。“助行行动”是为贫困肢体残疾人装配假肢、配备轮椅、拐杖以改善其生活状况,帮助他们走出家门、回归社会的项目。“助学行动”是资助贫困残疾少年儿童接受义务教育的项目。“助困行动”是资助贫困残疾人改善生活状况、提高生活质量的项目。“信息无障碍行动”是依据联合国亚太经社会《琵琶湖千年行动纲要》,利用现代信息通讯技术,惠及残疾人的公益项目。通过实施“集善工程”,推进了残疾人康复、教育、就业、文化、体育等事业的发展,帮助广大残疾人得到了切实的帮助和实惠,激励了残疾人“自尊、自信、自强、自立”,倡导了理解、尊重、关心、帮助残疾人的社会风尚。

集善嘉年华　“集善工程”七大行动之一,由中国残疾人福利基金会、中国残疾人联合会共同主办的规格高、规模大、极富影响力的慈善盛会,二〇〇四年以来连续举办十届。党和国家领导人、中央和国务院有关部门领导及众多文化、艺术、体育、企业界名人出席活动。至二〇一三年,项目募集善款已资助建设十余所特教学校,救助五千五百多名贫困残疾儿童重返校园,资助四川、新疆、内蒙古和广西等地建设特教学校和特教班,资助出版国内第一部完整的盲文版现代汉语小词典,资助中国康复研究中心、北京大学附属精神卫生研究所的儿童自闭症综合康复与研究项目,为北京残奥会中国残疾人体育代表团购置器械设备,为地震致残儿童免费安装更换假肢,帮助灾区截瘫残疾人接受三到六个月的系统康复训练,为一千二百名重度听力残疾儿童植入人工耳蜗,为一千二百名轻度听力残疾儿童配备助听器并接受康复训练,资助西部基层聋儿康复机构基础设施建设和师资队伍培养,在全国范围内为农民工子女筹建九十六个“集善之家”,为三万七千名残疾农民工子女和农民工残疾子女购买保险等,帮扶农村建设残疾人扶贫基地帮助贫困残疾人脱贫等,约十万名残疾人及农民工子女受益。至二〇一六年，活动累计筹集款物二亿七千万元，受益残疾人达十六万七千人，支持了残疾人康复、教育、就业、文化出版和体育事业。

集善工程·启明行动　“集善工程”七大行动之一，是救助贫困白内障盲人免费实施复明手术，根本消除因贫困导致的白内障致盲现象的公益项目。白内障是中国主要的致盲原因，二〇〇六年全国第二次残疾人抽样调查结果显示，全国有一千二百三十三万视力残疾人，其中有相当一部分是由白内障造成的。目前，全国仍有白内障患者约三百万人，每年新增四十五万人。二〇〇六年六月，中国残疾人福利基金会发起“启明行动”，目标是力争用五年时间，让现已入档的全国贫困白内障盲人重见光明，同时在全国开展启明行动的地方普遍建立针对白内障盲人复明手术的社会保障制度和长效工作机制。启明行动实施以来，共为七万余名贫困白内障患者免费实施了复明手术。二〇一一年，该项目荣获第六届中华慈善奖“最具影响力慈善项目奖”。

集善扶贫健康行公益项目　党的十八大以来，以习近平总书记为核心的党中央高度重视扶贫开发工作，积极推进实施精准扶贫战略。为贯彻落实党中央齐心协力打赢脱贫攻坚战的战略部署，落实邓朴方会长关于残疾人扶贫工作的一系列讲话精神，按照民政部社会组织管理局和中国残联党组的要求，在国家有关部委的指导下，中国残疾人福利基金会实施了包括眼病复明、骨关节置换、孤独症康复、麻风救助、互联网就业和强直性脊柱炎健康扶贫等六项“集善扶贫健康行”公益项目，有力推动了西部深度贫困地区残疾人和贫困人群脱贫解困工作。项目实施以来，共募集资金两亿六百八十四万元，在全国三十个省区市开展活动，累计十四万六千人受益。

集善扶贫健康行·骨关节置换项目　二〇一五年以来，西部贫困人群骨关节疾病致残致贫的情况引起中国残疾人福利基金会的高度重视，基金会通过媒体向社会机构和爱心企业介绍骨关节疾病给贫困人群造成的痛苦和贫困，呼吁给予关心和帮助，并确定设立该项目。项目与中国康复中心签订合作协议，北京博爱医院关节病诊疗中心负责组织专家团队，并全面负责项目的具体执行。中华医师协会积极参与项目，为保证手术治疗质量，从全国抽调经验丰富的院长级和主治医师级骨科专家参加专家医疗队。截至二〇二一年六月,累计投入资金一千五百多万元,义诊会诊患者达四千多人,免费实施膝、髋关节置换手术近六百例。

集善扶贫健康行·眼病项目　目前,我国视力残疾人有两千多万。据不完全统计,我国白内障眼病患者每年新增四十多万,特别是在西部贫困地区,由于医疗资源有限,很多贫困患者得不到及时有效的治疗,最终因贫致盲,严重影响正常生活和劳动。眼病复明项目是中国残疾人福利基金会长期实施的公益慈善项目,需要深入贫困山区、牧区残疾人病患者家中逐一筛查,建档立卡,及时提交项目执行报告,为康复专家医疗队实施手术治疗做大量准备工作,为眼病复明项目的顺利开展提供有力保障。同时,在西部各省区的农村乡镇和偏远山区、牧区开展普及眼睛健康知识宣传,检查项目实施情况,慰问手术救治的贫困残疾人。二〇一六年项目开展以来,共筹集资金一亿三千八百五十三万元,遍及西藏、新疆、甘肃、陕西、内蒙古等二十六个省区,筛查贫困眼病患者四十余万人,完成十五万余例贫困眼病患者提供手术资助。

集善扶贫健康行·孤独症康复项目　中国残疾人福利基金会长期开展的重要公益项目。孤独症(又称"自闭症")是一种广泛性发育障碍性疾病,多数患者起病于婴幼儿期,严重影响患者的感知、语言、情感,尤其是社会交往等多种功能的发展,发病年龄在三岁以内,以社交交流和交互作用障碍、兴趣狭窄及刻板重复的行为方式为主要临床表现。二〇〇六年,基金会就积极推动孤独症儿童康复工作的开展,提出建立一南一北的孤独症康复基地的构想。之后利用公益平台,集合社会资源,在海南省残基会、海口市政府的支持下,利用海口市的地缘优势,建立了国内第一家设施相对完备、设备相对齐全、康复教学规范、康复专业教材科学完整、面向全社会的公建民营性质的国家层面的孤独症康复基地。康复基地采取医教康研辅五位一体的运营方式,引入国际先进技术设备,除开展 PT、OT、ST、CE、音乐、绘画等常规的训练课程外,还开展了海豚、马术、轮滑、游泳(水疗)、心理、艺术、VR 互动等填补国内空白的康复训练项目,为孤独症儿童和家庭提供设施设备配套、康复教学精准的训练服务。二〇一七年底,海口孤独症康复训练基地正式成立。项目开展至今共募集资金两千五百二十三万元，给来自吉林、海南、山西、陕西、宁夏、黑龙江等十余个省区市的七百余名孤独症患儿和家庭提供了康复治疗、培训等服务。

集善扶贫健康行·麻风病救助项目　长期以来，由于麻风病病理知识科学普及不够和社会观念落后，人们对麻风病谈虎色变，拒之千里。实际上，麻风菌是比较弱的病菌，身体健康时一般不会染病。只有营养缺乏时，受伤的皮肤接触到麻风菌才会得病。我国现有麻风病院、村五百九十二所，现症病人三千余人，麻风病治愈者二十万。现有麻风病治愈存活者中，约十万人存在可见性的残疾，百分之七十的麻风病残疾人丧失劳动能力。全国麻风疫情分布不平衡，部分边陲贫困地区和少数民族地存在疫情；麻风患者及康复者的畸残防治和康复医疗任务十分繁重；康复者老年病多发、缺医少药的现象依然存在。因此，麻风病防治工作仍很艰巨。目前，国家卫健委疾控中心负责一百〇二所麻风病院的管理，还有四百九十个麻风病村未纳入政府和疾控中心的管理，有的麻风病人和康复者仍处于环境贫瘠，甚至居无定所、营养缺乏的贫困之中。二〇一七年起，中国残疾人福利基金会着力谋划麻风救助项目，为改善麻风患者和康复者的生活条件及医疗康复提供帮助，推动各地政府及社会关注麻风患者和康复者，并动员社会力量开展募捐。截至二〇二一年六月，项目共募集一千三百万元，在云南、贵州、甘肃、四川等地区近百所麻风院（村）开展工作，为五千多名麻风患者及康复者提供资助，包括防疫、生活等用品及医疗救助等服务。

集善扶贫健康行·互联乐业——残疾人网络就业项目　在我国八千五百万残疾人中，就业年龄段的持证残疾人有一千七百〇四万，已就业的仅有九百五十二万四千人，残疾人就业扶贫工作任重而道远。就业是残疾人摆脱贫困的根本途径，是残疾人改善生活状况、提高社会地位、参与社会生活、共享社会物质文化成果的基础，是实现其人生价值的关键。二〇一六年起，中国残疾人福利基金会紧密结合残疾人脱贫攻坚的时代要求，坚定走“劳动福利型”的发展道路，勇挑残疾人就业脱贫重担，组织开展“集善扶贫健康行·互联乐业——残疾人网络就业”项目，广泛动员社会支持，合作共建“集善·互联乐业”项目就业培训基地，以“残健融合”为核心理念，为残疾人、残疾人家属和贫困群众提供工作岗位，初步形成残疾人集中和居家就业共同推进的良好态势，有效探索了社会化推动残疾人就业创业新模式。项目已在全国建立了六个就业培训基地，累计培训两千多人，八百多人实现了就业，残疾人累计增收六百多万元。

集善扶贫健康行·强直性脊柱炎健康扶贫项目　我国每年有近二分之一的强直患者因得不到及时治疗而造成不同程度的残疾，多是由于家庭经济条件困难无力支付医疗费用而放弃治疗，导致终身瘫痪。强直性脊柱炎被称为“不死的癌症”，我国建档立卡贫困强直患者约十万人，属中晚期强直患者约两万人。中晚期强直性脊柱炎治疗费用较高，贫困人口很难承担，目前也没有针对建档立卡贫困人口实施的强直性脊柱炎免费救助。二〇一九年三月，三生国健药业（上海）股份有限公司向中国残疾人福利基金会分批捐赠一亿八千万元资金用于开展强直患者救助项目。项目由国务院扶贫办指导，中国扶贫志愿服务促进会和中国残疾人福利基金会共同发起并作为执行单位。项目旨在让建档立卡贫困中重度强直患者，在享受有关医保、大病保险、医疗救助、民政救助、商业健康补充保险等已有政策之后，免费接受救治，提高贫困人口健康水平。截至二〇二一年六月，项目共募集资金六百三十三万一千元，来自河北、海南、河南、青海、广西、新疆等二十余个省区的三千二百一十七名强直性脊柱炎患者得到治疗救助服务。